叢書・ウニベルシタス　572

批判理論の系譜学

両大戦間の哲学的過激主義

ノルベルト・ボルツ
山本　尤／大貫敦子 訳

法政大学出版局

Norbert Bolz
AUSZUG AUS DER ENTZAUBERTEN WELT
Philosophischer Extremismus
zwischen den Weltkriegen

目次

日本語版への序

本書は、ネオ・マルクス主義、批判理論、あるいは狭義のフランクフルト学派と一般に呼ばれてきた思想と私がこれまで取り組んできた十五年間の仕事を締めくくるものである。もともと私はテオドール・アドルノの、特にその美学の信奉者であったが、それからヴァルター・ベンヤミンに集中して取り組み、さらにゲオルク・ルカーチの初期著作をアドルノの前史として読みはじめたのであった。この連関については後に詳述したい。

批判理論を詳しく知るに従って、私の不満足感はつのっていった。アドルノの著作はその最後に出て来る帰結の思考を凝り固まった呪文のように繰り返すだけであり、そこから生産的な思考を発展させることはできなかった。もっともアドルノの弟子たちは今でもこの呪文を繰り返しているだけだが。この知的不毛性から抜け出るために、アドルノの思考のコンテクストに取り組もうと考えた。これは二つの問いに答えようとする試みであった。まずは、アドルノの理論が成立したのはどのような歴史的コンテクストだったのかという問いであり、さらにはアドルノの哲学がマルティン・ハイデガー、ヴァルター・ベンヤミン、カール・シュミットそしてゲオルク・ルカーチといった彼と同時代の哲学者とどのような位置関係にあるのか、という問いである。この問いを私はマクス・ヴェーバーを取り巻くハイデルベルク・サークルに遡って考えることによって、批判理論のいわば基本とも言える『啓蒙の弁証法』がヴェーバーの世界の脱魔術化の理論に対する応答と理解すべきことに気づいた。

このような段階を経ていくうちに、批判理論の系譜学をワイマール時代を背景にして書いてみようという計画が生まれたのであった。日本の読者の方々は本書を読むうちに、扱われている人物や比較の基盤や前景・背景の関係がつねに変化することに気づくことと思う。その理由は簡単で、ワイマール時代の知識人たちが私にとって魅力をもっていたからである。それゆえにはじめは背景にいた思想家が、記述の過程で前景にいた思想家と同じ重要性をもって登場しはじめてきたのであった。

ここで本書のドイツ語版原題『脱魔術化された世界からの脱出』(“Auszug aus der entzauberten Welt”)について多少コメントしておきたいと思う。「Auszug」とはドイツ語では二重の意味を持っている。ほとんどの場合には、「脱出」の意味であるが、「抽出」という意味に解することもできる。つまり本書はワイマール時代の哲学的エッセンスを提示しようとするものである。本書のサブタイトルでは「哲学的過激主義」という言い方をしている。本書で分析した思想家たちはみな、全体を目指している。彼らはみな、簡単に妥協しないし、討論を交わす気などない。彼らは世界時計の時間を読み取り、その時間・時代を思想として捉えようとしている。彼らにとっては思想がラディカルであることのほうが、論理的帰結より重要だったのである。それゆえ、彼らのテクストには今日の一般的な議論には馴染みのない切れ味があるのである。これらの思想家たちに対して私は批判的に――ましてや倫理的に――見解を述べるのではなく、ただ理解するための解釈を行なうだけに留めたい。私はワイマール時代のこうした思想に――たとえそれが苦痛を伴うことであっても――自ら語らせたかった。

本書の啓蒙的な意図は、今日の哲学的思考をもう一度ドイツ精神史の呪われた部分に触れさせることである。なぜならワイマール時代の危険をはらんだ思考の絡み合いは、現在でもまだタブー扱いにされているからである。ほかでもなくドイツの左翼知識人たちは、カール・シュミットやマルティン・ハイデガーやエルンスト・ユンガーと本来ならば是非とも対決しなければならないはずであるのに、彼らを「ファシズムの先駆け」であると断定してしまって、対決を避けるという悪い習慣に捕われている。ナチス時代についてタブーを作ってしまうことで、左翼自身が自らの前史から切り離されてしまうことになっているのは歴史の皮肉である。というのもワイマール時代が非常に知的刺激に富む時代であるのは、なによりも右翼・左翼という周知の政治的区別がまったく使いものにならないという点にあるからである。本書において私はこの点を、カール・シュミットとヴァルター・ベンヤミンの関係においてはっきりさせようとした。

すでに述べたように、私はここで扱ったワイマール時代の著名な思想家たちをそれぞれ思考形象の位置関係の中で解釈している。アドルノの美学は若きルカーチやヴァルター・ベンヤミンのエッセイときわめて関係が深いばかりでなく、さらに驚くべきことには彼の否定弁証法はカール・バルトの否定神学と切っても切れない縁にある。またベンヤミンが、方法論的および歴史神学的観点からはカール・シュミットと同質であるということは、素朴な読者には驚きかもしれない。さらに、ベンヤミンを、今日流行しているようにショーレムの解釈に従ってユダヤ教の神学者として理解することはまったくの誤解であるということも本書に示されている。さらにベンヤミンに関しては、もう一つの点が本書のベンヤミンを扱った章から明らかになるはずである。つまりベンヤミンは最後の数年に歴史哲学の袋小路からの出口を、メディア理論に見出したという点である。私は本書に続く著書（『ニューメディアの理論』ミュンヘン、一九九〇年、および『グーテンベルク銀河系の終焉』ミュンヘン、一九九三年）で、ベンヤミンのメディア論的転回からいくつかの方法論的帰結を引き出す試みを行なっている。

ユルゲン・ハーバーマスによって作られた批判理論の概念に捕われている読者は、本書に戸惑いを感じることだろう。なぜならここに描かれたルカーチもベンヤミンもアドルノも、決して近代の哲学的プロジェクトに加わってはいないからである。私はまさに、事態はハーバーマスの主張とは逆だと言いたい気持ちに駆られている。中でもヴァルター・ベンヤミンの場合などは、近代とは悪夢、いや地獄そのものなのである。地獄を改良などできるはずがない。できることと言えば、せいぜい決断主義や政治的グノーシスという爆薬を仕掛けることだけである。ワイマール時代の哲学的過激主義者たちが近代のイメージを抱く場合、そのイメージは決して啓蒙の未完成の建物ではない。彼らのイメージの中で、近代は廃墟として現われるのである。

今回日本語に訳された本書が扱っているのは、哲学者、いやもっと正確に言えば、歴史哲学者、さらに精密に言えば歴史神学者たちである。しかし彼らは歴史神学者として登場することはなく、仮面をつけている。歴史神学のもっとも好む隠れ蓑は、美学である。それゆえに本書の最終章を芸術理論として理解しないように、警告しておきたい。アドルノの『美の理論』もまた神学的な火種をかかえている。

本書に対して日本の読者の理解が得られることを私は確信している。というのも日本の読者は知ったかぶりなどせずに読まれるだろうし、左翼・右翼を善悪の基準で判断してしまうこともないであろうし、また知的冒険心を持っておられるだろうと思われるからである。

はじめに

科学・学問によるわれわれの世界の合理化は、何千年にもわたる人間の知性化のプロセスにおける決定的な契機である。このプロセスはわれわれの生活条件についての知の恒常的進捗をもたらしたわけではないとしても、少なくとも世界には神秘的な力が支配しているわけではなく、すべてが算定によって支配可能であるという確信をもたらした。これがマクス・ヴェーバー言うところの世界の脱魔術化のテーゼである。しかし世界の脱魔術化には、合理的で経験主義的な認識によって因果関係のメカニズムへと変化してしまった世界と、倫理的に意味のある方向づけをなされた秩序への、生に内在する意味への希求との間に起きる苦痛な緊張関係の経験も含まれている。

本書のタイトルから読者は、ヴェーバーのテーゼが他の思想家を対照的に浮かび上がらせるための下敷きとなっていると感じるだろう。実際に本書で扱われる思想家たちはみな、マクス・ヴェーバーの時代診断については同じ見解であった。しかし彼らは、脱魔術化した世界という宿命的に閉塞した「鋼鉄の檻」を破って飛び出そうとする脱出の衝迫をもっていた点でも共通する。ところがこれらのワイマール時代の弁証法的思想家たちは、ヴェーバーの男性的諦念を克服するために、ユートピアの光にではなくむしろ脱魔術化のテーゼの凌駕に期待をかけたのだった。これを裏づけているのが、ヴァルター・ベンヤミンが一九二一年に記し、ごく最近出版された遺稿断片であろう。ここでは資本主義が宗教であると定義されている。つまり近代資本主義は、ヴェーバーの言うように宗教によって規定されているだけでなく、それ自身が本質的に宗教的であるというのである。ベンヤミンによれば、近代資本主義は存在の「瓦解」を目指すものであり、「絶望が拡大して、治癒をもたらしてくれると期待されるような宗教的な世界状況へと到達する」という(1)。

このようにベンヤミンのみならず、若きエルンスト・ブロッホやゲオルク・フォン・ルカーチも、社会的概念を神学的な磁場へと引き込み、これらの概念に新しい方向づけを行っている。第一章ではマクス・ヴェーバーの影響下にありながらいわばその陰で展開した歴史哲学の特徴を扱っている。ここではブロッホの『ユートピアの精神』が、ヴェーバーの『資本主義の精神』に対する革命的・グノーシス的な応答であると読み解かれ、さらにこの観点からルカーチの『歴史と階級意識』が、ブロッホのユートピアを全体性に関する弁証法的考察へと止揚する試みであることが示される。このように解釈すると、ルカーチのネオ・マルクス主義的な著作をもう一度彼の初期のエッセイのコンテクストに戻して考えてみる必要が出てくる。彼の初期エッセイは美学を歴史哲学として扱っているからであり、そこでは神学的モチーフがまだそのまま登場しているからである。

カール・シュミットの『政治神学』とマルティン・ハイデガーの『存在と時間』もまたマクス・ヴェーバーの陰に展開した思想である。彼らは決断主義的なパトスをもって、第一次世界大戦後の麻痺し混乱した意識状態に立ち向かっている。彼らの観点からすれば、ワイマール共和国の危機は思考の危機へと、麻痺状態に陥っている現在は決断の時代へと先鋭化されるべきものであった。第二章では解読作業の第一段階としてカール・シュミットの基本概念を哲学的に解述し、それを踏まえて次の段階ではハイデガーの現存在分析をカール・シュミットの視点と概念を背景として政治的に解読する可能性が示されている。

第三章ではヴァルター・ベンヤミンの歴史的認識の論理を素描している。第二章の終わりに示したように、ベンヤミンはその初期著作によって「決断の時代」におけるきわだった存在となっている。しかし三〇年代の盛期の著作は、決断主義的な期待への失望を映し出している。ベンヤミンは脱魔術化された世界からの覚醒を、別の歴史概念によって、つまり「コペルニクス的に転回された」歴史概念によって果たそうと期待をかけたのである。

最後の第四章「美的亡命」は、本来予定していたこの研究の時代空間を越えている。マクス・ヴェーバーにおける美学に関する発言を考察することによって、この時代の芸術的な次元における近代からの逃亡運動（ゲオルゲ、ロース、ユンガー、ベン）を、脱魔術化の座標の中に位置づけることができるようになる。こうした背景を考慮すると、アドルノの美学は自らとモノローグをするしかない芸術家を、同時にまた全社会的な主体性の代弁者として把握しようとする、絶望的な試みであることが分かってくる。アドルノの美学は、こうした非政治的で美的なグノーシスへと硬直化してしまう。

本書で行なった解釈はおおむね内在的である。しかし精神史の内在的要素を追究することは、精神の物象化の度合いが強いほど正当性をもつ。こうした物象化された精神の客観化の諸形態は、内在的要素から解釈されるからである。まさにこうした意識に基づいているという点で、本書で展開した解釈作業は純粋な精神史とは異なっている。ここで行なった解釈の形態は極端である。つまりすべての批判は、記述の中に止揚し、超越的な批判は避けるようにした。とはいえそれによってナチスという過去の問題を忘れさせようとする傾向に手を貸しているわけではない。素朴な読者は、きわめて問題を含んだ観点や概念についての本書の記述を読んでいるときに、そうした傾向に対する「嫌疑」が明言されていないことに不満を持つかもしれないが、こうした嫌疑は、フロイトの表現を借りれば「いわば括弧の前に置かれている」〔記述自体の中に含まれているから括弧で括って付記することはしない〕のであって、それによって解釈に当たって

「個々の該当箇所で括弧をつけて繰り返す手間を省く[2]」ことができる。もしこの精神分析の用語を哲学的な叙述形式に適用することができるとすれば、本書の解釈の仕方はフロイトの言う「徹底操作（Durcharbeiten）」のそれだと言えるだろう。本書の研究の素材の選択をあらかじめ方向づけしているのは、二つの先行判断であるが、一つは範例的な人物の選択の仕方に現われており、もう一つはそれらの人物たちが相互に関係づけられる星座的位置関係（Konstellation）に現われている。この先行判断を正当化しうるのは、解釈の統一性だけである。

歴史の発展の意味が規定できない状況にあっては、位置関係を求めるしかない。思考が混沌と入り交じった舞台を、そこに登場する人物たちのさまざまな位置関係から構造化するという方法がはじめて使われたのは美的な領域でのことであった。フリードリヒ・シュレーゲルは、歴史にとってはほんのエピソード的な意味しかない人物たちを「相乗することによって代表的なものに[3]」しうることを見つけた。人物たちを相互の位置関係から解釈することによって、それらの人物たちは解釈学的に相乗化され、それによって社会史的に「代表的な」ものとなるのである。以下の研究においては人物相互の対立関係は、ワイマール時代における歴史哲学の特性づけを行なう媒体として構想されたものである。

位置関係を探る解釈は、通史的でも体系形でもなく、ヴァリエーションの展開である。両大戦間の時代のように思考の複雑な位置関係を記述するためには、中心的な思考形象や経験の表象イメージを繰り返さざるをえない。この場合に、そこで記述されるどの観点もそれぞれ、ワイマール時代の精神的磁場の一つのベクトルとしてできるだけ強く描き出すようにした。これとは逆方向の解釈の諸ベクトル〔記述された観点への批判〕が力を得るとすれば、それは「敵を論理的に強くすること」という「ソフィスト」の格言（246d）に従うことによってなのである。こうしたやり方のゆえに本書に対しては、著者は記述している対象と自己同一化しているのではないかという誤解が生じるかもしれない。しかし本書が試みているのは、カール・ローゼンクランツがヘーゲルについて「異質なもののもっとも繊細な繊維組織の中にまで入り込んだ」と評価しているあのやり方なのである。「批判に当たって彼（ヘーゲル）があれだけ見事だったのは、敵の領域の中に自分自身を置いて、敵の観点をあたかもそれが自分のものであるかのように展開したからなのであった。このように敵の観点を表現する能力のゆえに、ヘーゲルはまたかなり誤解もされ、表面的で深く読まない読者はヘーゲルが敵の観点を客観的に具現しているところで、それをヘーゲル自身の観点と取り違え、ヘーゲルがまさに戦っているものが彼自身のものであると咎めた(4)」。敵の中に入り込み、その敵の力を自分のものにしてしまうというヘーゲルの技法においては、ソフィストの格言は弁証法的になっている――なぜなら敵を模倣することは、また同時に「自分自身と対決すること」でもあるからである。ルートヴィヒ・フォイエルバッハは、この点を彼のヘーゲル哲学批判において次のように表現している。「思想家が弁証法的思想家であるのは、自分が自分自身にとっての敵である場合だけである(5)」。

弁証法のこのような論争的な捉え方に則って、本書は解釈のベクトルをつねに最極端にまで進めて行く。解釈ベクトルを追究する本書の思考が、どれだけワイマール時代を思想という観点で把握しえたかどうかについては、その思想の極端さを取り出して提示して行く中でこそ明らかになる。極端の論理は、ハンス・ゼードゥルマイアーが「芸術を時代の深層解釈の道具として(6)」使ったときの「危機／批判的《クリティッシュ》形態の方法」と似ている。「中心の喪失」という彼の著名な保守的なテーゼは、時代の徴候的な形態や「極端」の思考が「排除され(7)」、それらが中道の生活にまったく関与しないように見えるかぎり、当を得ている。しかしゼードゥルマイアーの危機的／批判的形態という方法では、極端というものの形態規定を、その内的同一性の内容規定として把握することはできない。むしろ重要なのは、極端なものがどれほど常軌から逸脱しているかを確認するにとどまらず、「極端なものがそれ自体いかに規定されているかについての省察[8]」を追究してみることである。「中心の喪失」という時代診断を越えることができるのは、極端の弁証法を方向づけ、発展を断絶性として思考するような媒介の概念だけである。

ヘーゲル以降、媒介は強制された宥和であるとされて、媒介に対する嫌疑が強まっている。そのことが思考を極端へと押し進めたのである。どのような方向を取ろうとも極限まで行くという意志のゆえに、弁証法は苦悩（受難）となったのである。それゆえにキルケゴールは思考のカテゴリーを破局的に使用することを要求している。つまり矛盾の中で思考することは、事柄を極端な状況に置くことなのである。同じようにニーチェも「無限に先鋭化を進める状態[9]」へと突き進んで行く。ニーチェは極端の論理の中に脱魔術化された世界からの脱出のための手段を見出した最初の思想家である。極端なものの魅惑、「極端なものの魔術[10]」は、脱魔術化された世界に抵抗するための逆魔術なのである。

S・フリートレンダーは、ニーチェの極端性の魔術を認識に役立てようとした。彼の主著『創造的無差異性』が目指しているのは、極端な観点は一致させることはできないが、相互にバランスを取り合うことはできるということである。ベンヤミンはこの考え方をフリートレンダーの複雑に絡み合ったアフォリズム的なコンテクストから解き放ち、さまざまな理念は一回的で極端なものの織りなす星座的位置関係であると規定した。極端なものの中には経験的なものが認識できるし、そこに概念形成が始まるのである。極端なものは相互位置関係の中で互いに補完的なエネルギーとして作用する。「根源についての学問としての哲学の歴史は、発展の互いにかけ離れた極端から、つまり過度と見えるものから、理念の星座的位置関係を浮かび上がらせる形式である。理念とはこのような対立し合うものが有意義に共存しあえる可能性を特徴とした総体性である」[11]。このような哲学的叙述の形式が、本書にとってモデルとなっている。

本書で扱ったワイマール時代の思考が奇異な印象を呼び起こすのは、その極端性のゆえばかりでなく、むしろその情熱の強さのゆえでもある。これにわれわれが奇異な印象を抱くということは、両大戦間の時代――それが現在のわれわれ自身の自己反省にとってはまだつい最近の過去であるのに――とわれわれの時代には明確な断絶があることを示している。「一九二〇年代と三〇年代初頭の哲学は、いやおうなくファシズムの精神的前史のパースペクティヴの中に入ってしまう」[12]。そしてファシズムの破局は、このワイマール期の哲学の世界を破壊してしまったようである。まさにこの歴史上のトラウマのゆえに、両大戦間の時代に対する哲学的釈明の試みは困難であるとともに、また不可欠でもある。しかしこのつい最近の過去への反省とその反省の対象とを結びつけているものは、ほかでもなく断絶の経験なのである。なぜならすでに第一次世界大戦はそれまでの自明性と世代を越えた意識を破壊したのである。たしかに「一九一八年を時代の区切れ目とすること」に対する異論として、ヨーロッパの精神的な方向転換はすでに世紀転換期にはじまっているという指摘がある。しかしニーチェによって開始された「価値の転換」は第一次世界大戦後に初めて危機的な形で先鋭化していったのである。「この（価値の転換の）ラディカリズムは、どのような革命でも歓迎しただろう。しかしもはやいかなる革命にも当てはまらなかっただろう。なぜならこのラディカリズムは（……）右翼・左翼という対立をすでに越えていたからである」[13]。そして実際には、ワイマール時代の極端な思考の持ち主たちは、近代からの脱走兵だったのである。しかし彼らをネオ終末論的歴史哲学という名称のもとに括ってしまう保守的な見方は、精神史の思考に捕われすぎている。これに対して本書が強調しようとするのは、「一九一八年という区切れ目」はほかでもなく、単に精神史だけに依拠するすべての物の見方の危機を標示しているということである。本書が示そうとしているのは、反民主主義的思考がナチズムにおいて現実のものとなったがゆえに、精神史的な思考の危機との対決を怠る結果となったということである。脱魔術化された世界からの脱出は失敗したのである。

両大戦間の時代の哲学のアクチュアリティは、怠たりと失敗にある。「われわれが今やらずに済ませていることは、すべての未来の織物に織り込まれる[14]」。このニーチェの言葉と対応しているのは、過去のものの可能性を繰り返そうとする解釈学的な態度である。第四章が示しているように、アドルノの後期著作は、彼自身の哲学的経歴に対してもすでにこの解釈学的態度を取っている。つまり彼の後期著作は、捉え損なった可能性の哲学的エネルギーを結集させているのである。記述という形式をとった現実の中では、かつて現実にならなかったことがもう一度可能になるはずである。

著者は本書を故ヤーコプ・タウベス氏への追想に捧げたい。タウベス氏から得たものは、個々の注記にはとても表わし切れるものではない。著者にマクス・ヴェーバー、カール・シュミット、ヴァルター・ベンヤミンへの道を開いてくれたのも、また「保守革命主義者」の思想を直視し、そこに留まる勇気をもたせてくれたのもヤーコプ・タウベス氏であった。

第一章　マクス・ヴェーバーの影

歴史哲学によって、歴史的事実性を否認し、政治的な事柄を「忘れ去ろう」とする彼らの試みは、そもそもはユートピア的な性質のものである。

R・コゼレック(1)

第二の倫理

トーマス・マンの『魔の山』には、作中人物ナフタとしてゲオルク・フォン・ルカーチが——明らかに姿を変えられてはいるものの——登場する。このルカーチは、ロマン主義の歴史哲学に固有の、明暗の奇妙に入り交じった世界から現われ出てくる。ロマン主義とは、革命と反動という、世界を秩序づける単純な概念がそれまでのように通用しなくなった錯綜したあの時代である。ルカーチ／ナフタはヤーウェとルツィファー〔堕落天使。旧約聖書イザヤ書十四章十二節。神と対立し天を追われたとされる〕との壮大なる対立を展開してみせる。ヤーウェ的なるものとは、客観的精神によって形成される歴史的世界の構造の中心にある法則であり、また刑罰を下す正義の勝利であり、その勝利を国家と教会という制度が永遠のものとする。さらにそれは、矛盾を含んだキリストに対して、保守的なパウロが勝利したことをも意味している。予定説〔パウロのローマ人への手紙に依拠し、現世の出来事が神の意志によって予め定められているとする教説〕において、ユートピア精神のこの追放は、やがて教説として定着することになる。

ヤーウェ的なるものの完全な勝利は、ヘーゲルにおいてその最後の偉大な弁明者を見出すことになるのだが、この勝利によって、いかなる英雄的な反抗も孤立を強いられ、また不遜なものとして審判を下されることになる。したがって、強い我意を持った自我の反乱――すなわち被造物たる人間が神から自律した独自な存在として起こす反乱――は、ルツィファーと呼ばれるものの特性を帯びることになる。「彼は他の者に増して光輝いていた。自らのこうした美しさを考えることが、彼を盲目の状態にした（prae ceteris luxit, suaeque pulchritudinis consideratio eum excoecavit）[2]」。このボナヴェントゥラの文章は、ルツィファー的なものが持つ美的契機を強調している。したがって世界創出機能をもつ芸術が行なう「倫理的」批判――キルケゴールの言う意味で「倫理的」な批判――は、「ルツィファー的なものが、美的なものの形而上学的な〈場〉[3]」であることを認識させるものでなければならない。ルツィファーとは神自身のうちに存在する否定のエネルギーであり、硬直化したヤーウェ的なものに対立するものである。それは、人の子イエスのグノーシス的代弁者となる。此岸の世界において、このルツィファーの登場の場としてもっともふさわしいのは、悲劇である。悲劇は、新たな宗教的神話にまで高められた神の不在を、暗黙裡に前提としているからである。若きルカーチの友人であったパウル・エルンスト〔一八六六―一九三三、自然主義や社会主義革命に傾倒したが、後に新古典主義を提唱した詩人、劇作家〕の新古典主義的な悲劇の諸作品には、「存在が神に見捨てられたがゆえに抱く、存在に対する恐怖」が告げられている[4]。エルンストが「形式への道」を選んだのは、必然性に代わる代償物を熱狂的に求めたからであった。彼は生の疎外を極端にまで押し進めようとしたのである。そしてそこに運命を、いわば写真のネガのように負の形で作り出したのだった。つまり悲劇の不在という事態を、悲劇に仕立て上げたのである。

新古典主義の悲劇は、舞台の上でただ一人孤立している。こうした悲劇は、新たなる単純な直線性や記念碑的威厳を再び作り出そうとするが、冷徹なパトスで観客に訴えかけても観客に届くものではない。「われわれ形式をもたない国民は、もし完全に零落してしまいたくなければ、最後に残された形式である言語を、われわれの自己形成の素地としなくてはならない」[5]。ここでF・Chr・ラング〔一八六四―一九二四、ベンヤミンの友人で、彼に強い影響を与えた著述家〕が述べているのと同じように、パウル・エルンストも形式の問題を同時に政治的問題として考えていた。彼の考えでは、ブルジョア階級にふさわしい文学は存在していない。ブルジョア階級は、アプリオリな形式の世界には故郷を持っていないという。「すべてが複雑な様相を示すところでは、形式はなくなる」[6]のである。新古典主義の悲劇では、舞台上の場面がすべてとなり、異質なものはもはや一切の価値を失い、ただ純粋に舞台の場面という全体性のなかに措定されたもののみが価値をもつのである。

悲劇的に感じるとは、エルンストにとってはこの上なく大きな孤独のうちに成就を見ることである。その成就は死によって否定されるのではなく、死こそがその成就を証す印となるのである。「それゆえ悲劇のヒーローは本当は死ぬのではない。死は、ある意味で個人につきものの時間的制約をヒーローから遠ざけるだけなのだ」[7]。ここでは死は再帰的な表現をとるものとなる。「自らを死なしめる」[8]というのが、悲劇において形式が出来上がってくるときの定式である。悲劇のヒーローは突然誕生し、彼には生成というものが一切ない。彼の生は直線的で、人間という類の自然な生の循環にはほとんど関わることがない。彼は神々に関与することなく、自律的な道徳を探り求める。悲劇は解放の一つの形式ではあるが、悲劇それ自身を解放する形式ではない。しかし、美的形式を付与することは、文字通り芸術の力であり、それは孤独な魂を共同性へと、つまり孤独な者たちの共同体へと導くものなのである。

ゲオルク・フォン・ルカーチは、パウル・エルンストの悲劇はそこにドイツ文化が再現しているかのように作られていると述べたことがある。おそらくはまだドイツ観念論の時代には勢いを持っていた形而上学が、エルンストの場合には真の悲劇を可能とする条件なのである――エルンストは、真の悲劇が欠如した空間を隅々まで歩き尽くしたのである。形式を規定するような世界観が欠如しているという事態が、悲劇形式の形成原理となっているのである。そしてその形式の否定性が、悲劇そのものを徹底して生気のないものにしている。エルンストは市民階級的な個人主義を、それが必然性の冷徹な図式へと硬直してしまうまで、「悲劇的に」エスカレートさせる。そして熱狂的な素振りで、形式の新たなる記念碑的壮大さを呼び出そうとするのである。こうした悲劇の形式の基盤に社会を据えようとする点で、新古典主義者エルンストとルカーチは共通している。ルカーチは、マルクス主義に「中世のカトリック以来、もっとも残忍で、もっとも厳格な綜合」を見出し、このマルクス主義にふさわしいのは「偉大なる秩序の芸術、記念碑的壮大さの芸術」であると述べている。(9)

新古典主義の形式は、終局まで突き進むことを要求する。その点において、両義的――合理的であり、また同時に陶酔的――である。「最後まで考え抜かれ、極限まで生き抜かれると(――およそ考えられるかぎり奥深くまで抽象的であり、概念的で、〈生とは異質〉なのだが――)、すべてが生き生きとし、生を与えられ、自負に満ちた輝きを帯びてくるようになる」。(10)悲劇は、自我が自我である瞬間を、完全なる生として演出する。自我は悲劇という形式においては、形而上学的な必然性の基底に置かれたもの(subiectum)である。形式には救済をもたらす力が備わっている。なぜなら形式は、物質性によって一切濁らされることのない、純粋な魂の現実を構成するからである。とはいえ、経験的なものを介在させない悲劇が、彼岸志向的であると誤解してはならない。むしろ偶発的な生を一時的に留保することによってこそ、悲劇的な生は徹底して現世的なものとなり、また自己肯定を行なうことができるのである。完全に生に内在した形で人間を超越すること——これこそが、悲劇作家にとっては形式の完成なのである。神秘主義者は神を形式として持つ。彼は形式への道を、神への道として歩む。このことは、新古典主義者たちが、美学の諸規定の中心に「形式の欲求」(11)を置いている場合に、考えに入れておかねばならない。パウル・エルンストが必死になって保存しようとしているのは、ある特定の様式でなく、芸術一般である。それは、形式それ自体を固持しようとする態度である。

したがって、来たるべき神を渇望するいかなる叫びも、また新たな世界に向けられた憧憬に満ちたいかなる眼差しも、悲劇という結晶のような構造を——宗教的には恩寵劇として、また歴史哲学的には小説として——ふたたび掘り起こさざるをえないのである。一九一四年におけるヨーロッパの秩序の崩壊という事態に対する絶望を弁証法的に転換する上で、ルカーチにキーワードを与えたのはフィヒテの言葉であった。つまりわれわれは完成された罪深さの時代に生きているということである。小説はこうした時代の典型的な形式である。そして、予期はされているものの、いつ訪れるとも知れない新たなる世界からは弱々しい光が、単なる存在者の上に注がれる。一九一五年四月十四日付けでルカーチはエルンスト宛にこう書いている。「〔人間によって作られた〕形成物 (Gebilde) の力は、ほんとうの存在者 (das wirklich Seiende) よりもますます強くなっているように思える。しかし、われわれはそれを認めてはならない——これが私にとっての戦争体験なのだ。本質的なのは、唯一われわれ自身であることを、われわれの魂であることを、われわれはつねづね強調しなくてはならない」。

形成物を崇拝することは死に値する罪であるが、それはヘーゲルにおいて権力が形而上学的に変容されることで頂点に達する。この崇拝は、魂と自我とを (綜合を行なう理性の機能によって) 取り違えることによって生じるのである。つまり、主体が哲学的に実体化されると、そのことによって同様に実体化された客体、すなわち物質化した形成物の復讐を受けることになる。こうした形成物に対する崇拝の組織化が、資本主義である。「経済生活が、罪深く、不幸に満ちた形で独立した状態[12]」とルカーチはそれを表現している。

ナフタとして登場するルカーチが、貨幣という悪魔の支配によって生が呪われたものになってしまう事態を「現世的国家の内在的資本主義[13]」と規定する場面で語る調子は、中世的であり、それがさらに神権主義的な色合いを帯びて強まっている。それゆえに、生産に関する問いも、直接道徳的なものとして立てられている。つまり、前史の終結は、諸制度に対して倫理性が優位に置かれるようになることと同一であるというのである。完成した罪深さを主張する理論家の目には、後期資本主義が〈恐ろしい死の舞踏〉のように映っている。それは「逃れることのできない運命に向かって進むオイディプスの道程[14]」の最後の行程なのである。資本主義が自然の法則に従って崩壊に向かって進展することは不可避である。しかしその進展が解放へと転換することは、運命の定めではない。世界がなだれ落ちる《カタラクト》滝に向かって進んでいることを止めることはできない。破局の方向を転換することができるかどうかは、プロレタリアートの沈着な態度のみにかかっている、というわけである。

「もし何かがひとたび問題となった場合には、それを救いうるものは、問題となっている事柄を極度にまで尖鋭化することによってのみ、つまり徹底的に終局まで突き進むことによってのみ、生じて来るものである[15]」。資本主義の破局を、保守的に押しとどめるのではなく、その方向を転換するために、その破局に最後までつき従うのである。「社会を解放するために召命されているということが、プロレタリアートの世界史的な役割である[16]」。プロレタリアートは自らの階級の関心を満たすことによって、世界を救済する。プロレタリアート固有の意志は連帯を生み出し、それは「物象化の諸形態を次第に空洞化していくこと――物象化という殻を内側の空洞から打ち破ることと言ってもいいだろう――」[17]。それは、世界にプロレタリアート的な末梢神経を行き渡らせるということを別の言葉で表現したものに他ならない。

こうしたテーゼに見られる際立った急進主義は、感傷的な文化革命家の正統マルクス主義への転向である、とする解釈は、すぐに思い浮かぶものである。トーマス・マンは、精神的な人間の二様のあり方、つまりアイロニーでものを見る人間か、あるいは急進主義者であるか、という二者択一を明瞭な形で表現している。生を重視しないテロは、純粋な精神の行為であり、これに対して保守的なアイロニーにおいては、精神自身が、精神よりも生が優位にあることを保証している。大いなる非政治的人間が自己嘲笑的に強調して言う「生に基づいた市民性」が「血肉と化した非宗教性」[18]であることをナフタは〈市民的世界〉対〈宗教的世界〉という大いなる対立関係を背景として、明らかにしている。なぜなら、宗教は常に生には縁遠いものだからである。しかしマン自身は、この対立にアイロニーをもって対応するのみである。というのも、マンは自分自身を市民階級の「外面的な政治」とは反対の立場にあるものと理解しているからである。「慎ましさとしてのアイロニーは（……）個人的な倫理であり、〈内的な政治〉である」[19]。

慎ましさとしてのアイロニー――これはマンの視覚の限界である。マンのアイロニーは、アイロニカルな慎ましさというルカーチに特有な態度をもはや認知することができない。ルカーチの態度は、テロとアイロニーの分離を粉砕するものである。ルカーチは、終末へと突き進んでいきながらも、自分自身の救済者的な力の弱さを心得ている知識人なのである。「彼〔エッセイスト〕はしかし、〔エッセイという〕営みのささやかさを従順に受け入れる。生と比べればもっとも深遠な思考さえも永遠にささやかなものにすぎないのに、アイロニカルな慎ましさによって、そのささやかさをさらに強調する」[20]。

アイロニーとは、主観と客観との間の亀裂を、つまり内面性と異質な世界との間の亀裂を内在的に修復しようとする試みである。すなわち、満たしえない憧憬と敵対的な外界世界を同時に認め、それが隠れた相互補完性であることを見抜こうする試みである。アイロニーによって自己を抹消することによって、美的主体は、苦悩に満ちた内面性と、まったく経験的な主観性という形で二重化されるが、この経験的な主観性は、それ自身に限界があるにもかかわらず常に、主観と客観の間の亀裂の必然性を認識するのである。これは、アイロニー的な世界認識を主体自身に適用することによって生じる。その自己認識においては、主体は「自己自身を、主体が生み出した創造物と同様に、自由なアイロニーの自由な客体と」[21]みなす。

美的な綜合はそれ自身が、倫理的アンチテーゼである。アイロニーは経験的な現実と美的な現実との間に弁証法を発動させる。美的な次元において、アイロニーは形式の統一を打ち立て、経験的な現実の次元においては特定の内容が〈ここに、いま〉あることに固執し、また倫理的次元においては、世界とは逆のものを表明する。したがってアイロニーは、神なき近代という時代における隠れたグノーシス的な抵抗であり、どのような美的客観性に対しても超越した関係にある。ルカーチは、疎外された世界における苦悩がたどる迷路が、来たるべき神の痕跡であると解釈するようにと説く。アイロニーとは「神自身の創造物――それが強大な物でも、また些細な物でも――に対して行なわれる無力な反乱がすべて挫折するのを見て抱く、創造者である神の意地の悪い喜びであり、また同時に神がこの世界にまだ現われることができないということに対して救済者たる神自身が抱く、筆舌に尽くしがたい高度な苦しみでもある」[22]。アイロニーは、この世界に対する戦いには一切の希望がないことを、しかしまたその戦いを諦めることや、さらにはこの世界に適合しようとする試みには、それ以上に望みがないことを表現している。世界の創造者デミウルゴスの現実のみが勝利するのではあるが、その勝利は、「打ち負かされた者たちの前では無である」ことを自ら暴露するという形での勝利であり、それはつねに「理念の新たな反乱[23]」が起きれば取り消されてしまうような勝利である。なぜなら、人間が自らを取り巻いている社会的・心理的な環境を打ち破るときにのみ、「この神なき世界とは、内実的意味のない空虚なものであることが、突如として顕になる」ものだからである。この意味で、アイロニーは、ある特定の時代における宗教的意識が美的次元において尖鋭化したものであり、現実の容認と現実の徹底的な否定とがどのように一つになりうるか、という問いに答えるものである。「詩人のアイロニーは、神なき時代における否定性の神秘主義である。それは意味に対する知者の無知（docta ignorantia）である[24]」。

　理論的には不可能なことが実際に現実となりうることは、ルカーチにとってはキルケゴールの著作におけるアブラハムやドストエフスキーのムイシュキン公爵といった人物によって、美的な次元で確証されていることであった。こうした人物たちは「行為におけるグノーシス主義者[25]」であるとルカーチは言う。これは、誰一人正しい人はいない、神一人のみが正しいのだから、というイエスの言葉を念頭において理解されるべきである。とすれば、「神のごとき」グノーシス的存在は、この世における行為という形をとった善であるということになろう。しかしルカーチはこの善について、ただ否定の形でしか記すことができない。この善の名のもとに、山上の垂訓はヤーウェ的な正義を棄揚することになる。一切の利害も根拠もなく、心理学的な中間世界から追い出され、善悪の彼岸にあり、日常的生には理解できないような形で。「生き生きとした生は、さまざまな形式の彼岸にある。これに対して、凡庸な生は此岸にある。そして善とは、形式を打ち破ることができるという恩寵を与えられた状態である[26]」。心理学や、出会い、そして理解しようとする意志は、善の王国に混乱をもたらすだけである。必要とされている唯一のものは、コミュニケーションや人間同士の関係とはいっさい共通性がない。神の要求は、非人間的な命令であり、その神に相応しい態度は、単純なる生に対する防御の見張りを立てることである。善とは助けとなるものではなく、救済するものだからである。善は、残酷にも魂から間主観性という装飾物を振り落としてしまう。「善とは、熱狂的に心を奪われた状態である。それは柔和でもなく、洗練されてもおらず、また静観主義的でもない。それは荒々しく、残忍で、盲目的で、冒険的である。善の魂は、心理学的ないかなる内容もなく、理由も帰結もなくなってしまって、純粋な白紙になってしまったもので、この白紙に、運命は不条理な命令を書き込むのである。この命令は、盲目的に、向こう見ずにそして残忍に最後まで遂行されるのである[27]」。

ヤーウェ的な掟の世界の包囲網を突破するこうした神の善の残忍さと神聖さとの絡み合いが掟そのものから生じるさまを、トーマス・マンは、ナフタの出自に関係させて記している。つまりナフタの父がユダヤ教の儀式に従って、麻酔のかけられていない屠畜に大きな屠殺用ナイフを「荘重な非情さで」突き刺したときに、ナフタの空想の中では、「聖なるものの理念」は、血まみれの残酷さと離れがたく一つに融合したのであった[28]。このように、善のグノーシス的な残忍さは、善を破砕する掟の儀式的な残忍さを受け継いでいる。

ところで、ナフタが一般的に好戦的態度を悪魔的に肯定していることは、もはや驚くには当たらない。なぜなら、戦争は、市民的な安全性に対する大いなる否定だからであり、資本主義の「狼のような粗暴さ」の露呈であり、資本主義が装っている軟弱な人道主義的な衣をはぎ取ることだからである。ナフタは世界大戦を資本主義の崩壊の総括であり、世界革命という歴史の徴候であると捉えている。世界大戦は、理念に敵対する帝国主義的連合を暴き出し、西洋的な存在体系を破壊し、〈外部にいること〉のいかなる可能性をも抹消してしまう。世界大戦は、形式とは無縁の単なる生のカオスを増大させて、人間くさいものがもつれ合った世界に暴力的かつ非人間的に明瞭性を作り出すテロリストの倫理を挑発する。

「最後まで行くこと（形成物を破砕すること。第二の倫理）。どうしても犯罪を犯さざるをえないこと」――テロリストは、不遇ゆえに犯罪を犯す者であり、彼は法の世界において権力を有している犯罪者たちに対して反抗し、彼らを終焉へと追い詰める。つまり「客観的精神を棄揚する」[29]のである。テロリストは、行為という形をとるグノーシス主義者であり、彼は犯罪をヤーウェ的なるものに抗う戦いにおいて必要なものとして自分の身に引き受けるのである。「法に背くことは、ポジティヴなことである」[30]。このようにルカーチが、彼の言うところの第二の倫理と法との関係を位置づけているのもうなずける。彼はテロル的な違法行為を、「宗教的なるものへの突破口」であると表現する。つまり「聖人は、かつて罪人であったに違いない。彼は罪を犯したということによってのみ、存在を絶対的に司ることができる」[31]からである。

ルカーチは、彼の初期の論文「戦略と倫理」を共産党の若い世代に捧げている。その中で彼は、革命的テロリストを、二つの罪の形態の分岐点にあるものとして位置づけている。テロリストは英雄であり、「世界史的状況によって下される命令、つまり歴史哲学的な召命として」具現される理念の祭壇に、自らの自我を捧げるのだ、とされている。もちろん召命されているからといって、殺人が正当化されるわけではない――テロリストには殺人を犯すことが許されているのではなく、殺人を余儀なくされているのである。テロリストは自分の道徳を犠牲にする。そして、この魂の犠牲（sacrificio dell'anima）こそが、彼を第二の倫理の国へと導いて行くことになる。「殺人がいかなる状況においても許されないということを深く確信し、疑わない人間の犯す殺人的行為のみが――悲劇的な形ではあるが――道徳的でありうるのだ」[32]。

こうした省察の原型を、ルカーチはヘッベルの『ユーディット』に認めている。ユーディットは、彼女自身の自我とその行為との間に神が設定した罪に突き当たることになるが、それに逆らってはならないことを知っている。彼女の不純、つまり避けることのできない罪は、神の前においてのみ純粋である。

しかし第二の倫理が意味しているのは、既成のもの〔実定的なもの〕に対する硬直化した義務を魂の命令が打ち壊すというだけにとどまらない。というのも、革命家が倫理的に考えているのは、自らの魂ではなく、集団であるからである。第二の倫理は、殺してはならないという絶対的な掟を越え出ることによって、テロリスト的であるという指標を帯びることになる。「ここにおいては、魂を救済するために、まさに魂が犠牲にされねばならない」[33]。神秘主義的な倫理から脱して、残酷な現実政治家にならねばならない。絶対的な目的が犯罪的な手段を正当化するということは、絶対的なものに対する厳格な結びつきを暗黙のうちに前提としている。つまり、テロリストの規律の自己統制技術に対応しているのは、絶対精神から産み出された組織である。この組織を前にしては、市民的自由の理念は、色あせてしまう。

世俗化した形ではあるが、神への絶大なる信仰でもって、ナフタはあの禁欲的な支配の要求――反自由主義的、反平和主義的で、善悪の彼岸にあるあの要求――を是とするのである。「自我の解放や自我の発展は、時代の求める秘密でも要請でもない。この時代が必要とし、求め、作り出すであろうもの、それはテロルである」[34]。マクス・ヴェーバーは講演『職業としての政治』の中で、世界の倫理的な非合理性に耐えることのできない心情倫理主義者を非難している。彼らが説く愛の説教には、ヴェーバーによれば千年至福説的な預言者の姿勢が潜んでいて、それはいつでも折りさえあれば、暴力の支配するこの世界に対抗するための最後の暴力へと駆り立てようとしている、という。そして実際に、革命にとって決定的な倫理的課題はベンヤミンによれば、その最後の暴力による破壊作業が、「人間による純粋な暴力の最高の現われ」[35]

であるということを根拠づけることである。なぜなら、プロレタリアートによる神権政治という新たな世界秩序もまた、暴力によってのみ形成されうるものだからである。しかも、革命的な暴力は、危機の瞬間において、決定的な経済的な潜在力となる資本主義の暴力に応酬するものである。そして革命は、危機を「徹底的に新たなものへと直接転換する」方向へと向けるのである。ルカーチは言う。「この暴力は、他でもなく自覚したプロレタリアートの意志であり、その意志は、自己自身を——そしてまた同時に、物象化された諸関係が人間を隷従させるような支配、つまり社会に対する経済の支配を——止揚しようとするものである」[36]。

自由主義的な議論が口を封じられるブルジョア的民主主義の終焉段階において、ブルジョアジーとプロレタリアートとの間の最終決戦の舞台を開くのは独裁である。独裁の代理として召命された全世界のプロレタリアートは、ブルジョア的世界に対抗するキリスト者の神への強い信仰を、共産主義という形で継承する。プロレタリアートの反資本主義は、異教的な国家に対する神権主義の戦いであるかのような徴候を帯びるものとなる。その意味では、プロレタリアートの独裁は、十字架の印を帯びている。それは世界を克服するための世界支配なのである。「プロレタリアートの使命は、世界の救済のために、救済の目標の達成のために、国家も階級も知らぬ神の子の状態を獲得するために、テロルを起こすことである」[37]。

ナフタの考えによれば、厳格さと禁欲と反個人主義は、社会主義における「カトリック的な要素」である。彼はローマ教会のうちに、革命的な力と貴族主義的な力とが統一されていると見ている。つまり反現世的であるという点で革命的であり、精神が厳格な生活様式によって規定されているという点で貴族主義的である。このような意味で、若きルカーチが切望していたのは、カースト制度の形而上学的な復活という形をとって、聖霊の名において現在の組織を作り出すことであった。そのカーストの一つ一つが、それぞれ可能でありうる倫理的な姿勢を表現しているものと考えられていた。「実体的なものを渇望する精神は、人間をカーストに分けることによって、この混乱した世界からさまざまな形式をもった数多くの明瞭な世界を作り出すのである」[38]。これこそは、神権主義としての共産主義である。こうした考え方に対してすぐさま念頭に浮かぶ反論は、プロレタリアート運動は、徹底的に無神論的ではないか、というものであろうが、こうした反論も、神権主義としての共産主義という定式を否定することにはならない。なぜなら、無神論は、もっぱら社会主義の「カトリック性」を強めるものとされるからである。もし神を消去してしまえば、「それだけもっとカトリック的になれる」[39]のである。カトリック的な規定のゆえに、共産主義の国は、働かずに快楽だけを享受することができる夢幻郷とは決定的に区別される。それは、禁欲者と神のための戦士たちのパラダイスである。ここで問題なのは、乳と蜂蜜を最終的に手に入れることではなく、世俗的な秩序を破壊することによって、神の直接的現在性を復活させることが問題なのである。テロリストは、禁欲主義者の精神を吹き込まれた者である。またプロレタリア運動も、教会に具現されているあの「宗教的・禁欲的な理念」のもっとも深淵なる傾向を明示するものである。それは「社会を、理想的な、共産主義的な神の国という手本に沿って、新たに構築すること」[40]なのである。

知られざる神の神権主義

ヴァルター・ベンヤミンの「神学的・政治的断章」は、神秘主義的な歴史把握を素描しているものであるが、その哲学は、歴史的なものとメシア的なものとの関係そのものを、メシア的な救済として教示している。したがって、神の国はいかなる意味でも歴史の目的ではありえない。神権主義は、政治的な意味を持たない。しかし純粋に宗教的な神権主義であっても、「世俗的なものが有する純粋に世俗的な秩序」とまったく関係がないわけではない。この関係をベンヤミンは世俗化として捉えるのではなく、歴史的なものとメシア的なものという二つの規律が、まったく媒介なしに矛盾した形で相互に入れ替わることであるとしている。神の国は、「目的ではなく、歴史の終焉」なのである。過去と盟約を結ぶということは、革命をもはや目標としてではなく、歴史の断絶として考えるための条件であることが明らかにされる。そう考えることによって、歴史は終焉へと関係づけられるようになる。自由な人類が歴史的なものの領野の中で――メシア的なものとは逆の方向で――幸福を探し求めるのに対して、自由を与えられていない人類は現在の状況において、希望がない状態のうちに足場を持たねばならない――強調して言っておくが、希望ではなく、足場をである[41]。組織化されたペシミズム、幸福の理念の代理人、そしてメシアニズム。この三つは相互に逆の方向へ向かうベクトルであり、また相互に介入し合うものである。

ヴァルター・ベンヤミンは、ブロッホの『ユートピアの精神』がなした最大の功績は、神権主義の政治的な意味合いを否定したことであるとして評価している。つまり神の国は、歴史の目的ではないのであり、それゆえにまた世俗的政治の基準でもない、ということである。地上の世界においては神を描き示すことができないがゆえに、神権主義からは政治に結びつきうる可能性が奪われるのである。神権主義にもとづく政治は、正義の仮象を完成し、それゆえに最大の不正義（summa iniuria）を作り出すのである。「われわれを神の規範でもって武装し、あたかも神がわれわれを通じてみ業をなしたもうかのようにすることなど、われわれのなしうることではない。革命もまた、ロマン主義の青い花の期待を捨てねばならない」[42]。この言葉は、ベンヤミンの「神学的・政治的断章」の中の見解を述べているように思える。しかし、この見解は、本当にブロッホの立場を言い当てているだろうか。「われわれはもう十分に世界史を経験してきた。(……)今や明らかに別の生が、逆らい難い生が動き始めている。歴史の舞台という狭苦しい背景は逃れ去り、今動きはじめている生とは魂、深さであり、すべてのものの上に広がる夢の天空である」[43]。これまでの歴史から極度に外れた真の歴史のあり様が記述される場合には、極端な形式がどうしても必要となる。そのためにブロッホは、聖人伝説を歴史哲学の形式として復活させたのである。人物像の追想によって――匿名的な人間存在を明るみに出そうという名目で――歴史上の人物は、歴史哲学の弁護人へと高められる。ブロッホは、聖人伝説における運命を修正し、忘れ去られた反抗を新たなる世界の叙事詩の中に救出することによって、歴史を一般の流れとは逆に解読する。「すべてがわれわれを待っている。さまざまな事物は、それを作品にしてくれる詩人を求め、われわれに関係したものでありたいと願っている」[44]。彼が問題としているのは、歴史的な人物がメシア的な証しという形で歴史を超越した領野において生き続けていることである。そこでは挫折した反抗が、いったん消されてもまた新たに書き込まれた再録羊皮紙のように読み取られる。「追想という生産的な図式」によって、記憶は歴史を新たに書き換えるものへと高められ、いままでの歴史では未踏であったものの中へ、歴史哲学という形で足を踏み入れることになる。このようにして歴史は、革命的な座標の中で「聖人伝説」へと変えられて行く[45]。

神の国を求めようとするブロッホの意志は、神の死後のキリスト神秘主義であると理解することができる。彼の神秘的な無神論がニヒリズムと異なる点は、神の国を目指そうとする宗教的意図が、まさに神の死によって開かれたあの空洞化した空間へと投影されていることである。天国が地上に下りてこようとはしないので、「英雄的・神秘的な無神論」が絶望のうちに立ち上り、それ自体としては無力である神を強いて登場させようとする。それが神秘的であるのは、世界の暗闇を主体という唯一の光によって照らし出すからであり、また英雄的であるのは、神話がないという空白それ自体を神話と考えようとするからである。「〔神話がないという〕この空白もまた、歴史哲学的な諸連関のほんの一部であるにすぎず、必然的に、かつまた構成的にこの連関の一部をなす。神に去られた状態もまた、神に包まれている状態の――恐ろしいあり方ではあるが――一つなのである。神というものはすでに存在しているものではなく、神と認められることで初めて神となる。〈無神論〉もまた非常に強い敬虔さであり、もしそれが神をこの現世から解放し純粋に保つことを意味しうるのであれば、もっとも熱烈な神への愛である(46)」。

神秘主義的な無神論とプロレタリア革命との結びつきは、ブロッホの場合にはよく見られるものであるが、これは共産主義の千年至福説的な捉え方に沿っている。これと較べれば、マルクスの国家経済学は実証主義的に行き詰まったものと見なさざるをえない。そうした意味でブロッホは一九一九年に――全集には収録されていないが――次のように正統派マルクス主義の経済主義的な視野狭窄に反論している。「正統派マルクス官僚主義における経済主義的な視野狭窄は、社会主義が、それが国民経済学になってしまう以前には神学であったこと、そして国民経済学になってしまってからはなおさら、いっさいの幻想なき神学であり続けているということを忘れてしまっている(47)」。預言への信仰が絶望に陥ったがゆえにこそマルクス主義が国民経済学へと変質してしまったのだということをマルクス主義自身が忘れ去ってしまったとき、まさにマルクス主義はパラダイスを求めようとする意志を、地上に実現される天国を求める意志を、そして内的なものを外化しようとする意志を裏切っているのである。

もちろん昔からの隷従的な状態から神秘主義的な市民《シトワイアン》への飛躍は、メシア的な助けなしに成し遂げられるものではない。集団が自らを自覚的に認める状態は、たしかに具体的に考えられたユートピアではあるにはちがいないが、「この地上においては実現されえないユートピア(48)」であり続ける。新たなる世界の真理は、革命的主体が現状の世界をこの世界の中で拒否する態度をとるよう要求する。というのも、この地上において実現できないからといって、まったく実現不可能であるということを意味してはいないからである。ブロッホは、集団においてすべての成員が対等な〈われわれ〉として出会うような状態（Wirbegegnung）が最終的に達成される状況を、精神的共同体という形をとった神の国を作り上げることであると考えている。こうした共同体は、政治的な国家に対して、もっとも極端で超自然的なアンチテーゼをなしている。しかもそれはユートピア的な政治体であり、またアウグスティヌスの言う意味での「われわれが、われわれ自身となるであろう第七の日」（Dies septimus nos ipsi erimus）にかなったような地上的な超越性なのである。共産主義についてのブロッホの弁証法的概念は、「社会（Gesellschaft）という形をとった、キリスト者の国」なのである。ここにおいて神秘主義は、革命的政治が目指すべき目標であり、また同時に、非本質的なものごとを冷静に管理すること――それは社会主義と呼ばれるものだが――を正当化する唯一の審級なのである。彼の考える神の国は、政治的な国家でもなく、また超越的な神も存在しない。このブロッホが考える神の国においては正統性（Orthodoxie）と徹底性（Radikalität）は、「純化された新しい正義」という一つの概念が持つ二つの名称である。(50)

ブロッホの自己理解によれば、彼の『ユートピアの精神』とマルクスの『資本論』との関係は、『実践理性批判』と『純粋理性批判』のそれに対応するという。宗教的・ユートピア的な国は、階級なき社会とはほんの一歩しか離れていないのであり、『ユートピアの精神』の課題は、(51)愛の世界と〈われわれ同士の出会い〉という「より高い空間」へとマルクスを救い上げることであるという――それは社会主義の構想をドストエフスキーの言うところの「新しき世界」へ止揚することである。ブロッホとルカーチは、ロシアにおいて純粋な魂の現実に基づく兄弟の国、真の兄弟愛《フィラデルフィア》の国を垣間見たのである。

神権主義の政治的意味を否定したことがブロッホの『ユートピアの精神』の最大の功績であると認めた

ベンヤミンの先の見解は、ブロッホが結論として導いた政治的神秘主義とかろうじてまだ相通じるところがあると言えよう。その結論とは、「地上の組織は、それが最終的に準拠する形而上学を、兄弟愛の国において持つ[52]」というものである。しかし一九一八年に出版された『ユートピアの精神』第一版ではまだ、「地上の組織は、直接に働きかけ、また直接に演繹される形而上学を、神の国の神秘のうちに持つ[53]」と言われていた。つまり第一版においては世俗世界の秩序は、神の国の思想に基づいて築かれるものとされ、歴史的なものは直接メシア的なものに関係づけられているのであり、その意味では、政治的な神権主義なのである。ブロッホにとっては、心のメシア主義的強度と、世俗的なものの力とは、歴史の二つの相反するベクトルではない。もちろんこの二つは確かに区別されはするが、ともに「解放と精神、マルクス主義と宗教との間に存在する一つの相関関係[54]」へと入り込むものであり、その関係は、アプリオリに想定されたメシア的なものに完全に規定されている。

千年至福説的な宗派、あるいは再洗礼派的な宗派を見るブロッホの視線は、それらの宗派が神に対してルツィファー的・パラクリト〔助け主としての聖霊の呼び名〕的な試みを行なっているという点で、反宗教改革的であるという意味でカトリックの理念との親和性を認めている。カトリシズムは普遍性の真の理念として、また宗教的連帯として、個人を排除するものではなく、また実体化するものでもないゆえに、「近代において歪んでしまった個人主義[55]」に対する治療薬となると考えられている。こうしたカトリシズムが、第一次世界大戦による絶望と価値崩壊という状況の中から登場し、「貨幣やそれと手を組んでいる下劣な貴族どもとは違った序列構造をようやく掘り出してくれることになろう[56]」とブロッホは言う。救済されれた信徒集団という新たな精神的な序列構造を求めようとする過程で、ブロッホは、思考の当然のなりゆきとして、教会が指導的で教育的な力を持つものであるという理念を復活させている。そうした教会は、現世界と新しい世界との境界にあり、自らを新しい世界へと解放して行くものと考えられている。「現実に存在する教会ではなく、最近の解体現象に対応した教会が、力になってくれる組織であり、それは形而上学的な説教の力（Predigtgewalt）の場である[57]」。

社会主義の思想を完成させるのは、「赤い信仰」である。この信仰は、非本質的な事柄から解放されることに成功したのちに、労働や国家の彼岸にあって「感性を管理する[58]」ためのパラクリト的な制度、すなわち新たなる啓示内容が入っている宝庫を求める。形而上学の偉大な問いは、ようやくその権威主義的で神学的な答えから解放され、階級なき社会にある精神に対して、人間の内面性を新たに秩序づけする教会の再建をますます要求するようになる。教会の再建といっても、それは、すべての哲学を構築し直し、目的論に宗教的精神性の力を与えるという意味である。ブロッホの考えていた〈新しい世界〉とは、社会主義社会であると同時に、精神に基づく超党派キリスト者の世界でもある。彼の言う〈新しい世界〉は、ロシア革命からその歴史的な光を受け取っている。ブロッホの形而上学の中心的なカテゴリーである連帯的内面性を意味している。この内面性においてこそ、「私は自分が認められているように、人を認めるであろう（congnoscam sicut cognitus sum）」というパウロの言葉は、「人間がみな共通の空間にいるかのように認識される仕方で[59]」人間を認識する態度へと変化するのである。もちろんブロッホは、この活動的で建設的な内面性を、現実世界からの単なる逃避であるような、対象なき内面性とははっきりと区別されるものであることを強調している。しかし「内面性からなる偉大なるローマ帝国[60]」を作り上げる素材は、美的なものであるにすぎないのであり、結局のところは仮象である。ユートピアの精神が音楽の哲学として表現されているのも、ゆえなきことではない。その最終的な目標は、美的なカテゴリーを歴史神学的に解消することである。ブロッホは、「道徳における仮定法〈あたかも……であるかのように（Als ob)〉」と同じように、美的な次元における仮定法もまた「神学的な仮定法〈いまだ来たらざる（Noch Nicht）〉」として読んでいる[61]。このように道徳的・美的・神学的なそれぞれの領域を時間化することによって、あるユートピア的な現実が構成されることになる。それは憧憬という危機にさらされた存在であり、〈新しき世界〉が未来にあるという思考と対応している（マタイ十二章三十二節）。ユートピア的現実の未来における永遠は、歴史哲学的には確実なことであり、「神は、存在しない、いやまだ存在しないにもかかわらず、存在するのだ[62]」ということを知っているのと同じように確実なことなのである。

「覆いを取り除かれた顔」についてのブロッホの解釈は、終末論が神学の限界を突破する地点を示している。集団の覆いを取り除かれた顔は、キリストとともに神の内に隠されている生が啓示されることを意味している（コロサイ人への手紙三章三節）。それは人間たちのただ中において神の国が到来し、そこにおいて神自らが解消することなのである。神なき神の国に入る境界においては、その没落を目前にしている権力に対して、終末論的な蔑視の態度でもって、カエサルのものをカエサルへ返してやることになろう。ブロッホはこの点では、イスラエルの民に見られる世界終末への期待観――つまり期待し待ちこがれる中で、終末論的に現在を無視する態度――についてのマクス・ヴェーバーの記述に依拠している[63]。『ユートピアの精神』の第一版は、こうした「預言者たちのユートピア的な、現世に対する無関心な態度」の痕跡が全体を貫いている。

ブロッホは、神の実体化を神秘主義的な形で解消しようとするのだが、この試みにおいて神は消滅するのではなく、「主観性の中に亡命[64]」する。その主観性のもつルツィファー的・パラクリト的な力のみが、神の到来を準備することができるのである。主観が自らにその魔術的な作用を及ぼすことによってのみ、神は異教的な客体的在り方に陥らずにすむのだとされる。そうであるとすれば、主観性によって信仰の確実性に直接つながっているということが、ユートピアの精神の要であるということになる。主観性の思考は、高度な意識化を伴った敬虔なものである。それは、神的なものが真近に近づくということなのだから。「父なる神と子と聖霊は、主観の魔術の襲撃に出会うと、あたかも単なる絵のように壊れてしまう。ちょうど真の自己自身の模像がはかなく消え去ってしまうように。真の自己自身とは、神の唯一の真の似姿としての〈われわれが啓示されること〉である」(65)。このように神の実体的存在から解放された神権政治は、社会主義的な信者共同体のために役立つものとなる。「ただ唯一あるのは主なる神である。しかし、この地の上をさ迷わない者たる神がもつ〈諸特性〉のみが、この下界の地にあって道を共にする信者共同体にとって、模範として、目標として、そして要請としての役割を果たすのである」(66)。

この世の黙示録的な終焉を望む知られざる神の神権主義は、よりよき日々の訪れのために戦うのではなくて、いっさいの時間の終焉のために戦うのである。ブロッホのラディカリズムは、現在の社会では民主主義と呼ばれる同胞教会を分割払い(67)で手に入れようとする態度を侮蔑的にはねつけ、「キリストと、神秘主義的な世界共和国と、神権政治の名のもとに」集団組織を呼び起こそうとするのである。

ブロッホは、キリスト教の諸宗派が行なうメシアのための戦いを革命の原型としている——それは近代のプロレタリアートにとっては、階級憎悪と心の中に沸き立つ焦燥感という点で模範となるのである。彼らの大規模な反乱は、善が有する暴力の権利からなされるものであり、完成された罪深さの時代にあってはいかなる聖人も存在してはならない、という偉大なる禁欲のなせる業として現われる。この「革命的な、世俗内的禁欲(68)」は、いわば救済を求めてのエジプト脱出にとりかかるのである。闘争は、神権主義に基づく革命家のこの現世との唯一の妥協なのである。ブロッホはこうした考えを徹底的に突きつめ、ボルシェヴィズムはデミウルゴスによって作られた「愚劣な既存在物」に対する洗礼者たちの神のための戦いを、より高い次元で、また成就を約束する形で繰り返すことであると解釈している。しかしこの戦いにおいて、この現世の悪しき勢力は、必ずや神の騎士の魂を堕落させ、また彼に罪を負わせるであろう。それゆえに、神権主義に立つボルシェヴィストは、「定言的命令として拳銃を手に携え」、「非キリスト教的ではあるが、しかしキリストによって授けられた[69]」武器をもって戦うのだという。

ブロッホは現世のデミウルゴス的な迷路の背後にある本来の故郷であるもう一つの世界を、自己自身との出会いを知ることと厳密に結びつけている。「われわれ自らについての無知こそが、現世がこのように現われる最終的な原因なのである[70]」。つまりわれわれが自分自身を捉え切れていない限り、われわれは迷路をさ迷うことになる。しかし現世の迷路から抜け出すことは、経験的な性質の自己自身から抜け出すことである。ブロッホはここで、内面的なものを外的なものとしうるカントの世界把握の道をたどっている。つまり叡智的な性質を形成することが、「心のパラダイス[71]」へと足を踏み入れることになるのである。

ブロッホの考えるような主観性の魔術的なプロセスにおいては、集団が自己自身を知るようになることは、正義の神を呪術師のやり方で任命するようなものである。つまりわれわれは、いつ、どのように、また現在に対するどのような帰結をもって、神が歴史の終末に現われるのかをアプリオリに決定するのだ、とブロッホは考えているのである。「任命し、隠蔽を解き、創造的に情報を与え、そして最終的には同一化を行なう哲学の力は非常に大きなものである。完全に隠蔽を解かれた〈今（Jetzt）〉や、われわれの生きている現在の完全なる現前化（Vergegenwärtigung）でさえ、また今まではメシアやさまざまに形を変える黙示録のなせる業であると見なされていたものでさえも、実は同一化のなす業であるがゆえに哲学の行為なのである[72]」。良き神というものは、われわれによってのみ、つまりわれわれが何を良き神と任命するかによってのみ存在しうるのであるから、すべての真の哲学は神を呪術のように呼び出すことであり、真理とは祈りなのである。哲学が目指すものは、ルツィファーをついに再来させること、つまりあまりにも穏やかすぎるイエスの内にルツィファーを目覚めさせることなのである。「この来たるべき、全能の、動的かつ内的なる最大の呪術師であり支配者であるキリストのうちに初めて、利己的な自我の闇が崩壊し、実体なきデミウルゴスが震え上がり、真の人間の国が、きわめて多様な自我の国が、世界に君臨する絶対的なキリスト者の国が始まりうるのである(73)」。

歴史哲学としての美学

ゲオルク・ジンメルは、「戦争の危機」について次のような見解を述べている。「物事に対してあまりにも近寄りすぎて拘泥する立場と、あまりにも離れすぎて、一種の〈接触恐怖症〉のような態度でわれわれ自身を何もない空間に置こうとする立場とがある。しかしその両者の間には、深い内的な関係が存在している(74)」。人間を「義肢の神」として特徴づけたフロイトの皮肉に満ちた見方も、同じ事態を指している。エルンスト・ブロッホが、即物主義は自我とは疎遠な、物質のみに利するような目的追求の形式、つまり魂の世界を隠している弱い肉体の義肢を隙間なく継ぎ合わせた構造物が支配している事態だとした批判も、これと同じコンテクストにある。この義肢の神が、魂のエルサレムへと向かう道を自らに閉ざしてしまったのである。

それゆえに、ユートピアの精神の敵としてまず登場するのが機械の精神である。ブロッホは『ユートピアの精神』の中の「技術の冷徹さ」の章で、新即物主義を近代的ニヒリズムの完成として記述している。その際にブロッホは、世界の西洋的脱魔術化についてのマクス・ヴェーバーの時代診断を踏襲して、脱魔術化を「冷徹さの悪魔」[75]の仕業であると解釈している。ところが、ヴェーバーの見解を踏襲することによって、逆にヴェーバーとは決定的に異なる観点を生み出すことができた。つまりブロッホが批判しているのは、西洋に固有な資本主義的合理性（収益性、専門家集団）であり、それが人道主義的な技術――それは純粋に即物的であり、機能的には人間の負担を軽減するような技術の世界なのである――の名のもとに行なわれていることなのである。したがって即物主義という弁証法的概念は、機械的精神の歴史哲学を動かす機動力となるのである。それはマクス・ヴェーバーの言うような、逃れえぬ運命となってしまった資本主義の鋼鉄の檻を破砕する歴史哲学である。

とはいえ、この点でもまたブロッホはヴェーバーを踏襲しているのである。神なき時代に生きているというマクス・ヴェーバーの歴史神学的意識が、ブロッホを精神なき即物性である物象化に対する即物的な批判者に仕立て上げたのである。それゆえに、序言の第二の文章では「科学」という言葉を括弧で括っている。ちなみに、この括弧は、危機の印であって、それは『ユートピアの精神』でも出てくる。『ユートピアの精神』では、「〈物知りの〉視線の前では」すべての意味あるものが「まやかしの、脱魔術化された個別的なものへと」[76]粉々に粉砕されてしまう、とされている。ここでも〈物知りの〉という箇所につけられた括弧は、西洋的な知に危機の指標を与えているものである。ユートピアから科学へという社会主義の発展は、ブロッホにおいては逆方向に辿られている。まさにその点が、『ユートピアの精神』という題名が示す論争的な意味合いなのである。つまり、科学はグノーシスへと、そして社会主義は「政治的神秘主義」[77]へと向かって燃やし尽くされるべきである、というのである。

ブロッホは、マクス・ヴェーバーの著作に、「分析的なニヒリズム」[78]と「宗教的貧血症」という西洋的学問の徴候を読み取っていた。それゆえに、「それでは東方へ行こう」という標語が出て来るのである。この西洋（オクシデント）と東洋（オリエント）という対立は、『ユートピアの精神』全体の構成要素となっている。つまり西洋は、脱魔術化と、即物主義と、技術の冷徹さからなる鋼鉄の檻であり、そこには変化をもたらしはするが空虚な西洋の人間が住まうとされている。それに対してオリエントは、追想と装飾から成り立っているというのである。ブロッホによるアレクサンドリアの後期ヘレニズムの過大評価に匹敵しうる唯一の例は、後期ロマン派におけるオリエントに対する熱狂だけであろうが、この過大評価はヴェーバーが行なった西洋における合理化の規定とはまったく逆の方向をたどる形で、オリエントの価値を高く評価することを目指しているのである。ヨーロッパをそれ自身のうちから理解しようとする試みに対抗して、ブロッホは近代の内なるさまざまなオリエントを発掘しようとしているのである。東洋と西洋はここでは、ブロッホが出現させようとしている二重の世界を隠喩的に規定するものとなる。なぜなら、いままでの歴史において東洋と西洋として互いにかたくなな対立関係に置かれていたものは、一方は自己自身との出会いを可能とする「自己内在的な垂直的機軸」であり、他方は世界変革という自己外在的なユートピアであり、それが互いに領域的に補い合うべきであるからなのである。つまり西洋とは、仕事、負担軽減、マルクシズム、そして即物主義であり、東洋とは、祈り、精神、宗教、そして装飾を表わしている。こうした二重の見方は、彼の歴史哲学的テーゼと対応している。つまり、即物的な機械技術と、「豪華さを嫌う表現主義」とは同一の起源を持っているというテーゼである[79]。こうした表現主義が豪華さを嫌うのは、それが即物主義のインパクトを受け継いでいるからだという。この表現主義においては、諸要素を融合する装飾の自由な表現の運動は、概念化されてしまった感情の爆発となる。これと対応しているのが、ブロッホが非本質的なるものの「熱情なき実践[80]」と定義している技術的な即物性による概念化された負担軽減である。即物性と装飾性とは、脱魔術化された世界からの脱出にとっての弁証法的な契機である。非本質的なものから解放されてこそ、本質的なものが表現される空間が開かれることになるからである。

ブロッホの著作『ユートピアの精神』は、ユートピアの精神の現象学であり、現世界の迷路から自我という装飾への脱出を記している。その際に、概念化された即物性は、現実世界を超越する装飾、つまり構築された内面性を生み出すために、世界の脱魔術化を行なう。これによって、美学が中心的な位置に置かれることになる。ブロッホは美学を、単純な弁証法という形で構成された歴史哲学的体系の中で展開している。定立《テーゼ》となっているのは、深刻さと決断を欠く美の仮象の国であるギリシア的なものである。それは対象を持たない内在性の芸術であり、外面的な生気に溢れた芸術であり、ヘーゲルが、死を直視することができないと言ったあの力なき美である。これに対する反定立《アンチテーゼ》は、「純粋なる無機的な価値領域の場」としてのエジプト的なものである。それは墓の精神から純粋に構成されたものである。そして総合《ジンテーゼ》となるのは、復活の精神から生まれる自由なる表現運動であるゴシック的なものである。その「極端な装飾性」の有機的かつ抽象的な線は、自我が自我となる自己邂逅の形態なのだとされている。このようにしてブロッホは、出エジプト記三章第十四節に言われる神の名を、自己邂逅という意味での「キリスト者の冒険」[81]という表現に変えている。

自己邂逅は、価値哲学的に見れば、黙示録と同等の価値をもつものである。それが目指すものは、この現世界のものではない別の真理である。これと対応する形でブロッホは、マクス・ヴェーバーとちょうど対立するように、「希望の概念」を彼なりの「価値哲学」の中心に据えている[82]。ブロッホによれば「価値概念の中での規定」は、「世界がなくても妥当性をもつ」[83]のである。そしてもし彼の価値哲学による判定が現実の事実にそぐわない場合には——この点ではフィヒテやヘーゲルと同様であるが——現実の方がいけないのだということになる。つまり希望という価値概念は、現実世界の価値を低く見積るものであり、そうすることによって、人間的なものの「余剰価値」を汲み上げようとするのである。

このようなブロッホの思考にあるグノーシス的な基本モチーフは、パウロとは逆に異言〔法悦的弁舌〕を救い上げようとする試みにおいて、さらに明瞭に認められる。周知のように第一コリント書十四章四節には次のように記されている。「異言を語る者は、自分の徳を高めるが、預言する者は、教会の徳を高める」。パウロは、異言と預言を対立として捉えているが、この二つの関係をブロッホのグノーシス主義は、特有な形で逆転させて、『ユートピアの精神』ではそれは次のように言い換えられている。「確かに、異言を語る者は、自分の徳を高め、預言する者は、教会の徳を高める。しかし、自分自身の徳を高める自我が、この世界からなくならないようにすることの方が、より重要である」[84]。

ブロッホは、音楽を近代における異言であると解釈している。そして社会的ユートピアへと到る歴史哲学的な道は、「〈異言〉を、〈預言〉として解釈すること」にのみあるとしている[85]。これこそが、ブロッホの神秘的唯名論の運動態である。ブロッホが重視しているのは、自我が客観的な事柄から解放されて覚醒することである。それゆえにゴシックの聖堂は、「第二のノアの箱船」[86]であると言われる。しかしここで言われているゴシックとは、歴史的に存在したそれを指すのではなく、アプリオリなものである。つまり反物質的なものを求めるプログラムであり、抽象による救済を約束している。これとちょうど対応するようにブロッホは、装飾の抽象的な構成が、人間をかたどった対象とのいかなる関係をも否定するものであると解釈している。そうした解釈によって、装飾という概念は隠喩的な形で誇大化されていくことになる。というのも、絨毯の線模様や純粋な抽象模様そしてアラベスク模様は、求められる「表現の抽象性」を達成する超越的で形而上学的な装飾の序奏に他ならないものとみなされるからである——形而上学的であるというのは、魂のキリスト者的冒険のことが考えられているためである。[87] ブロッホが提唱しているのは、作品も様式も存在しない、偶像破壊主義的な表現主義なのである。彼は、自我装飾（Ichornament）という形を取った自我の表出を重要視するために、美的造形の価値を低く評価している。装飾は、「われわれが生きながらにしてはそうでありえないような[88]」自己による造形の印なのである。

この自己の印は、生内在的には見つけ出すことができない。それゆえに美的現実の認識が、ことのほか重要な意味を持ってくる。美的現実は、ユートピア的精神が展開される舞台であり、それは社会学的に精密には測定することができず、また歴史的には孤立し極端で非同時的な形で現われる。ユートピアの精神の現象学と、俗世界の出来事との関係は、ちょうど異端の歴史と公式の教会史との関係と同じである。

芸術は、歴史の時間進行をずらす。芸術作品は「アプリオリな観客を前にして」、つまり「別の社会のために[89]」存続している。ブロッホは美的現実の非同時性に「敬虔な内面性の歴史哲学[90]」を読み取っているのだが、そこにはマクス・ヴェーバーによって分析されたプロテスタントの精神がカトリックの丸天井に覆われて現われて来ている。というのも、ブロッホの表現において強調されているのは、現世内において内面性を美的に高揚することによって、心の単なる内面性から離れ、「内面性からなる偉大なローマ帝国[91]」が達成されるという点である。しかしそれによってまた、美的な現実すべてに内在的な限界があることが示されている。つまり美的現実を解明することは、キリストの再臨という出来事の入り口にまでしか到達しないということである。

『ユートピアの精神』が著されたのとほぼ同時期に、マクス・ヴェーバーは「新たなる預言者と救世主を待ち望む」者たちの運命を、旧約聖書イザヤ書第二十一章十二節に記されている幽囚時代の朝の別れの歌に映し出して見せている。そこでは周知のように、いつまで夜が続くのか――つまりいつまで救済されない状態が続くのか——という問いに対して番人は、それを尋ねるのならば、別のときに再び来なさい、まだ夜なのだから、と答える。マクス・ヴェーバーは、救済を待ち望むこうした態度に対して、学問をこととする人間として諦念的で即物的な姿勢で、「日々の要求」を対立させている。[92]これと対応するように、ヴェーバーは現在の芸術に唯一許されたあり方は、きわめてプライベートな関係においてピアニッシモで響き合うようなあり方であるとしている。宗教的に高められた内面性というブロッホの表現は、まさにこのヴェーバーの立場に対抗するものであった。ブロッホにとっては、芸術は近代という夜にあって「未来を予見する星」なのである。

入り口(Vorraum)、前兆(Vorschein)、先取り(Vorwegnahme)——ここにこそ、歴史の美的完成が黙示録的終焉なしに可能なのだろうか、というブロッホの美学の歴史神学的な中心問題がある。この問いにブロッホは、世俗内的な世界拒否の美学によって答えている。美的なものという形をとって世俗内的に歴史を仮想的に完成させるということは、また同時に、「この地上におけるすべての完成に対立するもの」として構想されている。[93]神秘主義者の惰性的な自己享受と、神なき世界の営みに一人よがりに巻き込まれて行く姿勢との中間に、ブロッホは内面性の宗教的教化としての美学を据えるのである。

しかしこの内面性の構築は、予備段階の建築(Vorbau)である。なぜならユートピアは「地上では実現されえない」ものだからである。[94]まさにそれゆえにこそ、異言を預言として解釈する思弁的な美学は、美的な異端の歴史のいかなる偉大な芸術作品よりも高い位置にある。「装飾の産出」という章には、思弁的な美学者の特別の仕事が挙げられていて、ブロッホ自身が「最後の芸術家」なのである。[95]この思考の発展の必然的な結果として、次の章は「音楽の哲学」となっている。「音楽の」という所有格は、主語を表わしていて、音楽自身が哲学することを意味している。絶対音楽の音型(Klangbild)は、現世界の迷路からの自我装飾の再生である。

マクス・ヴェーバーは有名な講演『職業としての学問』において、学問が進歩の過程に従うものであり、したがって芸術に対立するものとしている。芸術は、進歩というものを知らず、歴史哲学的な象形文字を人生の片隅に描くものだからである。学問が扱うのは、事実であり、関連であり、内容である。学問の厳密な成果は、すぐに古びて余計なものになるという傾向をもち、きわめて微小で冷淡なものである。これとは反対に芸術は、その内容を完全に形式へ変え、偶然の支配する国から「唯一可能なものの」国へ導いていく。形式を求める要求のうちには、美的領域における倫理がはっきりと貫かれている。この要求が、事実や法則のためにではなく、魂と運命のための舞台を作るのである。「芸術作品と学問的業績との間にある決定的な相違はおそらく次の点にあるのだろう。つまり一方は有限であり、他方は無限であること、一方は閉じていて、他方は開かれていること、一方は目的であり、他方は手段である、ということである。一方はその結果の方から判断するならば、比較不可能なものであり、最初で最後にあるものであり、他方はよりよき業績によって余計なものとなってしまう、ということである。端的に言うならば、一方は形式を持ち、他方は持たないということである[96]」。

マクス・ヴェーバーは学問的進歩の払った代償が何であるかを、西洋的合理性の論理に従って挙げている。その代償とは、価値判断に対する厳格な禁欲と、超越論的視点を複数の価値系列の並存する多神教へ変える脱魔術化である。しかしその禁欲が厳格になるにつれて、個別化された研究と盲目的な専門家性のかなたに「救済をもたらす偉大な制度の中での成就」を求める希求が一層高まってくるのである。ルカーチにとっては、真の「価値の体系」とはまさにこうした希求によってこそ保証されるものであった。そうした意味において、彼の弁証法的エッセイの形式もまた特徴づけられているのである。つまり彼のエッセイは「価値を求める願望」そのものを価値とすることで救済するのである。[97] 価値の光線は、生を経験的なものとアプリオリなものへと分極化する。そして「生物学的および社会学的生」[98] は、惰性的に自己満足しておのれの内在性のうちに住まう傾向にある。そうした生は物質によって、またその生の世界像は事実によって成り立っている。それは最終期限を持たず、成就という理念をまったく感知することができない。「こうした生は、考えうるかぎりのすべての存在のうちで、もっとも非現実的でもっとも生に乏しいものである。このような生は、否定的な形でしか記述することができない。つねに何かが入り込んできて邪魔をする（……）というようにしか記述できない[99]」。

アプリオリで経験的にはありえないが、価値の光が当たるがゆえに真なる生は、これとは違ったあり方をする。この生は、世界を形象として見るのではなく、形象の彼岸において神秘的な無形象性のうちに意味として見るのである。こうした生は、「究極の問いと究極の答え[100]」という、ソクラテス的な透明性の世界を構築する概念実在論的な座標軸に置かれた生である。しかし経験的な生とアプリオリな生とが、このように頑なに対立したままであっては不毛である。それゆえにルカーチの問いは、生の中にある形式の価値、形式がもつ生の価値へ向かうのである。なぜなら形式は、倫理的な観点からみた場合には、生に対する価値を表出するものだからである。生の中にある形式の価値——こうした表現によって、一つのパースペクティヴが示されることになる。つまり、芸術が生の範例たるモデルとして現われてくるパースペクティヴである。「芸術倫理的」ないしは「様式倫理的」といった言い回しは、それを証している。

しかしロマン主義的な主観主義と汎詩主義（Panpoetismus）へ陥ることを防ぐために、ルカーチは彼の価値基準のために歴史哲学的な基盤を獲得する必要があった。それを彼は神学的な図式を使って展開している。つまり「美学の偉大なる価値の規定者」とエッセイストとの関係は、ちょうどメシアと洗礼者ヨハネの関係に対応している。(101) エッセイは体系の先駆けである。エッセイは裁定を下すことはできないが、裁くための審理を起こすことができる。「裁くための諸価値」、「裁く権利」、「観取された理念のもつ裁く力」(102)などという言い回しが何度も繰り返されるので、誰が裁くのか (Quis judicabit ?) と問わずにはいられなくなる。その答えは、造形が価値評価であり、生を裁く最高の審級は形式のうちにある、ということになる。

形式の問題は、そのもっとも深い規定に従えば、運命の問題である。運命の諸規定は、形式に明確な輪郭を与え、物事を構成する。ここでは運命とは、簡潔に「単なる人間的な諸関係の力」(103)とされている。それは、関係性そのものであるような抽象的な純粋さであって、人間から乖離してしまう傾向にある。そして歴史は、混乱をきたして「意味のない計画性」(104)になってしまっているとルカーチは言う。この言葉に表現されているのは、極端な合理性と極端な非合理性とが入り乱れている状態である。この状態のゆえに、資本主義は近代の運命的な力として特徴づけられる。悲劇と短編小説《ノヴェレ》は、これら二つの要素を、それぞれ別個にではあるが、あの運命的諸関係の抽象的な純粋性という形で見せてくれる。悲劇的なものの「神秘的合理性」(105)にまで至る「偉大なる合理性の抽象」と、「非合理性の抽象」(106)は、マクス・ヴェーバーが構想した近代の楕円の二つの焦点を美的に表わしている。しかしそのもっとも範例的な形式が、長編小説《ロマン》である。

「自暴自棄の激しさの当為 (Sollen) の中へと、地上での法の保護を奪われたものが逃げ込む」(107)――このルカーチの表現は、ブロッホの『ユートピアの精神』に至るまでの新カント派に焼き尽くすような光を照射する。ルカーチにおける小説《ロマン》への傾倒は、ユートピアからの乖離であり、叡智的な自我の形式世界から経験的自我の形式世界へ歩み出る一歩である。しかしなぜ、カントとキルケゴールから出発したルカーチにとって、当為とユートピアが疑問視されることになるのだろうか。ルカーチが問題としているのは、ユートピア的心情に対する責任の問い、「世界をよりよく思考しうる」(108)可能性についての倫理的な正当性をめぐる問いである。『ユートピアの精神』の著者としてのブロッホは、こうした観点からは、グノーシス的な美学者と見られる。ブロッホは、世界時計の指す位置だけを読み取り、歴史哲学的に記述するだけの「日々の要求」に応じることにはがまんできなかったのである。だがルカーチによれば、このようなユートピアに沸き立つような心情は、近代という時代の範例である形式、つまり小説において、必然的に砕け散ってしまうことになる。小説は、厳密な経験的な事実に結びついた形式であり、資本主義という運命的な力に対しては歴史的に超越している。小説は「フィヒテの言葉で言えば、完成した罪深さの時代の形式であり、世界がこの星座の支配のもとにあるかぎり、支配的形式であり続けるに違いない」(109)。

ルカーチの『小説の理論』には、「先験的ユートピア主義」(110)という歴史哲学が含まれている。このユートピア主義は、抽象的な観念論の当為要求に始まり、主体をすべての価値の焦点に設定する没幻想的ロマン主義（Desillusionsromantik）にまで至るものである。こうした考えを展開する際にルカーチは、鋼鉄の檻の中で諦念するマクス・ヴェーバーと、その檻の壁に逆らって突進するブロッホとの弁証法的中間点を探そうとしている。それゆえに、心情は非弁証法的に責任に対立させられることなく、美学的に（リーグルの言う意味での）「芸術意志」へと昇華される。なぜなら全体性は、「幸福に存在する」(111)全体性が失われてしまって以来、かろうじてその全体性に対する心情を形式として保持することのうちにしか、すなわち小説のうちにしか現われ出ることはないからである。だからこそルカーチは、「小説を構成する諸カテゴリーが世界の現状と」(112)衝突し合うことを構成的であると呼んでいるのである。小説は――Fr・シュレーゲルの言葉を借りて言えば――全体性と崩壊との「反定立的綜合（antithetische Synthesis）」である。つまり崩壊の中の全体性であるがゆえに総合であり、崩壊に対して美的に抵抗すべく設定された全体性であるがゆえに反定立なのである。

ここでルカーチは、単純な対比の構図を使っている。古典古代の均質な世界は、閉じた完結した世界であり、それは問題なく存在する全体性のうちにある原型の世界である。このあまりにも明るい背景の前に、ルカーチは近代を描き出す。それは世界に亀裂が走り、実体としての主体が王座につく、「精神の創造性」の世界である。しかしその近代のためにわれわれは、「われわれとわれわれ自身との間[113]」に越え難い深淵が口を開くという事態を代償として引き受けなければならない。ルカーチが「原型となる地図」とか「超越論的場所」などと言う場合に、そこで考えられているのは、内部と外部、魂と世界、理念と生とが均質であったあの古典古代の世界である。その均質性を破壊するものが、近代の亀裂である。この亀裂は超越論的場所を疑わしいものとし、魂の故郷を失わせ、地図を解読不可能にしてしまう。近代の亀裂は美的なものを歴史哲学の中心に引きずり出してくる。美的なものの形式世界は、いまや救済[114]をもたらす象徴を作り出さねばならないのである。歴史哲学としての美学とは、意味喪失を「形式の聖別」によって救済することを意味している。

形式の問題が、そのもっとも深い規定に従えば運命の問題であるということは、ここでさらに詳しく次のように言い換えることができよう。つまり真に美的な形式はすべて、全体性を作り出すような「形而上学的な生の不協和音」に根本的な形で出会うことになる、ということである。「生との対比において芸術は、つねに一つの〈にもかかわらず〉である。形式を作ることは、不協和音の存在を考えうるかぎりもっとも深く確証することである[115]」。ゲオルク・ジンメルは、こうした構想をすでにルカーチ以前に考えていた。現実との対立関係は、主体に暴力を加えるものであるが、その対立関係は〈それにもかかわらず〉生の神学に包み込まれている。生の不協和音は、意味の統一性の形式なのである。魂のあとを追うルカーチが辿る道は、形而上学的な生の不協和音によってあらかじめ示されている回り道を通って魂が自分自身へと戻って行くあの道である。それは私と私自身の間に広がる深淵を架橋する試みなのである。そして客観的精神が作り出した造形物は、主観が辿るこの受難の道のさまざまな中間地点にほかならない。

さて、近代におけるように、不協和音があまりに増大してしまって、意味の内在性が経験的な生のどこにも場を持てなくなった状態にあっては、小説には特有の矛盾が生じて来ることになる。「意味の内在性を求める形式の要求は、意味の内在性の不在を容赦なく徹底的に暴き出すことから生じてくるものである」とルカーチは述べている。小説は、こうしたネガティヴな形の神秘主義を、純粋形式的にはアイロニーとして、主観的には諦念として、また心情的には——歴史哲学的な規定を人間の年齢期で表すロマン主義特有の偽装的表現で言えば——成熟した男らしさとして、客観化するのである。小説を「成熟した男らしさ」[116]として定義するものは、幻滅のロマン主義ではなく、勝ち取られた成熟としての諦念であり、形式となったアイロニーである。そのアイロニーは、絶対的な力をもった主観性を賛美するのではなく、神なき現実の勝利を自らの虚無性のうちに映し出す。そして成熟した男らしさとは、心情倫理の批判者マクス・ヴェーバーの心情にほかならない。こうして見るとルカーチの『小説の理論』は、ヴェーバーの経験に基づきながらも、弁証法的に「日々の要求」を越え出ようとする試みであると理解することができる。

諸形式の歴史哲学的な実体を問う場合に、ルカーチが問題としているのは、積極的な意味での歴史哲学の可能性である。彼の考える美的なものの歴史哲学は、形式を保証する〈新しき世界〉の予言に帰着する。しかもこの〈新しき世界〉の輪郭の中では、完成された罪深さの時代——すなわち近代——にとって範例的な形式である小説の理論は、自らの無効性を宣言している。

歴史哲学としての美学は、時代の範例となるような形式を、真の現実として問いただす。ルカーチのエッセイにおいてこの問いは、そうした真の現実の先駆者を探すことであると解釈学的に表現し直されている。エッセイストは、自分のために英雄を求めるが、先駆者の挫折を否定的・弁証法的に記述する中で、歴史哲学は美的に形作られる。ジンメルは一九〇四年六月四日付けのリッケルト宛の手紙で、自分は歴史的認識に関する自分の論理を「芸術の本質について考えるという回り道をして」見つけ出したのだと告白しているが、これは「芸術はその最高の規定からすれば、われわれにとってすでに過去のものである」というヘーゲルのテーゼを逆にしたものであるということが、すでに暗示されている。つまり「美学においてのみ、歴史の歴史性は真に自己自身に到達する」とされるのである。社会というものは、自己自身との同時性を美的な形式においてのみ辛うじて得ることができる。時代がどのようなものであるかを表わし出すのが形式であり、それは単に内的な熟成とは対立するものであり、「時間の中にあって時間を越えている」[117]。世界を内的世界として解釈することを、ジンメルは近代の本質であると定義した。そして、心理学が記念碑性を、動機が行動を、根拠づけが儀礼的身振りを空洞化するという。自我はますます洗練され、差異化されていく。しかしまさにそれゆえに、大いなる反近代的グノーシス主義者にとっては、そのような自我が牢獄よりも致命的に魂の周りを取り巻いてしまうと感じられるのである。魂のそれ自身への道、自己自身との出会いなどといった表現は、前分析的で神秘主義的な魂の概念を意識的に使っている。こうした意味で、『小説の理論』では「心（Psyche）と魂（Seele）の痛ましい懸隔から」内面性が誕生するさまが記され、その懸隔を忘れると「悪魔的な眩惑」に陥るのだとされている。小説というものはみな、自己を試練にさらす魂の歴史を物語るのであり、ルカーチが「内面性に固有な価値の冒険」[118]と言う場合に、それはこの試練の冒険のことを意味している。それゆえにどの小説も、近代の孤独という徴候を示しているのである。人間の自分自身の理念に関する知は、こうした近代の世界から出て来るものではない。

ルカーチはグノーシス主義者の身振りで、資本主義による世界制覇を行なうピューリタン的倫理に対して〈神の栄光の偉大さのために〉反対の姿勢を示している。マクス・ヴェーバーは、カルヴァン主義の職業人における世俗内的禁欲が「世界の〈意味〉についての問いに対する幸福なる視野狭窄によって打ち負かされてしまった(119)」と述べているが、この表現によって特徴づけられているのは、小説の主人公とは逆のタイプの理念型である。というのも、小説の主人公の現実世界における勝利は、その魂の敗北であり、彼がなしうる唯一の真の征服は、「幻想から自由となった自我(120)」へ到る道の一端を手に入れることだからである。

魂と形式、魂が自分自身へ至る道、「私は私の魂を確かめにいく」〔『小説の理論』で引用されているブラウニングの作品でパルセルススの語る言葉〕——このような表現からするとルカーチもまた、ブロッホが「聖霊《プノイマ》の上に存在する魂《プシュケ》」という定式を与えたあの座標軸で考えているのは明らかである。しかしルカーチは、すでに魂（Seele）と心（Psyche）とを区別している段階で、グノーシス主義に由来する頑なな二元論を弁証法的に解消している。『小説の理論』で記されているのは、魂が「第二の自然」という舞台で受肉する過程である。第二の自然とは、無意味な計画にばかり溢れた慣習の世界であり、永遠回帰と方向なき躍動性の単調な世界であり、「意味とは無関係な法則性の総体であり、その法則性からは魂に対するいかなる関係も発見されることはありえない(121)」ような世界である。このような法則の概念は、グノーシス主義に由来する。「人間を隷従させる力の認識を、人々は法則と呼ぶのである。法則という概念による認識にとっては、法則が全能であり全領域に力を及ぼすという絶望的状態が、崇高で精神を高める論理性となる。それは、人間に疎遠な、永遠で不変の必然性のもつ論理性なのである」[122]。それゆえにこそマクス・ヴェーバーは、資本主義の運命的な力、逃れようのない官僚制、そしてかつてあった生への配慮の薄い覆いが石化してしまったものである鋼鉄の檻という言い方をしているのである。「今日の資本主義の経済秩序は、巨大な宇宙であり、その中に個人は産み落とされる。その宇宙は人間にとっては、少なくとも個人としての人間にとっては、事実上変化することのない檻として与えられ、その中で生きていかねばならない」[123]。

この慣習の世界を逃れることができるのは、「魂の最奥にあるもの」のみ、つまりグノーシス主義者の無宇宙論的な自我の核のみである。「牢獄」――人間自身によって作られた環境世界がそう思われるのだが――という表現もまた、グノーシス的である。この環境世界の必然性は、およそ意味とは無縁であり、その客観性は死後硬直を呈している。こうした考え方においては、ヘーゲルにおける第二の自然という概念は、歴史哲学的に否定される。ルカーチはきわめて神学的な辛辣さをこめてこの第二の自然を「腐った内面性の刑場」[124]という言い方をしている。グノーシス主義者はこの第二の自然という概念を使うことによって、この現世界のデミウルゴス的造作物に対する憎悪を、社会的概念へと変換することができるのである。人間自身によって作られた世界は、人間に対して敵対的な宇宙として現われてくる。「人間の行為は、人間から独立し、人間に対して永遠に冷淡であり、それゆえに人間の意志を粉々に打ち砕くほど敵対的なシステムになってしまう」[125]とルカーチは言う。ここからルカーチは、終末論的な観点からドストエフスキーに依拠する彼自身の姿勢にとっても、またブロッホの歴史哲学的なオリエンタリズムにとっても決定的な、西洋的ユートピアの特性に関する一つの弁証法的な洞察を得ている。つまり、すべての西洋的なユートピアの精神が、つねに精神の欠如に対する批判であり、慣習が魂と無縁になってしまった事態に対する批判であるにもかかわらず、慣習そのものには触れずにいるという洞察である。ここでもまたルカーチの決定的な意味を持つ文章にはヴェーバーの主要用語が引用されている。「西洋の文化世界は、その世界を構築する造形物から逃れえない状態にあまりにも深く根ざしているので、その世界に対して論争をしかけるように対立するほかない[126]」。ルカーチは、プロテスタント的な義務思考と選民思考に関するマクス・ヴェーバーの記述に徹底的に取り組んだことがある。そしてその結果として、支配的な力の秩序であるヤーウェに、カルヴァン派的な神の特性を与えた。カルヴィニズムの神の前では、いかなる純粋な被造物も、神に見捨てられ価値のないものである。この教説は個々人の絶対的な内面の孤独と孤立とを重ね合わせることによって、「世界の脱魔術化という偉大なる宗教史上のプロセス[127]」を「悲壮なる非人間性」でもって完結させる。

この概念に輪郭を与えるためには、世俗内的禁欲という道を辿ってなされるラディカルな脱魔術化と、疎外された世界の観念論的な脱魔術化とを区別しなくてはならない。この後者〔観念論的な脱魔術化〕の典型として、ルカーチの場合にもブロッホの場合にも登場してくるのがドン・キホーテである。ドン・キホーテは近代について何も知ろうとしない。それゆえに近代の現実は彼にとっては、彼の夢が脱魔術化されたものとしてではなく、真の存在が魔法をかけられたものとして現われてくる。彼は、ピューリタン的な状況に入りはじめている世界において、あるべき価値を主張する滑稽な騎士である。つまりカルヴァン派の神に対抗するゴシックの神の代理役、それも自暴自棄の代理役なのである。ドン・キホーテの兄弟たちは、コネティカットやロード・アイランドに移ってしまって、今はその地で「森を切り開き、超越的な道よりも計算を信頼している。このことが、ドン・キホーテを孤独にし、気むずかしい人物にし、本当に最後の〈ゴシック時代人〉にしてしまった。騎士ドン・キホーテは彼の時代から見れば狂っている。しかし彼は、彼の時代における神の不在のゆえに狂ったのである[128]」。

ドン・キホーテの遺産継承者である初期ロマン派の人々は、当為と現実とが同一の基準では測りえない事態を、魔法にかけられた状態であると解釈し、その魔法はポエジーの魔法の言葉で観念論的に解消されるはずだ、と考えていたのである。世界が「散文の魔法をかけられている」(129)という表現は、内面性のもっとも奥深くにおける観念論的な脱魔術化の姿勢の特徴を言い表わしている。あるべき価値を主張するゴシックの騎士と、魔法の言葉をもったロマン主義的魔術師と並んで、ブロッホのグノーシス的ユートピア主義も、結局はまたこうした姿勢の一つなのである。自然は誤謬の塵の山だと言ったブロッホの自然に対する判断が、疎外状況の反映であることをルカーチは見抜いていた。疎外は絶対的なものとなってしまっている。つまり、すべてがあまりにも疎遠なものになっているので、それが敵対的なものでさえなくなっているのである。近代の現実は、それ自体のうちに時代錯誤的なものを含んでいる。これを記述しうるのは、否定的な形でしかない。このことはしかし、歴史哲学的に思考する美学にとっては、「生は(……)いままでになかったほど、小説に似たものになった(130)」ことを意味している。

このことは、『小説の理論』の歴史哲学的な図式を背景とすれば、たやすく理解できることである。まず出発点となっているのは、弁神論としての叙事詩をもった古典古代である。その次に登場するのは、十字架についてのパウロの言葉に表現されている、キリスト教の「新たなる運命的な精神(131)」であり、それは二つの世界からなる全体性を弁神論として作り上げる。ルカーチはキリストという形姿を「彫琢された非合理性」と定義している。しかしこの非合理性は、神に見放された近代の世界に特有であるような「悪魔的な非合理性(132)」とははっきりと区別されている。古典古代の叙事詩が弁神論であると言われているのは、それがどう見ても一見カオスと思えるような状態の中にありながら、どの場面でも歴史と歴史哲学との疑いえない同一性を示しているからである。ここでは魂の辿る道は、原型として与えられている地図に迷うことなく従っている。小説という形式にとって時間が基本的なものであるのは、その原型となる故郷の喪失が前提となっているからである。「小説という形式は、他の形式とは違って、超越論的な寄る辺なさの表現なのである[133]」。この超越論的な寄る辺なさという事態が、近代を「終末論の時代[134]」として特徴づける。ルカーチは小説によってこそ、時間が形式のうちに入り込むとみなしている。幸福な時代というものが、「時間のない、典型的な諸形式[135]」によって包み込まれているのに対して、近代はその時代にとって範例的な形式を要求するようになる。そうした要求を掲げるようになった時から、歴史哲学的な弁証法が形式の存在条件を超越論的に決定することになる。

　形式は、近代の世界を歴史哲学的にいくつかの層に分けることによって、これを裁く。つまりこの近代世界は生気なき生によって成り立つ敵対的な体系であり、芸術はこの世界に「われわれに相応しい世界であるような空想上の現実[136]」を対置させる。つまり、時代にとって範例的な形式こそが、本来あるべき歴史を美的なもののうちに構築するというわけである。しかしその形式はふたたび自己否定を行なうが、その自己否定の中に反定立として新しい世界の輪郭が現われてくる。だが、最後の審判のみが――ルカーチは独断的な明晰さで述べているのだが――「世界をパラクリトにしか癒せないフィロクテーテス〔トロヤの戦いでパーリスを射殺した弓の名手〕の傷へ変える[137]」のである。それゆえに、われわれに相応しい世界を創出する自律的な芸術にはどれにも、美的に復活してくるギリシア精神という形を取ったルツィファー主義に陥る危険が迫っている。マクス・ヴェーバーはこの問題を初期ルカーチの美学研究の著作において、きわめて鋭く察知していた。ヴェーバーは「芸術の国とは、もしかすると悪魔的な栄光の国ではなかろうか。それはこの世の国であるがゆえに、もっとも深い意味で反神的であり、そのもっとも内奥の貴族主義的な精神のゆえに、反兄弟愛的であるのではなかろうか[138]」と述べている。近代において芸術は、「ますます意識的に把握されるようになった自律した固有の価値の一つの宇宙である。芸術は、世俗内的な救済という機能を――それがどのように解釈されたものであれ――引き受ける。それは日常からの救済であり、また特に理論的かつ実践的合理主義のますます度を増していく圧迫からの救済である。ところがこのような自負をもった芸術は、救済宗教と直接競合し合うようになる。合理的宗教倫理からすれば、こうした芸術の世俗内的かつ非合理的な救済は、無責任な享楽の国であり、また愛の欠如を覆い隠した国なのであり、合理的宗教倫理はこれに立ち向かわねばならない[139]」。

純粋形式のルツィファー主義という形をとった「絶対的な美的意味への救済[140]」。ロマン主義に対するこうした簡潔な特徴づけは、再録羊皮紙に書き込まれた、両大戦間の時代の歴史哲学的規定として読むことができる。新たなる宗教が、調和的な文化の基礎を与えるべきものとされたのである。しかしロマン主義的革命家たちが築き上げたものは、「精神的なバベルの塔[141]」であった。彼らにとってまだ開かれている唯一の道と思えた内面の道は、「英雄的かつ軽率な天への飛翔[142]」であった。そして自己抑制を必要としない秩序を作り出すために、ロマン主義者たちの汎詩主義《パンポエティスムス》は、運命を美的なものに変えたのである。しかしここでルカーチが示しているのは、このロマン主義者たちが求めた自己抑制なき秩序が、実は禁欲に基づいているということである。なぜならロマン主義者たちは、「生からの離反[143]」という代償を払うことによってのみ、この世に生きられる人々だったからである。この意味では、キリスト教的禁欲のうちで、ピューリタン的な生の技術は逆のものである。というのも、ピューリタン的な禁欲の技術は、生を美的にすることによって排除するのでなく、禁欲の生活態度の硬直した純潔さの中に生を閉じこめようとするものだからである。

生の輝きを作品の中に引き入れて救うことは、市民的であり、生から離反するという代償を払った処世術は、ロマン主義的である。後者の場合には、どの領域にも明確な区別がなく、決断はなく、諸領域の融合があるだけである。こうした理由からルカーチは、キルケゴールに関するエッセイにおいて、跳躍の意味と、人生の運命に見られる明確に区別された諸領域の意味とを取り出して明示しようと試みている。ここで問題とされているのは、生にとっての形式の意味である。つまり生において形式を作り出す決断の力が問題となっているのである。のちにカール・シュミットが行なったように、ルカーチはキルケゴールを「決断の義務」[144]を体現した人物として記している。疑わしくなった生のただ中に断念を必要としない秩序を禁欲的美学化によって作り出そうとするロマン主義的な試みに代わって登場するのは、最後まで突き進むという形での解決形態である。生にとっての形式の意味を問う問いは、もはや美的に止揚されるものではなくなり、倫理的に最後まで——つまり形式が「砕け散る」ところまで——問いつめられる。

ところがこの〈最後まで突き進む〉という態度もまた、禁欲の一形態である。それゆえにルカーチはキルケゴールという人物を、誘惑者の仮面を被った禁欲者と表現する。「現代という時代は、二つの純粋な典型を作り出している。一つは専門家であり、もう一つは耽美主義者である」[145]。マクス・ヴェーバーは、専門家というものを、合理的な生活を送り、意味に対して幸福なほど無頓着である者と記している。ルカーチは耽美主義者を、合理的な形式感覚を持たず、その時代の中に自分の内的な魂の生活を投影することしかできない時代の範例的な人物像として描いている。この両者、つまり専門家と耽美主義者は、ともに自分自身の営為を自己目的へと、すなわち職業へと高める。つまり、仕事そのもの以外にはいかなる目的ももたないかのように、なすべき仕事に責任を負うようになるということである。

専門家は、それが職業理念を具現しているというよりは、職業理念の危機の現われである。というのも、純粋な享楽と生の否定という二つの危険の間の狭い稜線を、「市民性」という鞭で駆り立てられつつ魂の道として歩む術を体得するピューリタニズムの可能性は、反復不可能な歴史哲学的瞬間に結びついているからである。それは、恒常的な労働によって感傷性から脱却し客観性へと救済される可能性である。すでに十九世紀には、職業は市民的生活を支える基盤としては、つまり市民的生活に様式と輪郭を与えるものとしては疑問視されるものとなっていた。そして社会的生活のさまざまな客観化の形態が、魂にとって意味をあまり持たなくなるに従って、職業はますます力をなくしていった。近代の生活にまだ形式の尊厳を与える最後の職業、すなわち禁欲的市民性にとって最後の避難所となったのが、芸術である。こうした意味合いでルカーチは、まったくマクス・ヴェーバーと同じ文体を使って「生活形態と芸術」[146]との関係を問うているのである。テーオドーア・シュトルムにとっては、義務の遂行が魂の唯一確実な道であって、シュトルムは災いを防ぐような態度で幸福のイメージから目を背け、そうすることによって日々の要求を宗教的緊張にまで高めようとした、とルカーチが述べるとき、この記述は、ちょうど目を閉じたまま描かれたマクス・ヴェーバーの肖像画のように、つまり描かれる人物を弁証法的に修正した肖像画のように読むことができる。というのも、まさにここにこそ、ルカーチとヴェーバーとの相違点があるからである。すなわちヴェーバーが二元論的な緊張関係しか認めないのに対して、ルカーチはその緊張関係を相互対立にまで尖鋭化させ、最後には両極が相互に入れ替わるところまで突きつめているのである。

禁欲のモチーフに対立するアンチテーゼを、ヴェーバーはエロスの領域に見出している。エロスとは、非合理的な性（Sexus）が非日常的なものの領域へと昇華されたものである。自然の性は非肉体的なものに置き換えられ、それによって西洋的合理化の冷徹な即物性の対極に位置した、真に生きているものが歩む王道として現われる。ヴェーバーは、「合理的なものからの世俗内的救済であるエロス的感動」における「魂の直接の出現」を、とくに強調して賛美し、「すべての即物的なもの、合理的なもの、一般的なものにこれほど徹底的に対立し、（……）合理的秩序の冷たい骸骨の手と、また日常性の鈍重さを完全に逃れている[147]」と、近代という時代に特有の恋愛を特徴づけている。ヴェーバーがアクセントを置いているのは明らかに、プラトン的エロスの「調整された」情熱ではなく、バッカス的なエクスタ一ゼである。

これに対してルカーチは、市民的禁欲とエロスによる救済という、ヴェーバーに見られる二元論を弁証法的に越えようとしている。プラトン的エロスという形象は、和解を行なうものではなく、対立項の中間に置かれていて、救済されえないものを癒すものであると同時に、また故郷のない絶対的郷愁の表現でもある。「見捨て去られた最後の存在の強烈な夢から、憧憬が失われた祖国を作り上げる[148]」のである。それゆえに若きルカーチは日記の中で、自分のエッセイ主義は「浮薄／淫ら（frivol）」ではないかという問いで自分自身を苦しめている。この場合淫らという表現は、禁欲的精神とエロスによる救済というヴェーバーにおける緊張関係を、美的な人物像によって、つまり「禁欲のエピキュリアン[149]」によって弁証法的に乗り越えようとすることを意味している。

鋼鉄の檻からの脱出の道

マクス・ヴェーバーは、世界を禁欲的に作り変えることによって、外的な物質の力が測り知れぬほどにまで増大し、やがて生への配慮というピューリタニズムの「薄い表皮」から「鋼鉄の檻」が出来上がってくるありさまを示した。その鋼鉄の檻の法則は、今日に至るまで、個々人の生活スタイルを決定づけている。ヴェーバーは、第一次世界大戦を見据えながら、その時代に時代診断を下している。それは普遍的官僚化が運命的に逃れられない事態にあるということであった。大戦の物量戦に対する恐怖の背後に、彼はすべての生活形式にわたって合理的で、分業化され、専門化されている組織の勝利を見て取ったのである。官僚制の合理性を不可避にしているのは、諸分野の専門化であり、それがすべての組織の母型《マトリックス》を形成しているのである。

社会的な事柄を第二の自然へと魔法のように変えてしまう不可避な合理化は、作動する機械をモデルとしている。「生命なき機械は、凝固した精神である。機械がそうしたものであるということこそが、人間をその任務に強制的に就かせる力、またその労働生活の日常を、実際に工場でそうであるようにきわめて支配的に規定する力を、機械に与えているのである。凝固した精神とはまた、生命を持った機械でもある。それは、特殊技能の専門化、資格能力の範囲およびその規制、そして階層的に順位づけられた服従関係を伴った官僚的組織である。この生命ある機械は、生命なき機械と一緒に、未来における隷属性の家を作り上げる仕事にとりかかっている。おそらく人間は、かつてのエジプトの国家における貧農《フェラッヘ》のように、いつかはその隷属性に無力にも従わねばならないようになるだろう(150)」。

標準化、画一化、分業による専門化、行政官僚カーストの職業教育、そして社会的集合体を「常に新しい文書」によってますます馴致していくこと、こうしたことが、「新なる隷属性のための家(151)」を準備するのである。ここでいう隷属性とは、官僚制に特有な誠実さであり、また事柄の性質上の強制にすぐさま何事も従属させてしまうこと、つまり心理内的な次元に生じる分業志向のことを意味している。純粋な官僚的管理機構という形をとった理性支配は、精神なき即物主義を実践する。ヴェーバーは、そうした事態を即物主義の精神に立って批判したのだった。彼は歴史神学的な次のようなインデックスを持っていた。つまり「神とは無縁の、預言者なき時代を生きるという運命(152)」こそが、即物主義へと否応なく至らしめているということである。ヴェーバーの弟子であったエルンスト・ブロッホにとっても、第一次世界大戦は思想状況を決定づけるものであった。ニヒリズムの完成の瞬間こそが、ブロッホにとっては哲学の時となるのである。矛盾したようではあるが、彼は否定《ナイン》の暴力的な力から、ユートピア的な肯定を求める衝動を導き出している。「冷徹さの悪魔」こそが、まさに「純粋なる無として、完全なる脱魔術化として[153]」支配しているのであり、鋼鉄の檻は、その悪魔のデミウルゴス的な所産であるとブロッホは言う。脱魔術化という啓蒙のプロセスが全面的な幻惑に終わるとすれば、ブロッホにとってキリスト教的禁欲の実現のプロセスは、近代という悪魔の所産に終わるのである。

アルフレート・ザイデルの著書のタイトル『宿命としての意識』は、こうした連関を簡潔に表現している。彼によれば、価値というものは、ニーチェ、フロイト、ヴェーバーによって脱魔術化され、客観主義的な観点から判断留保の括弧に入れられてしまったと言う。そして分析的な即物主義は、完全に啓蒙された世界における心情や支えといったものを排除するとしている。こうして価値と真理は別々のものになる。ブロッホは――のちにはヴェーバーも――ザイデルを批判して、ザイデルが悪しき脱魔術化を受けた人物であり、古い価値の一覧表の中に空いたニヒリズム的な空白に捕われたままであるとしている。「〈～以外の何ものでもない（Nichts als）〉というカテゴリー、つまり脱魔術化のカテゴリーは、〔ザイデルの場合には〕静止的で絶対的なものとみなされ、致命的に錯綜しあったものであって、転換をもたらすようなものではない[154]」。このカテゴリーが転換をもたらすものとみなすことは、ブロッホによれば脱魔術化をもたらす「〈～以外の何ものでもない〉」という事態を、預言者的な「いまだに到来せず」という事態として暗号解読することである。そしてここに起きる転換は、鋼鉄の檻からの脱出と等しいものとなろう。それは〈宿命〉からの脱出である。脱魔術化が預言へと転換される場合には、即物主義の精神もまた、脱出の一変数であることが明らかになる。即物主義は、不可欠の技術によって人間の負担を軽減するものだからである。ところがもう一つの変数、すなわち「不可欠の表現」[155]、つまり音楽は、近代の夜と冷たさの中で預言者的な確信を本当に担うものを暗示的に指し示している。ブロッホの『ユートピアの精神』は、脱魔術化された世界からの音楽による脱出という思弁的美学なのであり、この美学は音楽をいまだ存在しない共同体の神学として解釈している。ブロッホは音楽論を神の国の神学として記している。グノーシス的な人間精神のこうした音楽的現象学は、ヘーゲルの現世的な〈精神の現象学〉に対して戦いを挑んでいる。ところがヘーゲルと同様に、ブロッホも、否定性の強大なる力から自らを守ろうとするギリシアやルネサンスの「無力な美」を軽蔑している。真にユートピア的な芸術の真摯さのうちに、死を直視した復活というゴシック的な精神が語りだすのである。これこそが「最後の脱出」[156]である。

ブロッホは、現世が誤謬であり、単に事実的なものの織りなす迷路であり、「神に見捨てられた存在の棺桶」[157]であるとグノーシス主義的に否定的に見ている。そしてこの盲目的なデミウルゴスの所産は、没落するに値するものであり、それが存在するのは、われわれが真の自己に出会うのを阻まれているからにすぎないとしている。つまりわれわれがまだ自らの自己自身を持っていないがゆえに、この現世はいまあるような姿で出現しているということである。われわれがわれわれ自身についての知であるグノーシスを得れば、この現世は終焉するであろう。それゆえにブロッホはカントの「道徳における〈かのように〉」を、神学的な〈いまだ到来せぬ〉[158]こととして解読しているのである。ブロッホによれば、現存のものとユートピアとの間に広がる「有害な空間」に橋を架けているものは、具体的な世界とは関わりなく妥当性をもっている抽象的で自己表出的な表現である。しかもその自己表出の表現においては、「いまだ到来せず」という事態は、それがわれわれに課せられた要請であるかぎり、すでに現実性をもっている。したがって脱魔術化された世界からの脱出のための力は、叡知的な特質に基づいている。つまり道徳的な自我の光のみが、この世界の瓦礫の山の中にあるユートピアの痕跡を見えるようにするのである。

ブロッホの『ユートピアの精神』は、まだ姿を現わさない言葉《ロゴス》の哲学であり、未だ知られていないわれわれの未来についての教説なのである。メシアがまだ現われることができないことこそが、ブロッホにとって中心的な神学的教義（Theologumenon）である。そして神が到来するか、あるいは神が無に帰するかということが、神への信仰の真理を決定することになるので、ブロッホの認識の祈禱の中では道徳的な自我が、「到来し、姿を現わして作用するという自らの力を失って[159]」現われを躊躇している神を呼び出している。それゆえに『ユートピアの精神』においては、世界精神に対して魂が勝利する。「霊（Pneuma）に対して、魂（Psyche）[160]」が勝利するのである。

とはいえ、経験的なものに甘んじまいとする抽象的な意志は、経済的なものを「魂や内面性と対立させられるべき客観的な事物性[161]」として非弁証法的に捉えることによって、まさに経験的なものを直接的な形で認めてしまうという危険をつねに冒すことになる。だがこの意志のみが、経験的なものの直接性を真に越え出るのであり、しかも社会内的存在をユートピア的に超越するのではなく、その社会の諸事象を全体性を生み出す契機として捉えるのである。ゲオルク・ルカーチの『歴史と階級意識』における研究は、弁証法的な全体性の考察においてユートピアの精神を止揚することを目指している。世界の対象性に抵抗するカントの要請に代わって、その対象性の媒介を指摘するヘーゲルの立場が登場することになる。それは「社会の本来的な、客観的で対象的な構造そのものが明らかになること[162]」である。ルカーチは、鋼鉄の檻をユートピア的な当為要請によって倒壊させるのではなく、物象化の徹底化による解放への転換を構想する。完全に即物化され合理化された世界は、その非人間性の極地において、その核にあるもの、すなわち社会化された人間をあらわにさらけ出すだろうというわけである。とはいえルカーチは、市民社会に対して「物象化の諸形式が次第に空洞化していく——言うならば物象化の殻がそれ自身の内的な空疎さの前に破裂する」[163]という予測を立てた点で、まだ黙示録的なイメージの中にいる。鋼鉄の檻に対するルカーチの戦いでは、硬直化した反省の諸規定に対するヘーゲルの批判と、マルクスによる商品崇拝の分析が理論的な装置となっている。なぜなら、カント的な諸カテゴリーの「永遠性の覆い」と「物質性の覆い」とが革命的な認識の道を塞ぎ、商品世界のフェティシズムの仮象は歴史的な人間の監獄へと集約されてくるからである。そしてまた、市民階級の思考が「事実」の崇拝によって現存のものを宿命へと硬直化させるように、事物の商品としての性格がもっている「新たなる事物性」は、すべての事物の「本来の事物性」[164]を覆い隠し消し去ってしまうからである。事物の商品的性質が普遍的になってしまったところでは、本来的な社会的諸力はフェティシズムのヴェールで人間に隠されてしまい、第二の自然として、つまり見通しがかず、魂を持たず、石のように硬直したものとして現われてくる。第一の自然の強制力から合理主義的・資本主義的に解放されようとしてどのような一歩を踏み出そうと、それは自らが産み出した第二の自然の呪縛を強めるものである。合理化と即物化は、自己遂行として現われる。意味を問うことは、脱魔術化の地平においては非合理的なものとなる。存在するものは、ただ存在するのであり、意味を持つことなく生起するだけなのである。資本主義における形式的な合理性と物質的な非合理性の間にあるこうした弁証法は、経済的なものに対する絶対的支配という仮象において先鋭化する。この仮象は、社会的な自然法則の打算から生じる。この法則の「見抜くことのできない合理性」が、世界を「残酷に、また意味を持たない運命のように」[165]支配するように見えてくるのであり、この法則に対しては個々人は「純粋に観照的、かつ運命的に振る舞う」のである。フェティシズムの仮象は、決して無効なものではない。意識の単なる事実でもない。そうではなく、資本主義の現実において実効性を示すものなのである。物象化の構造は、生の全域を構成するものとなる。マクス・ヴェーバーにとって脱魔術化がそうであったように、ルカーチにとってては物象化が運命へと魔術化される。しかしルカーチはこの言葉を、ちょうどマルクスが社会の「自然法則」という言い方をした時のようなアイロニーをもって使っているのである。歴史は実質的に全体性へと収斂してしまったのであり、そうしたものとして現われ、すべての個別的な事実を基礎づけている、とルカーチはみなす。では、どのようなパースペクティヴからすれば、社会は全体として見えてくるのだろうか。「対象の全体性が措定されうるのは、措定する主体それ自身が全体性である場合のみである。すなわち主体が自らを思考するために対象を全体性として思考しなくてはならないような場合である。主体としての全体性というこの視点を近代社会において現わしているのは、唯一諸階級のみである」[166]。

しかし主体としての全体性が行なう認識、そして全体性についての認識は、現実そのものを変える。なぜなら現実のフェティシズム的な仮象を定着させているのは、まさにわれわれの無知だからである。したがって全体性の考察は、資本主義の没落のために方法的な保証を与えるのである。ルカーチのこの考察は、ブロッホのメシアニズムの体系とは客観的に対立するものである。資本主義はその全体性の考察において、その精神を吐き尽くし、硬直して「ヒポクラテスの顔（死者の顔）」となり、その生命は「死者の舞踏」と化し、その歴史は「オイディプスの道」であることが明らかになる[167]。

だが運命的に不可避であるのは、資本主義の没落だけであり、「自然法則的に」必然であるのは、最後の危機の到来のみであり、自由の国への移行が必然的であるというわけではない。そして物象化した意識にはすべての弁証法的な移行過程が破局として現われるので、解放の客観的・歴史的可能性は次のような点において矛盾した様相を呈することになる。「盲目的な諸力は、本当に盲目であり、つねに増大する、一見抗うことのできない暴力によって奈落の底へと進んで行く[168]」。革命とは、こうした破局を回避することなのである。

資本主義の破局のプロセスにおいては、歴史的生成の幻惑的な表層が現われてくる。しかもその生成は、諸事実に対して「より高次の現実[169]」である。そしてまさにこのより高次な現実に諸カテゴリーが構成的に遭遇することが、ルカーチにとっての真理基準なのである。革命的な意味は、社会的な媒介の構成そのものから輝きを発することになる。階級の全体性が歴史的に編成されると見ることによって、「歴史のプロセスの意味を、そのプロセスそのものに内在するものとして把握することが可能になり、もはや超越的な、神話化された、あるいは倫理的な意味付与という形で、意味とは本来無縁の物質に関係させずにすむ[170]」ようになる。こうした考え方を取ることによって、マクス・ヴェーバーとのきわめて明瞭な違いが明言されたことになる。なぜならヴェーバーは、まさに世界の脱魔術化と物象化という観点から、世界の出来事の意味をその出来事の内在的認識によっては解読しえないことを導き出したのであるから。

マクス・ヴェーバーの場合には、脱魔術化された世界においては因果性と意味との間には断絶がある。その断絶を橋渡しできるとすれば、認識の遂行そのものが脱魔術化された世界に意味付与を行ないつつ、構造的にその世界を変革するように作用する認識が存在しうる場合のみである。つまり脱魔術化をさらに脱魔術化するような認識のみである。資本主義の恒常的な危機においてプロレタリアは、鋼鉄の檻からの脱出の可能性が歴史の主導権を握ることに結びついていることを苦悩しつつ知るのだとルカーチは言う。つまり「プロレタリアは自らの職業／使命から逃れることはできない[171]」。ルカーチにとって、支配へと召命されていることと、危機からの脱出と、階級として存在することとは、プロレタリアの遂行する同一プロセスのもつ三つの相なのである。そのプロセスは、貶められ屈辱を受けた者たちを彼ら自身の「客観的・歴史的な使命[172]」という水準に引き上げるのである。

こうした構想においては、当為要請の登場する場はない。ルカーチはブロッホが立てた要請を階級意識の中で止揚している。なぜならプロレタリアは自らの倫理を、階級としての自分自身を意識することにおいてのみ見出すからである。ルカーチは、真の倫理として階級意識を、決断の武器として真理を、そして現実の構造的変革として商品としての労働者の自己認識をあらかじめ構築しているが、そのことによってルカーチは最終的にはヴェーバーのプログラムを満たしていることになる。すなわちルカーチは「どのような社会の権力も、その本質においてはやはり精神の権力なのであり、それからわれわれを解放しうるものは認識でしかない[173]」ということを示しているのである。

第二章　決断の時代

爆破作業隊は撤退のためのものである。[1]

O・マルクヴァルト

均等化の試練

ヘーゲルの警告に反して、ブロッホの『ユートピアの精神』は明確に教化的な哲学であることを望んでいた。「本質的にわれわれの実存に関係している認識、つまり実存において自らを思考することのみが、判断における逆説を伴う本質的な認識、つまり実存的パトスである。これに対して、外化されて冷静に体系的に並べ立てられたものはすべて、直接的なものからひねり出された安っぽい偽りのものにすぎない。真理は直接的なものの中からこそわれわれを待ち受けているのにである」[2]。そしてこの同じ『ユートピアの精神』の中に若きルカーチはキルケゴールの姿を思い浮かべていた。問題は決断の義務としての倫理であり、生の中に形式を作り出す決断力である。ハイデガーの実存論的分析も、ヘーゲルに対するキルケゴールの異議から出発していて、『存在と時間』がこのプロテスタント神学者に負っている度合いは大きく、キルケゴールの「実存的」徹底性を証明している三個所の注釈が示しているよりもはるかに深いものである。というのもこの注釈はただキルケゴールには現存在の問題性が「存在論的」には浸透していないということを示すためだけのものだからである。

キルケゴールは近代《モデルネ》を均等化を進める抽象の時代だとし、誰にも止めようのないものと規定したが、ハイデガーは、これを今日的問題として描く。ところで、キルケゴールは、均等化にもかかわらず主体の宗教的な教化を考えることができるようにと、特殊化と均等化の弁証法を構築した。つまり個人は「均等化の試練[3]」においてこそ本質的なものを経験すると言う。この弁証法の基本的形式は、ハイデガーの無数の主張に認められる。たとえば、「ひと（das Man）」（平均的人間）という表現は決して過小評価を意味しないとか、それぞれの実存はまずはこの「ひと」から始まり、この「ひと」として存在し、そしてたいていがその状態のままであるとか、本来的自己存在は本来的な実存疇である「ひと」の実存的な変容にすぎない、などがこれである。この「ひと」の具体的な原像をキルケゴールは公衆、新聞雑誌、公共性の均等化する力として描いていた。キルケゴールはこの「ひと」から、「冷酷な抽象[4]」によって個人を教化するか、あるいは破滅させる「不気味な無」を思い浮かべている。

それゆえに、ハイデガーが他者に対する日常的存在について、そこでは現存在は存在そのものではないとし、「他者が現存在から存在を奪い取った」と語るとき、そこで問題にされているのは、明確ではないとは言え、キルケゴールの考えに依拠した近代批判なのである。人はみなこうした他者の一人なのだが、こうした他者に目立たない形で支配されて、現存在は「ひと」の中に解消してしまう。ハイデガーはこの「ひと」の「独裁的支配」という言い方さえしている。その絶対的命令は日常性のあり方を決める。こうして「すべての存在可能性の均等化」のプロセスの中に公共性が成立する。例外、優位、純粋なもの、根源的なもの、秘密は均等化される。ヴェーバーはこのプロセスを脱魔術化と呼び、ベンヤミンは脱アウラ化と名づけた。しかしキルケゴールの均等化の定式においては公共性という概念には攻撃的傾向が加わっている。ハイデガーはキルケゴールを使って、公共性の概念の根源となっている領域である啓蒙の要求に反撃する。「公共性はすべてのものを曇らせる」からである。[5]

公共性は秘密を守ることができないゆえに、光によって暗く曇るというわけである。歴史的には、（意見の）公開への要求は、国家理由《レゾン・デタ》の核心である国家の秘密《アルカナ・レイ・プブリケ》に抗して形成されたものである。これが十七世紀に絶対主義的秘密政治に反対する政治的実践として形をなしたのち、公開性は十八世紀にもっぱら啓蒙主義の手段になり、その具体的な敵を失った。「公開性の要求は、どんな政治にも秘密はつきものであるという考え方の中に固有の敵を想定している。政治的‐技術的秘密は、実際に絶対主義のためには必要であるし、また私有財産や競争に基づいた経済活動のためにも営業秘密や企業秘密が必要となる」[6]。企業秘密は、秘密という貴族的な概念が消失した段階にあるものである。近代において公開性の光にさらされないものは、それ自体として不法なものとみなされる。それに反して、決断主義的な思想家たちは秘密をもつ勇気を要求する。この勇気が欠如するところには、「政治というものはまったく存在しない。なぜなら〈秘密《アルカヌム》〉はすべての偉大な政治に欠くことのできないものだからである。もし秘密がなければ、すべては舞台装置の前で（パパゲーノ家の平土間の前で）演じられることになろう」[7]。カール・シュミットのこの見解も、キルケゴールの考えを繰り返したものである。キルケゴールは（後悔という）倫理的現実こそが舞台装置の前へは引き出せない現実、「それは人目には、とくに観衆には、触れられたくないもの」[8]と定義しているのである。すでにキルケゴールがここで問題にしているのは、断固たるアンチ・モデルネの概念である。つまり人間を高貴にするのは、秘密を守る力だということなのである。キルケゴールもまた、ギリシアのポリスを共同体の「具体的形態」として美化する歴史哲学的図式に従っている。ギリシアのポリスはやがて近代社会の「抽象化」を明瞭に浮き上がらせるためのコントラストとして使われることになる。近代において社会とは、孤立している者たちからなる抽象的関係の力である。そこで支配的なのは数という同質性、「一」が集まった群れである。自己自身で同一性を保った個人はそこにはいない。等質なものとして価値をもつということは、この数としてのみ価値をもつということである。——これはキルケゴールが、神の前の存在（Vor-Gott-Sein）とはまったく反対の、物象化に与えた公式である。というのも、キリスト教の好戦的真理は少数派のものだからである。「数的なものは人間を常軌を逸した状態にする。ちょうど阿片を吸ったときのように」[9]。

麻薬なら何でもそうだが、数という阿片も「存在免責」をもたらす。これはハイデガーの言葉だが、すでにキルケゴールが書いている他者による現存在の免責を表現しているものである。責任が免除され、決断は先送りにされる。そこにいるのは誰でもない人である。「誰もが他人であり、誰一人自分自身ではない」。差し当っては、そしてたいていがこうした状態である。「解体」にしか本来性への道を切り開くことができない。つまり「現存在が自分自身に対して自己を閉ざしているもろもろの隠蔽や曖昧化の除去として、諸々の擬態の打破として」[10]の解体である。

ハイデガーの方法論上の重要な概念である「解体」には、決定論的な徴候がある。散漫な状態から「ひと」へ引き込まれてしまう現存在をその状態から引き出す「散漫ではない、実存論的了解の視線」に実存的次元で対応するものは、「瞬間」（Augenblick）なのだが、これはキルケゴールがその特徴を「戒厳令」と呼んだものである[11]。この瞬間の戒厳令が決断主義の核心、つまり実存的不確定性の中での覚悟性、裸のままの事実（Daß）、ドグマなき信念、旗をかざさない行進、を開示している（offenbaren）。ハイデガーとカール・シュミットにとっては決断が啓示（Offenbarung）の代用品である。決断の時、その瞬間を彼らは歴史的に考える。そうすることで思考そのものが危機となる。つまり思考そのものが歴史的瞬間を決定し、その瞬間によって自らをも決定する。「歴史上の年号」の日付をいくら算定しようとしても決定的な歴史的瞬間は測れないとされる。

ハイデガーがこの「稀なもの」であり「唯一のもの」であるゆえに「もう一つ別のもの」である歴史でもって何を考えているのかは、一九二九年にダヴォスで行なったカッシーラーとの論争での彼の発言で明確になっている。単なる存在者の中に投げ入れられている現存在は「自由なるものとして存在者の中への入り込みを完遂する。この入り込みはつねに歴史的でその最終的意味において偶然のものである」。ただ「まったく数少ない稀な瞬間」にだけ実存はその最高の形式の要求を満たす。そして歴史は「人間がまったく数少ない瞬間にのみ自分自身の可能性の頂点に実存する」まさにそのゆえにこそ稀なのである[12]。歴史的に可能なもののための時の決定は歴史学的‐年代記的な意識を破るのだと言う。

われわれは時間的には何者なのか。これが本来的な歴史的問いであるとされ、ハイデガーはこの問いをもって単なる今日的なものの時間の地平を越えて歩みを進めようとする。今日的なものは、「過ぎ去って行くことそのもの」として連続性という仮象を作り上げている無限の今の連続という空虚な均質的な時間である。これがハイデガーの時間の脱自的延長性という説、つまり「時間性の脱自態」(Ekstasen der Zeitlichkeit)[13] を対比的に浮かび上がらせる背景となっている。一九三二年、カール・バルトはこう書いている、「さればこそ、キルケゴールによって理論的に、世界大戦と革命によって実際に考えを改めさせられた存在論は、人間の現存在を副次的にではなく、本来的に〈歴史〉として解釈することになる」[14]。

副次的にではなく——実際、ハイデガーは現存在を「本源的に歴史的」なものと規定していて、これは世界史を「副次的」として貶める点にその論争的な意味をもつ主張である。本来的歴史性は世界史より

「以前に」あるとする。こうしてハイデガーは歴史主義に対するラディカルな批判の御膳立てをしている。つまり支配的な伝統は「即物的な」歴史的関心と称しつつ自らの根源を隠蔽し、その由来を忘却し、「歴史性を根こそぎに」しているのである。ハイデガーはこうしてこの硬化した伝統を反歴史学的な「解体」によって打ち崩して「根源的経験へ(15)」向かおうとする。伝統の根源的取得をまず何よりも可能にせんがためである。こうして解体の仕事はまず最初に「今日」(das Heute) の批判の形で表現される。自分が時間的に何者であるかを本当に知るものは、「〈ひと〉の月並みなあり方をやめること」に耐える。月並みなあり方からこうして離脱して初めて、歴史的認識の主体へと成長して行く。ハイデガーにとっては、「本来的歴史学(16)は〈今日〉を現前せしめないことである。つまりそれは今日の頽落的公共性から厭いつつ離れて行くこと」である。

ここに示されているのは、解体の仕事が単に現在の批判に尽きるのではなく、同時に「現存在の構造の具体化(17)」への道を切り開いていることである。取り上げられたさまざまな構造をハイデガーは実存のカテゴリーによって規定する。というのも、彼にとって問題なのは「歴史性の実存論的構築(18)」だからである。しかしそこから出て来るのは、歴史の問題が起こる場所とは、歴史学による対象化がなされる領域ではないということである。解体の二つの要素、つまり現代批判と実存論的構築は、またハイデガーの解釈学をも規定することになる。そこでは歴史を作り上げる力の、つまり運命と反復の関係は、被投性と投企の関係にそのまま対応する。というのも、本来的了解は「受け継がれた在来の既成解釈から……それに反抗しながら、しかもまたそのために」そのつどの歴史的な可能性を選び取るからである。「受け継がれた可能性の自らへの伝承(19)」という文句の「可能性」という語は、目的語的二格と読むべきもので、「受け継がれた可能性を自己自身に伝承しつつ、自己の被投性を引き受け、〈自らの時代〉に対して瞬間的に存在する」

ということである。歴史の解釈学とはそれゆえハイデガーにとって、現存在が自らのために「自らの英雄」を「随従の戦い」によって選び取ること、明確に自らに受け継ぐ「受け継がれてきた実存可能性の反復」を選び取ることである。しかしこのことによってハイデガーは「感情移入」ないしはその他の模倣や同一化の方法を一切排除する。というのも、実存論的解釈学の「反復」はかつて存在した可能性に「応答する」ものだからであり、この反復する応答は「瞬間的なるものとして、今日において〈過去〉としてなお力を及ぼしているものの取り消し[20]」だからである。取り消しによる反復は、現存在を伝統の呪縛から解き放ち、自らの歴史を切り開くことになる。この反復は現存在をかつてあったものに対する時間的‐脱自的直接性の関係に置き入れるからである。

ところでハイデガーがあの反復可能な実存可能性を、自由なる自己が服従する唯一の権威と呼ぶとき、アクセントは「可能なるものの静かな力」に置かれている。というのも、反復するとは、ハイデガーにとって、歴史をその可能性へ向けて投企すること、過去のものをその可能性から理解することである。潜在的可能性としての歴史というこの概念をハイデガーが使うことになるのは、ディルタイに宛てたヨークの書簡の解釈からであると明言されているが、暗黙裡にはキルケゴールの次の基本的思想の繰り返しなのである。「現実のものになった可能的なものを生み出した可能性は、その後もつねに生成したものに付き添っていて、過ぎ去ったもののもとにあり続ける。たとえその間に幾千年もの年月が経っていてもである。後代の者が過去のものは生成したのだということを繰り返すとき……彼はその過去の可能性を反復している[21]」。それゆえ反復される過去とは、その実存可能性に置き戻された過去にほかならない。このように捉えた場合にのみ、「可能なるものの〈力〉は反復において事実的実存の中へ脈々と伝えられる、すなわちその将来性において事実的実存へ向かって来る[22]」というハイデガーの期待は意味をもつ。

この力をそもそも経験しうるためには、生活世界の日常性から離れなければならない。『存在と時間』も脱魔術化された世界からの脱出を促している。その解体は「存在者という奴隷の国からの脱出《エクソドス》」[23]の準備である。この意味でハイデガーの初期の主著『存在と時間』（一九二七年）はルカーチの『歴史と階級意識』（一九二三年）のすぐ近くに位置する。ハイデガーは競合するさまざまな思想的萌芽に対して自らの現存在分析の特殊性を明確にしながら、意識の物象化という言い方を批判する。ハイデガーはルカーチを名指してはいないが、疑いもなくルカーチを念頭にして、事物性（Dinglichkeit）そのものは存在論的には解明されないとして、ルカーチは「物象化されない」主体存在を具体的に規定するところまでは至っていないとする。現存在分析の終わりの部分においても、物象化の意味とその「支配」の根拠への問いが再び持ち出されている。[24]というのも、物象化の彼方の意識存在（Bewußt-Sein）の具体的構造性を提示し、物象化されない主体存在を具体的に規定したことが、ハイデガーのもっとも自負するところだからである。これは解体の作業によってしかなされえないことであった。というのも、ハイデガーもまた「近代的なもの」と呼ばれているものにおける物象化の持続的支配を認めているからである。[25]ハイデガーは近代を非本来的歴史性の極み、歴史学的な意識の物象化としての歴史主義の補足物として批判しているのである。近代《モデルネ》、歴史主義、「ひと《ダス・マン》」——これらをハイデガーは現存在を「終末から目をそむけること」[26]へ向かわせる力、災いを防ぐ力と解釈する。これに対し死への存在のみが物象化の外殻を決断論的に破壊する力なのだと言う。

その後のナチ支配下にハイデガーは近代《モデルネ》への批判を政治的に明確な文章に翻訳するのをためらわなかった。有名な一九三五年の「形而上学入門」の講義は、存在の意味への問いをドイツ民族に向かって発するものであった。ハイデガーはドイツ民族を、ロシアとアメリカという歴史をもたない両勢力によって「今日では大きな万力」のように挟まれている「形而上学的民族」として呼び起こす。ドイツは「真中に立ってこの上なく強い万力の圧力を」経験しているのだから、ドイツは「ヨーロッパに関する偉大な決定」[27]のための形而上学的な場所だというわけである。

一九二二年、マクス・ヴェーバーを偲ぶ論文集にカール・シュミットの「主権概念の社会学と政治神学」についての三つの章が発表された。シュミットは自分がマクス・ヴェーバーの影の中にいることを知っていて、そこから抜け出そうとする。シュミットにとってヴェーバーは『西洋の没落』で通俗的に要約された精神の飛び抜けた代表者である。つまり完璧に組織された官僚機構の鋼鉄の檻を予言する十九世紀末の「カサンドラ的人物」である。「マクス・ヴェーバーが特定の二つの社会学的タイプの人間の前で、つまり官僚と文士の前で、自らの学者の平静さを失って感情的になる場合には、それはこうした状況から理解されるべきで、政治的な力と政治的意識の現われである。残念ながらそれはドイツのインテリの全体的状況を変えることはできなかった。一九一四年にドイツの市民的教養には国家理論への興味はほとんどなかった。それは一方で非政治的な、技術的な官僚の教養であり、他方では同じように非政治的で、個人的な、主として美的な消費を目指した漠然とした文士の教養になってしまっていた」[28]。ヴェーバーは近代国家を大企業とみなし、それによって経済的・技術的思考の支配を概念化した。工場と国家は、政治的なものというその両者を区別するはずの特徴的な差異を失っている。専門教育を受けた官僚に支えられている近代国家という完璧に合理化された企業においては「正当な妥当性」がある。それはただ「実定法のおかげであって、その合法性が信じられる。この合法性は正当なものとみなされうる」[29]。

官僚機構の実証主義的な機能主義はマクス・ヴェーバーには価値中立的なものであって、これを彼は官僚制という「価値から自由な」概念に仕立て上げる。こうすることによって、合理的・技術的官僚機構の外見的な非政治性は、議会主義的エリート形成がもつ政治性と対立関係に置かれることになる。しかし官僚主義と議会はともにディレッタンティズムと戦っている。シュミットは民主主義的な指導者選別という理念を、もともと絶望的な議会主義の最後の理念上の砦とみなし、「マクス・ヴェーバーが要求したことは、イギリスにおける政治的手腕に優れた政党指導者を模範にした政治的指導体制であった[30]」と言う。官僚主義という概念にしてすでにそうであるように、指導者の選別という概念においてもシュミットにとっては一つのことが明瞭になる。つまりヴェーバーの学問上の価値自由は、すべてを中立化するあの合法性と方法論上正確に対応しているということである。両者は政治的なものの現実を見誤らせるだけであるという。

第二次大戦後、シュミットはそのヴェーバー批判を精密化し、穏やかなものにしている。彼は今や、ヴェーバーが価値概念をとりわけ純粋な因果論的分析に対する留保として主張していて、「日常の現存在の活気のない岩塊にへばりついている状態[31]」から解放された「体験の具体的事実」の前では、価値の概念は時代遅れの古臭いものになるかもしれないと考えていたにちがいない、と見るようになる。価値思考の観点においてさえ、シュミットは学問的中立主義を克服するための手がかりを見出している。彼は「〈価値評価〉の〈攻撃点[32]〉」というヴェーバーの言葉から価値哲学の論争的な指標、潜在的に攻撃的な指標を読み取っている。特定の価値評価を攻撃することは、単なる事実からなる世界に対する応酬である。「この考え方によれば、純粋に主観的な決断の完全な自由の中で、価値を定めるのは人間の個体である。このようにして人間の個体は学問的実証主義の絶対的な価値自由から離れて、自分の自由な世界観、つまり主観的な世界観を実証主義に対置する。しかし価値措定の純粋に主観的な自由の行き着く先は諸価値の永遠の戦いである[33]」。しかし諸価値はそれが措定されているがゆえにこそ通用するのであり、これと同じように、法もそれが合法的に措定されたかどうかという次元に萎縮する。――基本的に法は貫徹実施への純粋な意志である。こうした厳格な合法性の世界を特徴づけるためにマクス・ヴェーバーが作り出した概念が服従強制チャンスというものである。つまりこれが法を措置という形で吸収する。ヴェーバーの社会学において「とくにしばしば用いられている」このチャンスという言葉では、中立化する価値自由が専門用語として極端な鋭さをもつようになって、「奇妙にもそれは自由競争と予期（expectation）というリベラルな時代の思考法とも言葉遣いともなり、この時代に特徴的な僥倖と法則性、自由と予測可能性、恣意と責務の混淆を表現している[34]」。

シュミットは政治的現実を「価値自由な」カテゴリーへ還元するヴェーバーの方法論を再三強調して、その独自の指数を決定している。つまり中立化が闘争概念になるということである。正当とみなされうるような合法性についてのヴェーバーの命題を、シュミットは彼の時代の刻印だと解釈する。価値中立的な合法性という純粋に形式的規範主義のみを支えとする国家は箍《たが》が外れてしまっている。こうした国家は機能主義的な秩序思考に萎縮して、質も内容もない。ついには絶対的な合法性は、正義と不正義の区別に対しても中立であることが実証される。こうなると、なぜカール・シュミットが『合法性と正当性』の序文でこの分析が「一九三二年七月十日に完結していた」と強調するのかが明らかになる。この日付は「プロイセン・クーデター」〔首相パーペンが緊急令でプロイセンのブラウン社民党政府を廃し、自らプロイセン総監になった事件〕の十日前なのである。価値自由な合法性に対する彼の批判は、後のヒトラーの政権獲得によって決定的歴史的内容を与えられた次の文章に集約されている。「五一パーセントの過半数をとった者は、自分が入って来た合法性の扉を、合法的に後ろ手で閉めてもよいということになろう[35]」。

シュミットの決断主義は、価値と真理に対して中立的な、一時的妥協の産物である国家を目前にしつつ形成されたものであり、この国家は中立性か非中立性かをめぐる問題に対しても中立的なままであるために、政治的なものへの「意志のゼロ点[36]」へ落ちていくことになると言う。内容を顧慮することもなしに、すべてが単に法による決定がなされたというだけで正当性を勝ち取りうるところでは、合法性自体を合法的に廃棄することさえも可能となる。国家の「自殺に至るまでの中立性[37]」という事態である。

堕落天使と神との戦いにおいて中立であろうとした不決断な人々については、すでにダンテが「地獄篇」(III、三七行以下)で次のようにその位置を描いている。

叛くにもあらず、神に忠なるにもあらず
ただ自己のためを測りし天人の
卑怯なる合唱隊も混じりたり。

(竹友藻風訳)

無残なるかな、征服されし者。しかし中立を守る者にはもっと悪いことが起こりうる。一九三八年、カール・シュミットは「無残なるかな、中立の者」を改めて叫ぶことになる。彼がこのモチーフを取り上げたのはChr・シュテーディングの著書の詳細な書評においてであった。この書は中立主義を「ヨーロッパ文化の病い」として、これに「帝国」を治療薬として対置しているものであった。脱政治化、優柔不断、ニヒリズムなどは言い方は違っても、これらはみな中立性という、帝国に敵対する同一の精神に付けられた名前にすぎないとシュテーディングは言う。シュミットはしかしシュテーディングの激しい論駁をも、中立性がもたらす歴史的弁証法の一部であるとして退け、「決定的な第一歩は、宗教的、神学的な争い、論争、血腥い戦争が絶望と深い嫌悪感に至るまで続いた一世紀の間になされた[38]」と言う。十六世紀以来、国家とは、宗派間の内戦を克服する中立化の権力であり、国家は神学上の争いのない中立的な領域を作り上げてきた。それゆえローマ〔カトリック教会〕とジュネーヴ〔国際連盟〕の間の中立といっても、それはまず第一に内政的なものである。しかし国家が導入した中立化のプロセスは結局は国家自身を吸収同化する――そしてその変化の弁証法的転換点を示しているのが学問的価値自由と方法的な無神論である。神学的絶対主義からの解放として始まったものは、外見上中立的な技術の精神的無に終わる。国家は、完全に非政治化されて、内容とは関係なく、すべてのものの役に立つ技術的な機構として機能する。さながら電話のようにである。しかしこの即物性をカール・シュミットは仮象だと見抜いて、「技術はつねにただの道具であり武器であるにすぎず、それがすべてのものに役立つゆえにこそ、それは中立ではない。技術的なものからは内在的にはただの一つとして人間的、精神的決断は生まれて来ない。中立を選び取ろうとする決断などはとても生まれようがない[39]」と言う。中立化のプロセスは次第に、神学、形而上学、国家、文化をこのプロセスから生まれた領域より排除するようになり、やがては技術が最終的に白紙状態を作るに至る。十九世紀のリベラルな中立的かつ不可知論的状態（stato neutrale ed agnostico）はこうしたプロセスの政治的結論である。この国家は経済の固有の発展に介入しない国家という、政治が最小限になった状態を表わしている。「十九世紀になってまず専制君主が、次に国家が中立的な力を持つ存在になり、ここに〈中立的な勢力（pouvoir neutre）〉と〈中立的状態（stato neutrale）〉という自由主義理論の中で政治神学の一章が始まる。ここに中立化のプロセスの古典的な規定が見出されるのは、それが今や決定的なもの、つまり政治権力をも手にしているがゆえである[40]」。シュミットは中立的な国家の叙述を強引に進めて行き、ついに全体主義国家という攻撃的反対概念を誘発することになる。

十九世紀の脱政治化に対して、二十世紀は人間の現存在の全体主義的政治化をもって応酬する。全体主義国家は、カール・シュミットの分析によると、国民の投票による合法性のみを根拠にした近代の大衆民主主義から生まれてくる。その際、重要なのは、まさにあの中立的な国家もまた自らの弱さのゆえに全体主義的になりうるのを知ることである。というのも、社会的な利害の対立の前で中立的立場を守ろうとする中立的立場の試みこそが、すべての利害を満たしうるようにと、たえずあらゆる生の領域に干渉しようとする止むに止まれぬ立場に急転するからである。しかし強さのためであれ、弱さのためであれ、全体主義国家は、エルンスト・ユンガーが初めて概念にまで仕立て上げた〈総動員〉を政治の場に移し入れたものである。

政治的要素が最小限であるリベラルな国家に対して、ファシズム国家は再び「古代的誠実さをもつ国家」[41]たらんとする。近代性の最先端にあってこうして政治的に古代を反復することで、シュミットは全体主義国家がもつ歴史的に特有な差異を曖昧なものにしている。彼にとっては今や「すべての真の国家は全体主義国家であり、此岸の世界の完全な社会（societas perfecta）としてあらゆる時代に存在してきたもの」[42]である。してみるとシュミットはここでファシズム国家の理論を〈二つの完全な社会〉つまり教会と国家というカトリックの教義の座標に取り入れているのである。この二つはそのつどの領域において絶対の統治権を有し自己充足的であるとしてである。

同時に「古代的誠実さ」をもつ国家の古代的完成というこの考えには、G・ベンが後に構築した「ドーリアの世界」の美的特徴がはっきり現われている。ベンはそこで「国家、つまり権力は、個を純化し、個の敏感な神経を濾過し、個を立体的にし、個に平面を与え、個に芸術を創る能力を与える」[43]と書く。ここで政治の美学化として公然と告白されているものは、シュミットによって用意されたものである。一九一七年にすでに、シュミットは個を国家的に改鋳することを讃えている。国家は構造物ではなく、一つの構造物を、それも人間を使って作り上げるのである。そしてこの点に国家の価値が存する。どのような国家も、〈濾過されていない〉、いまだ〈立体的〉でない個々人の中に潜んでいる無秩序な混沌に抗して、保守的（katechontisch）な働きをする。無政府状態の危機はすでに身分制的、教会的抵抗権においてもさし迫ったものになっていた。そして国家はその誕生以来、中世の複数主義的混沌を克服し、内戦に終止符を打った合理的な統一体であった。これこそ、カール・シュミットの歴史理論における「良い意味での」中立化であって、公共的な生活の脱神学化の中で国家は西洋合理主義の最高の産物となる。国家性というものはさまざまな世俗化の形をとって実現する。歴史を国家法の専門用語を用いて記述していくときのシュミットが抱いている自覚は、国家が漸進的な合理化という意味で、進歩の近代的な担い手であることが実証されているという確信に基づいている。「国家の栄誉と尊厳は、組織化された完結性と予測可能性にあり、これによって国家は命令機構として合理的に機能する」[44]。したがってこれが理性的状態（ratio status）であるかどうかは、決定的な状況においてその国家の状態そのものが与える政治的基準が効果を上げるかどうかによってのみ測られる。

状態そのものによって規定されるような国家とは、個人的、経済的な事柄の彼岸にある。その中で重要な役割を担う代表、個人、栄誉、尊厳などなどの諸概念は、「公開の領域」を作り上げているものである。「この状態は、一つの実体的な、存在に適った、本質的に公的な秩序の基本的かつ包括的統一体を意味する。それは一つの存在としての内的合理性をもち、それゆえに〈自己の存在に固執する〉（in suo esse perseverare）ことを望む」[45]。シュミットにとっては国家の存在があって初めて自由というものが可能になる。国家は個々人の無秩序な衝動と利益団体の多党的な混沌を抑えつけることによって、個人に「その自由の活動余地」を保証する。[46] それゆえ国家も個人の自由も、それぞれが別のものとして区別されると損なわれてしまう。

国家は、正義を法律に変えることによって、この世に正義を実現する。国家は正義を命令の形にするのである。権力としての国家は正当なる非‐法である。非‐法が正義を実現するのである。正義は国家に存する（im Staat）のではなく、国家が正義なので（im Recht）ある。しかし国家の前にはいかなる法もない。法を作るのは権威であって、真理ではないからである。こうして、訴訟上の争いは終わりになる。つまり正義は徹頭徹尾、国家の形態を取ることになる。

ここに、シュミットの政治神学の構造にとって決定的な弁証法が始まる。この世に正義を実現するという国家の主権は、まさにこの法の一時停止において発現するのである。非常事態には国家は正義を救うために法を失効させる。この場合にこそ、秩序を専制的に定義する国家の権力がはっきり現われている。国家がつくり出す正常な状況において初めて、法規範一般が有効性をもちうる。正義が国家の形態を取るのと同様に、秩序は警察の形態を取る。[47] それゆえシュミットは機能する真の国家を「平穏と安全と秩序を守るための抗しがたい道具」と名づける。

国家主権は決定権の独占であると定義される。ここに国家を絶対的決定行為のみに限定した反革命的決定論者たちとカール・シュミットとの同質性が示されている。主権についての問いは、法的根拠は何かをめぐる問いである。そこでは国家が存在するという現実はすべての生の問題に、命令というきわめて明らかな形を与える。国家的正義の実現の決定論的指標は、「法はその本質からして命令であって、この法にこそ国家の利害についての決定権の根拠がある。しかし国家の利害は、命令が発せられることによって初めて守られる。法の中に存する決定権は、規範的に見て、無から生じる。決定はその概念上必然的に〈強制的に押しつけ〉られるもの[48]」なのである。規範的に見て決定権が無から生じたとする規定は、無から天地が創造されたとする教義を世俗化したものである。非常事態は奇跡に対応するもので、これは「国家の全能の、つねに潜在的に現存し続け、原理的に無制約の実体[49]」を引き出すものとして、『政治神学』においてその重要性は抜きん出たものになっている。全能とは神の賓辞なのだが、これが死すべき運命の神たる人間に転用される。こうしてシュミットは十六世紀の近代国家の誕生を狼人間という自然人から、死すべき神人間という人為的人間への驚嘆すべき移行と解釈することになる。「自然状態の恐怖は不安に駆られた個人を結束させる。彼らの不安が極度に高まったとき、理性の火花がひらめいて、突如としてわれわれの前に新しい神が立つ[50]」。

死すべき神、偉大な人間、人為的人間、これらはあの国家という人造物に付けられた、人を惑わせる名前にすぎない。人を惑わせると言ったのは、国家がその起源以来、機械だからである。「〈国家〉という言葉はつねにその歴史的 - 具体的な、たとえば一四九二年から一八九〇年までの時代と結びついた意味をもっている[51]」とシュミットは言う。カール・シュミットはここで国家を「機械の機械（machina machinarum）」としたフーゴ・フィッシャーの定義に従い、国家を技術時代になって初めて作られた製作物と規定する。技術性というものが国家のもつ合理性の形式なのであって、これが効用性によって正当化される。つまりは、国家は基本的には執行権なのである。

政治的なるものとその敵

「国家という概念は政治的なるものという概念を前提とする[52]」。政治的なるものというこの概念は、それ自身政治的概念であって、それゆえ攻撃的意味をもっている。つまり、この概念は歴史的に具体的な状況において敵と戦い、敵を否定しようとする。具体的な反対命題があって初めて、この概念が理解される。政治的なるものなどの諸概念は、「唯名論的レッテルでも、規範論的虚構でもなく、また単なる暗示的標語でもない。それは政治的エネルギーの直接的担い手であって、それが説得力ある法律的概念を形成することができるということは、その実体的力によるものである。――それゆえこれらの諸概念をめぐる戦いも、空疎な言葉をめぐっての争いではなく、途方もない現実と現代との戦争である(53)」。

カール・シュミットの概念は、三つの具体的な敵に向けられている。まず第一の敵は、議論に明け暮れてあらゆる政治に特有のエネルギーを消耗し、すべての決定を「抒情的に多弁を弄する思考のトレモロ(54)」の中に漂い消えさせる政治的ロマン主義である。第二の敵は、カール・バルトによって極端に先鋭化された、神を全き他者とするプロテスタントの議論であって、それが世俗的な形で国家についての自由主義的な教義に影響を与えている場合である。それは非政治的領域という仮象をつくり出しているからでもある。シュミットにとっては、中立化する勢力に抗する政治的なるものの稜堡はカトリック主義なのである。近代において人間存在の非政治化が成功しうるとするなら、「教会は政治的思考と政治的形態の唯一の担い手であり続けるであろうし、教会は途方もない独占権を所有し、その職階性はかつての中世における以上に政治的世界支配に近いものとなろう(55)」と言う。シュミットはそれゆえ政治的なるものをギリシアのポリスから定義することはまったくしない。「われわれは〈政治的なるもの〉をローマ的に、つまり帝国的に考える(56)」からである。このことはしかし、決定がたとえ非政治的なものであっても、それ自身政治的なものであることを意味する。政治的なるものをもはや無視することはできないのである。一九三三年に政治的なるものは全体的となる。

シュミットは、全体的なものがこのようにして歴史的に顕現してくる事態を「政治的なるものの総体を引き裂く致命的な分断状況(57)」に対する起死回生の応答と解釈している。こうした分断状況が起きるのは、即物性を共通の分母とする経済と技術と軍部それぞれの自律性要求を行なうからであるという。

一九二二年には「今日、政治的なるものに対する戦い以上に現代的なものはない(58)」と言っていた。第一次大戦はシュミットにとっては政治における国家独占権の破壊であった。西側では即物性の間接的な力が国家を硬直化させて企業に等しいものにしてしまっているのに対し、東側ではプロレタリアートが政治的なるものの新しい主体となっていた。シュミットはヘーゲルを再三、政治的なるものの具体的な弁証法論者として評価しているのだが、このヘーゲルが今や「カール・マルクスを経てレーニンのところへ、そしてモスクワへ(59)」移ってしまったという。ヘーゲルの精神が政治的に今なお影響を与えていることは、ルカーチの一九二三年の『歴史と階級意識』が証明している。国家が大企業へと硬直化し、政治的精神が革命的モスクワへ亡命したというこの二つの過程は、シュミットにとっては、政治的なるものが今はもはや国家をもとに定義されえないことを示すものである。国家という概念は、味方と敵を区別することが唯一の基準である〈政治的なるもの〉という概念を前提しているからである。

ここから帰結されるのは、政治的なるものにおいて重要なのが実体の問題ではなく、強度の問題であるということである。国家はもっとも強力な統一体であり、敵対関係はもっとも強力な分裂なのである。生において、政治的なるものは最終の点と極限の可能性を示す。それゆえに政治的なるものには危険が、リスクが本質的に不可欠である。政治的なるものの敵、つまりあのもっとも強力な統一体である国家を転覆させる「多党的混沌」の諸勢力は、この危険を組織的に回避する。それらは、政治的なるものの危険を冒すことなしに、社会的利益集団ないし政党を通じて国家の意志に影響を及ぼす。この小手先での戯れを暴くことこそ、シュミットの政治的なるものという概念が直接意味していることである。シュミットは脱政治化された国家の欺瞞的な仮象と戦う。「政治からの逃走は国家からの逃走[60]」だからである。

カール・シュミットは近代《モデルネ》を特徴づけて、それは政治を忘れていると言う。こうした観点からは、共産主義と資本主義は、相互に補完し合う二つの非政治的な即物性のあり方として現われ、その即物性は十七世紀以来、社会的なものの機械論的即物化の終極点に向かって進んできたものである。西洋の合理主義のこの不吉な前兆を書きつけるために、シュミットはシュペングラーの絶対都市の石塊とヴェーバーの鉄鋼の檻を頭の中で一つに組み合わせて、「現代の大都市において西洋の合理主義が作り上げた建物は、そこではすべてが計算可能であるような建物である。不動の即物性をもつこのシステムは、敬虔なカトリック信者をも驚愕させるものでもある。それもまさに合理性のゆえに[61]」と言う。

ここにカール・シュミットは決定的なアンチテーゼを構築する。それに基づいて、政治的なるものという彼の概念はヴェーバーの社会学の影から足を踏み出すことにもなる。つまり彼はプロテスタントの即物性の経済的合理主義に、ローマ・カトリックの諸制度の法的合理主義を対立させる。「ローマ教会の合理主義は人間の心理学的・社会学的性質を道徳的に捉え、工業と技術のように物質の支配と利用に関わることはない[62]」。結局はヴェーバーに向けられたこのアンチテーゼも、ヴェーバー自身に由来する。というのも、ヴェーバーはキリスト教における教会法の厳密に論理的な、形式法学的な特性を明らかにしていて、一方で終末論的世界離脱から、他方で教会の高位聖職者たちの合理的な官僚主義の官職的性格からこれを引き出していたからである。教会法の特性と言ったが――これは歴史上「キリスト教以外の他のどこでも」、「教会法が世俗法にとって、合理性への道程を歩む上での指導的役割を果たす模範の一つ[63]」になったためしはないからである。職業としての法律学をシュミットはそれゆえ、ローマ法とローマ教会に由来しているという理由から正当化する。こうしたカトリック的合理性の敵は経済的合理性ということになる。その担い手は合理主義的には捉えられない清教徒的個人である。いかなる形であれ「ここでは個々人は、すべての合理的な推論と説明を超え、それゆえすべての限定と指示をも超え、自らに割りふられる価値配分をも超えた、不死なる魂の担い手、神によって創られた魂の担い手、救済された魂の担い手である。ここではおそらく国家と社会は合理化されうるであろう。それどころか個々人のこの根本的非合理性こそが社会的な事柄の完全な合理化のための道を切り開く(64)」。しかし実体的な個性を主張するところにはつねに、すでに政治的統一体である国家の転覆の萌芽があるとシュミットは考えている。

バクスターやフランクリンではなく、ホッブズとデカルトがそれゆえ西洋の合理主義の英雄とされる。この合理主義の崇高な頂点が国家と教会である。ローマ教会のおかげで法的形式化による人道主義が可能となった一方で、国家技術の理性は理性の絶対的な命令を表現している。国家はすべての合理性を吸収していて、それゆえ合理化のプロセスの近代の担い手である。そうした国家が没落してから久しく経った一九六三年になってもなお、カール・シュミットはそうした国家を「ヨーロッパの形式と西洋の合理主義の輝かしい成果(65)」として讃えている。この国家をその王座から引き降ろしたものは、即物主義の諸勢力であった。

シュミットによると、第一次大戦の後に、純粋に即物的な観点を重視する立場から、伝統的な政治問題を非政治化しようとするプロパガンダが始まる。それぞれ独立した価値領域の専門家たちが政治家たちを追い払う。事柄が即物主義の精神に即して自己制御されるところでは、もはやどのような政治的決定要求もなくなる。こうした即物主義がかぶっている純潔性の仮面を取り除くことが、「政治神学」の中心的意図なのである。カール・シュミットのいう政治とは、非即物的ではなく、また純粋に即物的でもない。というのも、政治は即物的な情報を要求するが、同時に「あらゆる政治的行動に内在する味方と敵との区別の反映に他ならないあらゆる政治的決断にとって不可避的な〈非即物性〉」を承認するからである[66]。

シュミットは、威厳ある人物が権力を代表する形式はすべて、機能的な従属関係を特徴とする官僚主義的な即物性の世界から消えてしまっていると言うが、これは前述の事態を別の言葉で表わしたものにすぎない。代表（Repräsentation）に対する感覚の喪失は、人格（Person）の理念を感知できなくなっていることに現われている。これに対しシュミットの法律学は、人格概念をあらゆる権力の神学的中心と結びつけるところでのみ成立する。「もっともすべての公権上の権限の法的構成の基礎は、人物による権限の代表と代理という考えにあって、これはそれぞれの権限の代表者たちが、最終的には疑いもなく最高の人物をもって完結することになるような関係にあるものである。教皇でさえ、キリストの代理人《ヴィカリウス・クリスティ》であり、実際、教皇はキリストの代任者と呼ばれている。キリストの人格性についての想念はそれゆえ教会法の思考にとってはきわめて重要なことである[67]」。教会が目に見えるということは、世界史において人となったキリストを代表しているからである――これは具体的な人物がその人物をもって権限を代表する事態の政治的な根源現象である。具体的な人物による権限の代理は、「任務」commissio という語が個人的命令を意味しているように、もっとも厳密な意味で「権限を委託された」kommissarisch 代理である。したがって代表という理念は、個人の権威と尊厳を暗黙裡に前提していることになる――これは物象化された世界に抵抗するためのシュミットの合言葉なのである。

カトリックの合理主義は代表を要求するが、プロテスタントの脱魔術化はそれを排除する。「自動装置や機械の前では、人は権限を代表することはできない。機械がみずから代表したり代表されたりしないのと同様である。国家がリヴァイアサンになってしまった場合には、国家はこの代表制の世界から消えてしまっている[68]」。

ここではっきりしてくるのは、ホッブズがなぜ〈巨大な人間〉(magnus homo) という政治的シンボルによって国家の機構に人格の性質を与えようとしたかの理由である。唯一の神が世界を統治しているということが、彼の法学的思考に徹底している人格主義のモデルになっていて、これはリヴァイアサンという神話的形姿において最高点に達する。これはアレゴリー化による擬人化のきわめて有名な一例である。つまり諸国家が〈巨大な人間たち〉(magni homines) と考えられたのである。しかし擬人化のプロセスは国家が機械的なものと考えられるようになることによって制限を受ける。そこでは人格という理念を〈巨大な人間〉の「魂」としてアレゴリー化することだけしか許されないからである。しかしこのことによって、人格は機械の機械 (machina machinarum) の歯車になってしまって、決断との厳密な結びつきは弱まる。

したがってトマス・ホッブズの政治的シンボルは失敗に終わったのかもしれないが、それでも「誰が決定するのか」(Quis judicabit?) という彼の問いは、法学的思考の焦点を示すことにはなった。その焦点とはつまり人格と決断の問題である。シュミットは、政治的なるものを精神的な力、規範の支配、非人格的効力に解消しようとするさまざまな理論を否認するために、人格の力の契機を強調する。シュミットの考える人格は自らが物象化されて即物的な機能の担い手にされることに逆らうだけでなく、人格を新カント派的に行為の帰責点に還元することにも激しく反対する。「十九世紀の法秩序の合理化はマクス・ヴェーバーによってきわめて感銘深く描き出されたものだが、これは合理化されえない人格を法秩序から消去するという犠牲を払って得られたものである[69]」。

代表原理の核である人格主義の基礎になっているのは、ローマ・カトリックの実存論的合理性である。

この人格主義からシュミットは政治的形式という彼の概念を読み取る。カトリックの政治的理念は「人間生活の物質性に対し、形式が独特な優位性を保つこと」を目指す。ただしこうした形式が具体的に実存を規定するように働かねばならない[70]。具体的に実存を規定する形式の原型を作り上げるのは修辞法《レトリック》である。近代の感情はこの修辞法に反抗するのだが、それは脱魔術化した世界が形式への能力を失ってしまっていることの証明でもある。さればこそ、それは歴史主義的な代用品でもって補われる。シュミットは暴露するとか仮面を剝ぐとか魔術を解くとかといった啓蒙主義の用語に激しく反対し、形式、可視性、威厳をもった代表を強調する。一九二四年九月の彼のメモにはこう書かれている、「今日では至る所にすぐ〈書割り〉が作られ、実際に動いている現実はその背後に隠されてしまう。この点にこそ時代の不安定さと、騙されているという奥深い感情の正体がある。自らの本源的諸前提から偉大な形式と威厳をもった代表を生み出さない時代は、こうした雰囲気に屈服し、あらゆる形式的なものと公のものを欺瞞と考えることになる。というのも、いかなる時代も形式なしには生きられないからである[71]」。

実体的な形式というこの概念をシュミットが作り出したのも、マクス・ヴェーバーとの対決からである。ヴェーバーの社会学で「形式的」という言葉が意味しているのは、合理化され、専門的で、計算可能で、規則的で、機能的で、超越的であるということだからである。しかしこの地平では、法学に特有の形式は感知できない。「というのも、これはまさに法律的に具体的なものから出て来るのだから[72]」である。それゆえ問題なのは、決定がなされるという純然たる事実、つまり規範とは無関係な決断という契機を形式規定として認識することである。決断がなされるという事実の中に、シュミットはあらゆる秩序の核心を見る。これが法律学的思考において「形式が有する固有の価値[73]」を根拠づける。

実体的な形式を生み出す能力は代表する力に基づいている。ここでもローマ教会がシュミットの世界史のパラダイムになっている。ローマ教会は人間の国（civitas humana）と人となった神キリストという人格を歴史の中で代表している。これと同じことが、世俗化した形式、つまり死すべき神である国家についても言える。つまり国家は現存するのではなく、代表されるのである。ここに時代が区分される。というのも、主権を代表するということの原理に対抗して、十七世紀以来、「民主主義的に自己同一性を有し同質の民衆の存在[74]」が鋭いアンチテーゼとして立ち向かって来るからである。主権を有する国民が国民投票という形で直接的にその存在を示すということは、即物的な同一性という考え方が優先され、代表原理とはもっともかけ離れている状態である。ここでは、無責任な権力者たちが、目に見える権力の担い手に代わって登場し、代議員制が人格の尊厳に取って代わり、公開された政治的領域は縮小されて、経済的な利益代表の控えの間になり下がる。しかし経済的利益は決して代表されえない。これが近代《モデルネ》を具体的に捉えがたいものにしている。一九二三年に、カール・シュミットは「神話の政治理論」という考えをまとめている。そこでは彼はマクス・ヴェーバーの基本思考、つまり諸価値の並列の多神教というテーゼを変奏している。敵対し合うさまざまな価値体系という姿を取って、魔力を失った昔の神々は、脱魔術化された形ではあるが、その墓場から立ち昇って来て、互いに争い合う――しかも「永久に」。さらに敵対し合うものたちについてのソレルの政治学と重ね合わせて、次のように述べている。「〔議会制民主主義を否定する非合理主義的な思考の諸潮流の〕最後の、少なくとも幾つか残っているものになおも存在する共属性は、数限りない神話の多党化状態の中に残されている。政治神学にとってはこの事態は、すべての神話が多神教的であるように、多神教なのである[75]」。それゆえ、シュミットは敵の像《イメージ》を描く歴史を、この敵の歴史そのものと同じように重視する。敵の像《イメージ》をはっきり認めるためには、敵が何者かを決めねばならない。これを決めるには「味方と敵を政治的にきちんと区別する天分[76]」が前提となる。「区別する天分」(donum discretionis)

を欠く権力はすべて没落する。決定的な区別が政治を道徳から解放する。そしてこれが「政治神学」の真理概念を基礎づけている。というのも、シュミットは真偽の区別を「味方と敵の実存的区別の反映[77]」と理解しているからである。

シュミットは基本的に間主観性も思考も具体的な闘争の問題に還元して考えている。簡明的確な敵の姿を描くことこそが政治的なるものの履行意図なのだが、それが簡明的確なのは限界線がはっきりしていることによる。敵概念の意味するところは、「共通の境界線を獲得すること[78]」にある。したがって自らの姿が明瞭になるのは、敵と自分との境界づけを行なうことによるのである。それは敵を承認することを前提とする。「敵は私自身と同じ水準にいる。それゆえにこそ私はその敵と対決して戦わねばならない。自らの限度、自らの限界、自らの形姿を獲得するために[79]」。シュミットはこの思考型を「敵はわれわれ自身の問題が形をとったものである[80]」と要約している。

この言葉は謎めいているのだが、その謎を解くのは難しくはない。敵が私自身の問題であるのは、「敵が私を問題にしうる[81]」からである。敵はよく知られた他者、つまり兄弟である。カインとアベルがシュミットには世界史的弁証法の原風景なのである。実存を脅かす生死を賭けた戦いは、自己とは何かとの問いを突き付ける。ヘーゲルが主人と下僕の章で述べていることもこれと同じである。敵対関係は、「精神的な付加価値」であって、そこでは人間は反自然であり、自然の超越であることが実証される。私を脅かす敵が私自身の問いを作り出す。これがシュミットにとっては歴史の具体化の原型なのである。敵対関係があってこそ、歴史には弁証法的な「問いと答えの構造[82]」が刻印される。それゆえシュミットは世界史を「言葉をめぐる戦い」という形で再構成する。つまり「政治的な闘争においては、概念や概念化した言葉は、空疎な響きとはまったく違うものである。それらは鋭く的確に作り出された諸対立と味方‐敵の対立状況の表現[83]」なのである。カール・シュミットが世界史に見る「問いと答えの構造」は、ヘーゲルの主人と下僕の弁証法を対話的に調整し直した変奏曲であって、A・コジェーヴが三〇年代にもっとも関心を寄せた形而上学的問題である。一九二七年に、ハイデガーの実存論的分析『存在と時間』と並んでこのシュミットの敵の実存論的分析『政治的なるものの概念』が発表されている。敵が自己自身への問いという形を取るのは、敵が「実存的意味[84]」において自己本来の敵である場合だけである。政治神学における本来性の次元が成立しているのはここなのである。

しかし生死を賭けた戦いが純粋に実存的な意味しかもっていないならば、戦争を規範的に正当化することはできない。ヘーゲル、シュミット、コジェーヴが、同じようにテーマ化しているのは、他者の存在の根源的な否定である。「味方、敵、闘争という概念は、それらがとくに肉体的抹殺の実際の可能性と関係をもち、またその関係をもち続けることによって、現実的な意味を獲得する。戦争は敵対関係から生じる。というのも、敵対関係は他の存在を存在として否定することだからである[85]」。

ヘーゲルが自然的否定と呼んだものは、倫理的規範や法的規範の範囲外にある。敵の概念はもっとも強い分離のあり方を表わしている。「敵とはまさに自分とは違った他者であり、その本質を表わすには、特別に強い意味で実存的に何か違ったもの、他者的なものといえば十分である[86]」。ところで、カール・シュミットにとって決定的な転回と言えるのは、彼が自然的否定を承認の弁証法とバランスをとる点にある。ヘーゲルとは違って、しかしコジェーヴとは似た形で、彼は否定の否定という形容を生死を賭けた闘争に応用する。こうして他者を敵として承認するという弁証法が生まれる。他者は私が私自身と関係する場であって、仲の悪い兄弟である。「ヘーゲルの次のような偉大な文章を思い出すがよい。他者の中での自分自身との関係、これは真に無限なるものである。ヘーゲルが言うには、否定の否定は決して中立化ではない[87]」。

ふさわしい敵を承認するということは、敵を有罪にしたり誹謗したりしない地位をこの敵に与えてやることである。敵は公的なものであり、それゆえ政治的な敵（hostis, polêmios）である。こうして敵とは、この本質的な概念がもつ攻撃的性格を具現している。敵が単に味方ではない者しか意味しなくなり、仇敵（foe）がなくなり、単に私的な敵（enemy）になってしまう事態になると、敵を犯罪者として見下すようになるまでには、世界史的にはほんの一歩である。私的な敵（echtrôs, inimicus）と政治上の敵（polêmios, hostis）の区別がいかに決定的なものであるかを、シュミットはマタイ伝五章四四節の「汝の敵を愛せよ」の翻訳の歴史から明確にしている。

Agapâte tus echtrus hymôn（ギリシア語七十人訳聖書）
Diligite inimicos vestros（ウルガタ聖書）
Liebet eure Feinde（ルター訳聖書）
Love your enemies（欽定訳聖書）

プラトンの『国家』（四七〇BC）に記されている身内・同族の敵対関係（echtrôs）とよそ者・異民族との敵対関係（polêmios）の区別を念頭に置いて、カール・シュミットはこの翻訳の推移に、イエスがわれわれに政治的敵を愛するようお命じになったという世界史的誤解の原因を見ている。

私的な敵（inimicus）を政治上の敵（hostis）と区別できなくなったことの背後には、政治的なるものにとって重要な「互いを誹謗しない相互関係[88]」、つまり敵として対等性を承認する弁証法を消し去ってしまう「似非神学的な敵概念」への退行がつねに潜んでいる。こうした対等性の承認に基づく弁証法によって可能になった敵概念の「法的構成」の中に、シュミットは「合理化と人道主義[89]」という西洋のプロセスの核心を見ている。ただ単に「真」と「偽」だけでなく、理性と人間性さえもが敵味方の境界線を引く「区別する天分」(donum discretionis) の働きによって決められるというわけである。

カール・シュミットは敵対関係を慣習的なもの、現実のもの、絶対的なものという三つに区別する。慣習的な敵対関係とは想定上の戦争と法形式の次元の問題である。現実の敵対関係は法的形式からの脱出《エクソドウス》を前提とする。それが起こる場所と時は、保護と服従 (protection and obedience) という国家の基本関係が壊された場合である。したがってパルチザンは法という建物から退去することによって、自らの当然の権利を求める。

パルチザンの真の敵対関係は、職業革命家というあり方をする場合に絶対的敵対関係に移行する。というのも、職業革命家は、パルチザンのように大地と結びついているのではなく、哲学と結託しているからである。ブルジョアとは絶対的な敵が具体化された形を取ったものであり、職業革命家は資本主義の否定を体現している。しかしあらゆる慣例の否定から生じる絶対的敵対関係が自ら国家を担い、したがって法形式を取るようになると、それは「法の名においてなされる全面的な権利剥奪[90]」でもって他者に襲いかかる。

シュミットの政治神学が、学界でスキャンダルになり、ヒューマニストたちの感情を損ねることになるのは、現実に敵対関係があるという事実のためである。敵というのは単に経済上の競争相手ないしは論敵だけではないからである。実存を疑問に付す無については学問は何一つ知ろうとしない。それゆえ味方と敵の区別に基づくシュミットの政治的なるものという概念は、学問批判でもあり、すべての本質的概念が闘争概念であることを証しているのである。そしてこの点でシュミットはヴェーバーとの大きな違いを次のように述べている。「〈価値自由〉のような概念は政治的なるものの真理と現実を捉えることはできない。価値哲学は政治的な味方を単なる〈価値〉にし、政治的な敵を〈価値のないもの〉にするからである(90a)」。

誰が決定するのか

カール・シュミットは彼の『政治神学』を法学概念の一種の社会学という形をとって記している。それはラディカルなイデオロギーとラディカルな概念性を前提にしている。というのも、それは「究極のラディカルな体系的構造(91)」を目指しているからである。ラディカルとはこの場合つねに形而上学的なものと神学的なものの根源にまで至る分析的掘り下げを意味する。こうしたやり方は形而上学的世界像と政治的形式との間の構造的同質性を暗黙裡に前提している。もっとも外側の領域の境界概念が簡潔明瞭に表現されているのは、そこに神学的指数が含まれているからである。これらの境界概念は抗争状態にあり、危機の瞬間のものである。だからこそシュミットの概念はラディカルで論争的で急激なのである。そのゆえにこそ、これらの概念は簡潔なのである。シュミットはかつてテーヌの心理学的慧眼を認めたことがあったが、その理由はシュミットの内奥の叙述意図、つまり「複雑に錯綜した出来事のもっとも深い内的構造(structure intime)を簡潔に表現する(92)」という意図に基づくものである。これが『政治神学』の最初の文章にほとんど宗教的魅惑《ヌミノース》とも言える特徴を与えている。それは「例外的状態について決定を下す者が主権者である」という一文である。これはもっともアクチュアルな種々の関心を絞り込む焦点としてシュミットに役立つことになる定義の一つである。「主権という概念はただ例外的状態からのみ得られるものである」[93]というテーゼは、主権と「最高権力」とを同一視する見方に反対するだけでなく、とくに「法の支配」という表現に対しても反対している。法の至上性というものは存在しない。そしてそう言われているものがあるとすれば、それは人間に対する人間の具体的な支配を隠蔽するだけのものにすぎず、シュミットにとっては、君主主権と人民主権のどちらかの選択を拒否する、典型的に自由主義《リベラル》的な表現なのである。市民的 - リベラルな思考は誰が決定するのかという問いから目をそらさせる。そうした近代法治国家は具体的な主権者をまったく無視する傾向にある。シュミットにとっては、すべての統治行為はその核心において具体的な命令なのである。そしてそれについては規範主義は何一つ知ろうとしない。したがってケルゼンにあっては驚くほど明白に「主権概念はきっぱりと排除されねばならない[94]」と言われることになる。しかしこれを弁証法的に読むと、『政治神学』のあの最初の文章に通ずるものがある。というのも、例外的状態は排除されたものの再来だからである。

　カール・シュミットは、ホッブズと彼の間に広がっている近代《モデルネ》を〔君主〕主権を忘れた時代として描いている。ロックの〈法が権威を生む〉（The *Law* gives *authority*）という思考がホッブズの〈真理ではなく、権威が法を作る〉（*Auctoritas*, non veritas facit *legem*）という思考を追い出して以来、近代の法学は、法が誰に権威を与えるのかを法自体は言えないという問題を無視している。誰が決定するかという問いは決定の内容には関係ない。「権限の問題に答える上で実体的なものを指示するとすれば、人を愚弄することになる[95]」。というのも、決定者が誰かという問いを決定の内容に結びつける試みはすべて、権限を決める審級をあらかじめ仮定しているからである。しかし「誰が主権者かを決定する権力は、さらに新たな主権を意味することになる[96]」。ところがこのように、主権を規定するために、主権者が決定されるようなところでは、主権は崩壊する。決定がさまざまな権限の相互関係が織り成す網の目に巻き込まれるからである。それゆえ決定を下す具体的主体は、主権論にとって、遡及して問うことのできないものである。「もし権限を決定する権限（Kompetenz-Kompetenz）がなければ、権限はもはや存在しないことになろう[97]」。主権をもつ至上の主体は、秩序に顧慮することなく、無制限の、制約されえない権限をもつ。その権力は絶対である。その地位はアルキメデスの点にも比せられる。というのも、主権者は通常の秩序の外に立っていながら、それでもその秩序に属しているからである。「主権者は状況をその全体性の中での全体として作り出し、かつそれを保証する[98]」のである。

例外状態における全能性と不謬性のアウラを示してきたのは、神の代理人、つまり人間の姿をした神として、真正の主権を所有した歴史上の人物たちである。彼らはキリスト教徒であり——これが彼らの権限の唯一の限界である——「真の主権者は神以外の誰をも自らを超える者として認めない[99]」。彼は通常の秩序の外に立っているからこそ、何が通常かを決定し、何が秩序かを定義することができる。非常事態が起これば、現行法規の例外が必要となる。それを決定するのが主権である。その限界概念は、秩序を全体として守るために、現行法規を全体として廃棄するところまで行く。例外状態においては法は後退し、通常の状態では法を実現する権力（Macht）が、今や「強大な力（Gewalt）そのものの実質的充満[100]」であることを明らかにする。

権威であって、真理ではない（Auctoritas, non veritas）——命令が真理を吸収する。というのも、真理はそれ自身としては遂行されえないからである。法とは主権者が委任したものであって、主権者の直接の力が遂行可能な命令を与え、保護を与え、服従を要求する。それゆえ政治的にもっとも具体的な問いは誰が決定するかである。この全く形式的な問いのみが、具体的な自己主張の政治的核心を突くものである。

シュミットの研究領域は、ローマ教会と世俗王権という二つの帝国理論に基づく聖と俗という問題点の多い権力区分がなされた時代に始まり、国際連盟（一九二〇年）やケロッグ条約（一九二八年）にまで歴史的にも大きな広がりをもっている。国際連盟は政治的独立を保証する――しかしこの保証を巡る争いが起こったとき誰が決定を下すのか。ケロッグ条約は戦争を否定する――しかし平和とは何かを誰が決定するのか。「このような決定的な政治的概念にあってまさに問題なのは、誰がその概念を解釈し、定義し、用いるのかである。平和とは何か、軍縮とは何か、干渉とは何か、公の秩序と治安とは何かについて誰が具体的な決定を下すのか。真の権力を所有しているものが自ら諸々の概念や言葉をも規定することができるということ、これが人類の法的、精神的生活におけるもっとも重要な現象の一つである。シーザーは支配者であるとともに卓越した文法学者である[101]」。

シュミットは繰り返し法と法の実現との間にある裂け目を強調する。合法的なものとは、手段についての個人的な決定であり、事柄自体の合法性に応じた正当な理由から決められるのではない。それゆえシュミットは事前に与えられた規定の「自動的な」自己適用という規範主義の幻想と戦う。手続きを誰が行い、権限が誰にあるかという彼の形式的問いは、法を実現する行為や法を一時停止する行為の自立性の問題を引き出してくる。誰もが自分の正当性に固執し合う致命的状況に終止符が打たれなければならないところでは、真理よりも権威が先行する。

新カント派の言う「帰責点」は、あの〈誰が決定を下すか〉の問いを発する具体的人物を排除している。というのも帰責は、命令という情け容赦のない事実（factum brutum）についての規範主義的幻想だからである。ここに法概念の社会学というシュミットのプログラムの論争的な意味が示されている。つまりそれはケルゼンに代表される社会学と法学の方法論的二元論、つまり社会学的なものから「純粋に」切り離された国家を構想しようとする理論に攻撃の矢を向けているのである。ケルゼンはその純粋国家論のゆえにユダヤ的新カント派という現代のカタリ派〔十一―十四世紀南西ヨーロッパのマニ教的異端〕に属するとシュミットは見ている。それはたとえば純粋意志の倫理学を説くコーエンのように、カント的純粋理性のパトスを更新したものなのである。「純粋な」というのは、プネウマ的なもののカテゴリーで、形式と仮象、人格と権威を排除するグノーシス的表現である。「純粋な」という言葉には中立化する作用がある。そしてケルゼン自身、規範主義的純粋性を得るための代価は、主権概念の排除であると言う。

それゆえシュミットは規範主義の「統一性と純粋性」に対して再三、「赤裸々な社会学的‐政治的事実」[102]、つまり規範の通用しうる状況を初めて作り出す主権による至上の決定を対置する。よくよく考えて見ると、規範主義的純粋性へのシュミットの批判はしかし、結局はまたもう一つ別の――より実存的なものなのだが――純粋性の形式に帰着してしまう。つまり決定論的な形式にである。というのも、法形式の特性をシュミットは、決定の主体が決定の内容と対立するということ、まさにここから規定しているからである。

早くからカール・シュミットはあらゆる裁判の判決の高度に抽象的な意味そのものを明らかにして、あらゆる法には内容の恣意性を生む要因が本質的に備わっているとしている。「何かがそもそも法であるということの方が、一定の内容が法であるということよりも、ある程度までは、つねにより必然的である。内容的に〈偶然的な（aleatorisch）〉このような規定のもっとも純粋なタイプとしては、車両の右側通行を規定した警察の法規が挙げられよう[103]」。あらゆる意見の対立において、とにもかくにも決定が下されるということに最高の関心があるかぎりで、権威そのものは、疑念を権威的に取り除くがゆえに、よいものであるとされる。「その理由は、お上の権威が存在するだけでともかく決定がなされ、その決定がそのものとしてさらに価値をもつ点である。いかに決定されるかよりも、決定されるということ自体が、もっとも重要な事柄の場合にはより重要だからである(104)」。反革命的国家理論の決断主義は、あらゆる規範内容から切り離された純粋なこの決断という契機をことさら簡明に捉えてきた。ここに再三持ち出されている例外状態は、規範の彼方にある決断を成り立たせる至上のパラダイムである。つまり「決断の価値は強力な論証にあるのではなく、数多くのありうる論証、互いに矛盾し合う論証から生じる疑念を権威的に取り除くことにある(105)」からである。

主権者は決断を独占する。こうしたラディカルな意味での決断が、政治的なるものの場を開く。シュミットの根本思考は、絶対的な選択というキルケゴールの説を世俗化したものである。有名な〈あれか、これか〉という表題が特定の選択ではなく、〈あれか、これか〉の選択をするかしないかという決断を問題にしているように、シュミットの主権の定義においても「問題は、何を選択するかという現実ではなく、そもそも選択それ自体を求める現実である(106)」。しかしこれが決定的なことなのである。一番最初に倫理的なものを措定する絶対的な選択、つまり善と悪、正義と不正義、味方と敵というあれかこれかの絶対的選択が問題なのである。まさにそれゆえにこそ、シュミットは「高度な道徳的な決定」を「政治的理念の核心(107)」と規定することができたのである。絶対的な決断は、政治的なるものの領域を構成するさまざまな区別を可能とする条件である。「道徳的な決断における〈あれか、これか〉、つまり決然とし、かつ決定的な選言(108)」は、ただ善だけを望む者たちの致命的な独善を阻み、あらゆる内容、つまり正当な根拠を代表しているという要求をまさに抽象化することによって、決断論的な「意志の洗礼(109)」を執行する。

具体的な命令が法的価値をもっているということは、カール・シュミットの決断思考がつねに考えを巡らしている事態についての批判的限界概念となっている。それは「法学に特有の形式要因(110)」としての決断という考え方であり、この形式要因には内容についての無関心、それどころか恣意性という契機が対応している。これは規範とは無関係で、根拠づけにも関係しない。

絶対的な選択、純粋な決断、具体的な命令、有無を言わせぬ命令――これはシュミットが彼の時代に決断主義的な指標を与えようとして用いた用語である。ここでは彼の政治神学は、無からの創造（creatio ex nihilo）の教義を世俗化している。創世紀第一章三節以下には神の言葉が命令であり創造の厳命とされている。無からの創造はあらゆる経験を超越する因果性形式であって、神の厳命の彼方にはいかなる現実も認めない。

無からの創造が異教世界の偽りの秩序を打ち崩すように、決断主義は規範主義の幻想を打ち崩すべきものである。「決断は、規範的に見ると、無から生まれたもの[111]」だからである。規範主義から見たこの無の状態は例外状態であって、これを――そこから目をそむけるのではなく――停止させうるのは絶対的な決断なのである。秩序はすべて決断そのものに基づいている。「統一化をもたらす決断という力[112]」はそれゆえ、決断によって作り上げられた秩序からのみ正当化される。「決断が正当化される根拠は、その決断以前にはない[113]」。

カール・シュミットは決断のもつ魅惑を再三再四弄んでいるが、自らはそれに屈することはなかった。遅くとも一九三三年の『政治神学』第二版の序文以来、彼は「真の決断」が盲目の決断主義に脅かされている危険に気づいている。それゆえシュミットが絶対的な決断を考えてきた先人たちの世界史的に偉大な意義を認める解釈をする場合、それはつねに具体的な論争上の意味をもつものなのである。彼は現代を批判するときにも、たいていは十七世紀の歴史的な人物を暗に念頭に置いている。この時代にこそ、あらゆる大きな対立において双方が正義と平和を欲していると主張し、まさにこの要求が残忍な内戦を引き起こしているという認識が芽生えてきたからである。真理を引合いに出すことの中に、まさに平和の抗争があり、そしてすべての教会の決定要求にも純粋に政治的な意味があることが分かってきたのである。宗教戦争に直面する状況下にあって、絶望から決断主義が起こってきたのであった。この認識は、啓蒙の揺籃期が終わった後に、反革命の国家哲学の中で繰り返される。「時代が決断を要求しているという意識[114]」の点でシュミットの考えはこれと似通っている——つまり革命的な無神論とカトリックの間の、またアナーキズムと権威主義との間の、いかなる調停も許さない大きな二者択一の前に立っているという点で似ているのである。その際、決定の瞬間は、権威があらゆる合法性を吸収するという形で定められる。こうした決断主義的極端さを体現しているのがドノソ・コルテス〔一八〇九—一八五三、スペインの外交官、哲学者〕である。『政治神学』をコルテスの文章の解釈と考えることもできよう。これをシュミットは一九二七年にすでに「十九世紀のもっとも極端な文章[115]」として評価していて、「ラディカルな否定と絶対統治を説く主張が行なわれる日が来る」と書いている。この日は政治的なるものの最後の審判の日となろう。ドノソ・コルテスはキルケゴールとまったく同時代に生きた人物である。

こうした反革命的観点からすると、あらゆる政治的秩序は高度な道徳的決断の中にあり、この決断がまた神学的にも基礎づけられているように見える。しかしそうであるならば、政治神学には、中立的ないし無神論的勢力に対しても、ラディカルな分析によってそれぞれ「敵の神学[116]」を規定することが、原理的に可能である。反神学的な敵の神学的核心を定義するという弁証法は、反革命的思考の中で先鋭化し、無政府主義への激しい批判となって行く。つまり善良な人間を前提とする無政府主義の理論は、極度の悪人の教義だというわけである。ドノソ・コルテスは原罪という教義を「攻撃的にラディカル化[117]」して、人間の本性は悪であり、神に見放され、完全に罪にまみれていると言う。なぜ攻撃的にラディカル化されているかと言えば、この教説は論争を挑むもの（agonikos）であって、教理を説くもの（dogmatikos）ではないからである。つまり善人を前提する無政府的理論に対する政治的な闘争概念と考えられているのである。攻撃的で闘争的なこうした姿勢が先鋭化すると、決断主義の神話的イメージが浮かび上がってくる。それは「今日カトリック主義と無神論的社会主義の間で燃え上がっている血腥い決戦」[118]というイメージである。しかも決断主義的神話は、議会主義的立憲主義を反映する右と左のバランスという商業主義で成り立っている社会のイメージを震撼させる。コルテスの『大戦争』とプルードンの『ナポレオンの戦い』は議論に明け暮れているリベラル市民階級を沈黙させようとするものであった。これが『政治神学』のシナリオにとって決定的なのである。つまり決戦場に持ち出される権威と無政府状態という大きなアンチテーゼの両極端は、力を合わせて、リベラルなもの、つまり議論、永遠の対話、組織的な思考、形而上学的な妥協に立ち向かう。

ブルジョアジーを「議論に明け暮れる階級（Clasa discutidora）」であるとするドノソ・コルテスの告発とまったく同様のものがキルケゴールにも見られる。この内面性のプロテスタント的決断論者[119]にとっても、いつ果てるともない永遠の対話と「理解に至る長い時間」は「欺瞞的な発明品」なのである。絶対的な決断と最高の権威という問題は、どのような熟慮や議論とも共通点をもちえないものであり、「決定を延期して熟慮を重ねれば重ねるほど、神からますます遠く離れる」[120]のである。決定できないことが、「政治的ロマン主義」へのシュミットの批判の核心点でもある。永遠の話し合いというその理念には、議論に明け暮れる階級の自由主義的な自己理解が現われている。徹頭徹尾非法学的な人間であるというノヴァーリスの自責は、それゆえシュミットにとっては政治的ロマン主義を示す症候として大きな価値をもつものである。つまり、多弁を弄さない、全権を代表する者による演説を認める独特な法学的センスのみが、無限の議論をやめさせ、歴史的に現在がどこにあるかを示す指標を告げることができる。形而上学と国家学が並行して形成されているがゆえに――そしてこの点でカール・シュミットは明確にボナール〔一七五四―一八四〇、フランス革命思想に反対し、専制政治とカトリックを擁護したフランスの国家学者、哲学者〕とコルテスの後継者なのだが――まさにこの国家学者カール・シュミットにして歴史の兆候、時代の刻印を解読することができたのである。

政治に形而上学的核があるとすれば、政治は歴史哲学的に解読することができる。そのようにコルテスは四八年革命から伝統的な合法性の終焉を読み取った。つまり、誰一人としてもはや国王になろうとはしないという状況が生じたのである。これはキルケゴールの見ていたところでもある。これは独裁制の誕生の時である――つまり表向きは独裁制は反革命の概念なのだが、「しかしその本来のエネルギーは革命的な形式民主主義の領域にあるもの[121]」である。独裁制という概念はここでは決断主義的に強調されていて、最後の審判の世俗化と規定することができるものである。換言すれば、最後の審判は決断主義の神学的原型なのである。というのも、シュミットの「急激な（rapide）」カトリック主義にとっては、キリスト教の超越の彼岸は「恐ろしい決断――永遠の至福か永遠の劫罰か[122]」しかもたらさないからである。

近代の国家学の簡明的確な概念はすべて神学的概念を世俗化したものであって、このことを強力に例証しているのが『政治神学』の宗教的魅惑に満ちた最初の文章である。そこでは主権は神の全能を世俗化し、決断は最後の審判を世俗化し（――絶対の決断は教皇と同様に不可謬である――）、例外状態は奇跡を世俗化したものであると言われる。ドノソ・コルテスが独裁制を奇跡と名づけたのは、これが国家の法律を、まさに奇跡が自然の法則を終結させるように、終結させるからである。「実際は、独裁制とはこの奇跡のことではなく[123]」、「神から呼び出されたもの（a Deo excitatus）」が極端な形をとって「法的連関を侵犯することこそが奇跡」なのである。それゆえ奇跡と例外状態をシュミットが類比関係で捉えるのは、

「直接的な介入によって例外を作り出す法の侵犯[124]」を目指しているからである。啓蒙の合理主義にも、新カント派の規範主義にもこうした「侵犯ということに対する感覚[125]」は欠けている。君主主権が追い出されるように、例外状態は非難され、あらゆる異常な行動には非合理的なものとして無資格宣言が下される。例外状態はしかし、日常がいかに機械的なルティーンワークになろうとも、それによって消し去られることはないので、これは合理主義の網目をすり抜けて残ってしまう。つまり「国法はここで停止する[126]」。

合理主義的、規範主義的無関心からの脱出口を示したのは、ここでもまたキルケゴールである。あの宗教的魅惑に満ちた文章で始まる主権を定義する章は、キルケゴールの『反復』からの長い引用で終わっている。問題になっているのは、異質なもの同士の敵対関係（polémios）、つまり「例外が普遍のものの中へ押し入る弁証法的闘争」である。争うものたちの和解をキルケゴールは回心する罪人をモデルにして考えている。周知のように、普遍的なものである天上の神は、九十九人の心の正しい人の規則正しさよりも一人のこの罪人をお喜びになった。例外と普遍とのこの弁証法的な結び合わせの厳格さは、自己自身をとことん考え抜く「精力的かつ決然たる例外的存在」が同時に一般普遍的なものについても考えるという点に示されている。しかもこの例外は、一般普遍のもの以上に、この一般普遍のものを明らかにする。「例外は（……）普遍的なものを精力的な情熱をもって考える[127]」からである。倫理的なものを目的論的に一時停止するというキルケゴールの道徳的に高度な要求を課す決断が、こうして法秩序の目的論的一時停止という例外状態のための図式を提供してくれたのである。

「侵犯」に対する感覚、例外の普遍一般への弁証法的「侵入」——これはカール・シュミットの政治的実存主義のキーワードである。これらはキリスト教の超越性を世俗化して、その行きづまりを解決せんとする侵入なのである。「例外の中で現実の生の力は、反復の中で硬直化したメカニズムの皮殻を突き破る[128]」。

極限の論理を思考する者にとっては、例外状態は政治神学の核心問題であるだけではなく、それ自身ですでに具体的な歴史的状況について決定的な解明を行なうものでもある。カール・シュミットの政治的実存主義は、深刻な事態のもつこうした「事柄の核心を暴き出す意味[129]」をめぐって形成される。例外状態は二重の働きによってそのきわめて重要な発見的意義を証している。その働きの一つは、これが現行秩序の「否定的ではあるが正確な鏡像」を提示することであり、もう一つは、具体的な政治的紛争状態の正確な表現だということである。それは「病気の進行における〈症候学的瞬間〉のように、ある瞬間に突然、これまで隠れていた真の状態を認識させる[130]」。こうして例外状態の理論は国法の問題と決定的に重ね合わせられ、これが両大戦間のシュミットの理論の特色を簡明的確に表わすものになっている。それはつまり、ドイツの「まったくの異常な状態」を意識してワイマール憲法第四八条第二項〔大統領に非常事態における特別権限を与える条項〕が生まれた一九一九年から、ライン地域の「国際法上の例外処理」――シュミットは一九二八年に「歴史的、政治的、法的なこの異常性の原理的言語道断さ」を強調している――を経て、一九三二年七月二十日の「プロイセン・クーデター」に至る時期である[131]。

シュミットは、特例的権限を必要とする極端な場合に、国家の権威の本質規定を読み取る。極端な場合にこそ核心的なものが姿を現わすからである。シュミットが幾度も繰り返すのは、「例外状態は国家の核心の具体的な特性をあらわにする[132]」という言葉である。それゆえ政治的実存主義にとっては、国家はラディカルな自己防衛を必要とする最大の危機の瞬間にその本質を明らかにする。そして事実、シュミットは特例的権限を正当防衛の図式に従って合法と認める。「現に不法な攻撃のような前提があれば、正当防衛においては、攻撃を防御するために必要なすべてのことが執行可能である。また執行可能なことに対しては内容の指示が法規制にはない。なぜなら法規制は事実内容に即して規定されているのではなく、防御のために必要なものを指示しているだけだからである。これと同様に、深刻な事態における行動の前提がひとたび生じた場合にも、事柄の状況に応じて必要な行動が生じる。しかしさらに正当防衛権の本質は、行為そのものによってその前提についての決定がなされる点にある。つまりその権利を行使する前には、正当防衛の前提があるかないかを法に則って審理する審級は作りえない点にある。これと同様に、この実際の緊急事態においても緊急行為を遂行する者は、緊急事態が起こっているかどうかを決定する者と区別されえない(133)」。

法が作られ、秩序が打ち立てられるという事実の前では、誰が正しいのかという問いは重要なものではない。国家が自らを防衛するときに正義は後退する。それゆえ極端な場合には国家の存在はその法秩序と切り離される。極度の窮迫状態（extremus necessitatis casus）は臨時法（jura extraordinaria）を必要とする。つまり、法についてのあらゆる問いは、極端な緊急事態であることを指示することで片づけられてしまう。「例外状態においては国家は法を一時停止する。一般に自己保存権と呼ばれるものに基づいてである(134)」。

それゆえ真の特例的権限は、原理的には無制限のものであるように見える。しかしこうした規定は、例外というものが概念上必然的に、しかるべき規範がなおも効力をもっているという事態と切り離すことができないゆえに問題を孕んでいる。例外があるのは規則がある証拠だという周知の言い回しは、こうした事態を表わしている。「例外という概念は、通例、規則を廃止することなしに介入し、それを失効させることなしに逸脱することが含まれている(135)」。にもかかわらず、シュミットは例外状況を、それについての絶対的決定が現行法秩序の全体を一時停止するという形で構成する。それと同時にシュミットは、法を停止するという事実が国家の自己防衛の瞬間にはそれでもなお法の問題であることを明らかにする。現行法秩序の全体を一時停止する絶対的決断という特別の場合でさえも、法的な根拠づけが可能であり、したがって純粋に権力の問題ではないのである。問題なのは、「真の」秩序を可能とする条件としての国家の自己主張である。それゆえ法秩序という概念はシュミットにとって最大の弁証法的緊張を孕んでいるものである。通常の状況が決断主義的契機を無化するのに対して、「例外状況にあっては規範が否定される」。法秩序概念における内的な不一致が法と法の実現との対立としてはっきり現われている。つまり主権は法を実現するために、法を度外視するという事態である。法規そのものは、ある状況が絶対の例外なのかどうかも、何が例外なのかも、把握できない規範である。緊急事態はそれゆえ法体系の中では事実に即しては規定されえない。シュミットはここで明らかにキルケゴールの言う意味での比較不可能なるものとの類似でこの緊急事態を構想している。つまり「例外は、包括的な概念では捉えられないもの[136]」であり——これに突き当たると、あらゆる法のカテゴリーは砕け散る。それゆえ主権の核心領域に至る純粋に法学的な道は存在しない。

　誰が決定するかという政治的実存主義にとって基本的な問いは、すべてを明るみに出す極端な事例において法の問題に突き当たるのだが、しかしこの法の問題は「法形式では解くことができない[137]」。それゆえカール・シュミットは彼の政治神学を法概念の社会学という形で開陳する。というのも、政治的紛争の実存的核心が表に現われるところでは、もはや司法の形式でもって処理することはできないからである。主権者が「政治的実存の関心において」行なう法規範の侵犯は、「単なる規範主義よりも実存的なものが優位にあること[138]」を証する。シュミットにとっては、法治国家の規範化の図式をこのように侵犯することに優る政治的な力の純粋な表明はない——それは政治的実存に仕える法の目的論的一時停止だからである。その絶対性は、決定的な危機の瞬間に「自分自身に関する裁判官[139]」として登場するところに現われる。

なぜシュミットが規範から外れる決断を本質的な法学的形式要因として理解しうるのかは、ここに明らかになる。つまりこの決断は秩序一般をもっとも縮減された形式として、かつ権威の徴候として創出するのであり、このことによって決断は法学的思考の出発点となる。「戦争や革命やインフレを経験した後には、これについてもはや多弁を弄する必要はない。いかなる法も真空の中では効力をもたない。すべての法は状況法なのである[140]」。

秩序そのものの力のこうした称賛にも、歴史的な、具体的に論争的な指標が含まれている。つまりその存在そのものが社会的秩序の現状の否認となっている社会的な勢力、マルクス主義理論からはブルジョアの秩序の担い手の純粋な否定と定義される社会的勢力に、つまり「社会的な無[141]」としてのプロレタリアートに対して、この称賛は攻撃を向けているものだからである。この「社会的無」を目の前に見て、秩序を全体として非存在的（meontisch）な脅威から救うために、憲法で規定された秩序から外れた例外状態を作り出す——これは独裁制の典型的な手段である。シュミットは独裁制を、具体的な敵に対する正当防衛行為による秩序の防衛として正当化する。それゆえに、法に再び効力を与えるために、法が一時停止される具体的な例外を論じるのである。そのためにシュミットは誰が決定するかという問題を「法の実現のための批判的概念[142]」としての独裁制への問いに先鋭化させる。政治神学の趣旨に沿ってこの弁証法的先鋭化を行なうためには、独裁制の概念を細分化しなければならない。まず最初の国法の層における独裁制の概念は戒厳状態である。第二に革命的に意味を読み変えた場合には、独裁制の概念は現行秩序の政治的批判に使われる。そして最後に、独裁制は、プロレタリアート独裁として、共産主義という目標への手段を示す歴史哲学的概念になる。これら三つの次元は、法規範を法実現の規範から原理的に分離できるという観点から独裁制の本質を法哲学的に規定したシュミットの定義を考える上で頭に入れておかねばならないものである。独裁制は法から目的を解放する。それゆえ独裁制という概念は一人の独裁者の絶対的支配を目指すものではない。引き起こされるべき具体的状態とはつねに目的であって、この目的が第一位にあってこそ独裁制はあらゆる法への配慮から解放される。法からのこうした解放の帰結として、独裁制のラディカルな理論は復古的な国家哲学の枠組みを粉砕する、つまり合法性という思考を粉砕することになる。こうしてシュミットはド・メストゥルからドノソ・コルテスへ至る発展の歩みを反革命的合法性思考の決断主義的自己止揚であると弁証法的に解釈することになる。

独裁制概念は一連のアンチテーゼによって輪郭がはっきりしてくる。つまり独裁制とは「真理」(veritas)を権威主義的に括弧に括ることであり、君主制の時代の終焉を画し、リベラルな議論の中で議会主義的に形式化されたロマン主義者たちの永遠の話し合いを断ち切る。しかし独裁制のアンチ・リベラルな性格は、シュミットにとって本質的な、独裁制の唯一の特徴ではない。シュミットは再三、独裁制が民主制の対極にあるとする考えに反対して戦っていて、独裁君主制や教育独裁制——つまり政治上の左右を問わず——といった形で、両者が一致調和しうる歴史的例証を挙げている。独裁制は民主制と相入れないものではなく、市民的なリベラリズムの本来的手段としての議論と相入れないのである。市民的リベラリズムの永遠の話し合い、その調停の感覚、そのバランスをとる姿勢に対して、「直接性と断定性、つまり独裁制による」[143]革命と反動の力が応酬するのである。

直接性と断定性——これで明らかになるように、徹頭徹尾弁証法的に組み立てられたシュミットの法哲学における独裁制という概念は、ヘーゲルの媒介の思考にキルケゴール流の修正を施したものである。この概念は発展の中断、外からもたらされる例外、此岸化した生の爆破を表わしているのである。ところで、此岸性を突破する可能性は二つあって、これは独裁制概念の政治的二重性に正確に対応する。つまり上からの超越、あるいは下からの爆破である。決断主義的に単純明解に表現すれば、すべてを決定する対立は、「王冠をかぶった」独裁制と「アケロン（冥土）の川的なもの」の対立なのである。

一八七二年の春、バクーニンがロカルノからスペインの同志たちに出した手紙は、マルクス主義を「革命的権威主義者たちの体制」とする彼の批判の頂点を示すものであり、これは、バクーニンの未来社会の理想を批判した同じ年の一月二十四日のエンゲルスのテーオドーア・クーノ宛の手紙への回答として読むことができる。エンゲルスの手紙は「この社会〔バクーニンの未来社会〕には何よりも権威がまったく存在しません。というのも、権威＝国家＝絶対悪とされているからです。（最終審級で決定する意志なしに、つまり統一的な指導なしに、どのようにして人々が工場を動かし、鉄道を走らせ、船を航行させようというのでしょうか。彼らは勿論このことは言いませんが）」とあり、資本主義に反対する代わりに、国家そのものの反対に向かう無政府的方向が、決断主義的要因の排除、したがって本来的な政治的次元の排除であることを、エンゲルスはきわめてはっきり見て取っている。無政府主義は「あらゆる政治の完全な不在」であるとの言葉で、エンゲルスはバクーニンの自己理解をたくみに表現している。無政府主義は国家を廃棄しようとし、そのために無政府主義には「政治の廃棄(144)」という政治しか残されていないのである。

バクーニンは国家のもつ政治的なるもの、つまり決断というその核心と戦い、決断のもつ権威的なもの、つまり神の超越というその核心と戦う。それゆえに、シュミットはバクーニンについて、バクーニンはあらゆる支配の権化としての「神」に「戦いを」挑む誇り高き野蛮人であり、「十九世紀最大の無政府主義者バクーニンは、理念と精神に抗する戦いにおいて、あらゆる形而上学的、観念論的逡巡から自由な道を切り開く幾世代に先んじる素朴な戦士であり、宗教と政治、神学と法学に抗して古代スキタイ人のように敢然と戦いを始める戦士(145)」と記している。

バクーニンはここでは時代の転換を代表している。彼は、神の超越の、したがってまた純粋な〔君主〕主権性思考の最後の残滓を抹消する内在という十九世紀の思考を完了・終焉させる。神学そのものが今や悪と考えられる。自然の正しさと生の内在的真理を曇らせるからである。「社会的悪」は諸事物の秩序の中にある。事物の支配の刻印は神の乖離を証している。「大衆の本能に満幅の信頼を置くとき、われわれの革命の手段は、今日誤った情熱と呼ばれているものを組織的に解放することにあり、そして同じブルジョアの言葉で公共の秩序と呼ばれているものの破壊にある」[146]。こうした「悪魔的」プロパガンダはシュミットによって皮肉な形ながらまともに取り上げられる。彼はバクーニンを悪魔の「化身」にまで誇張して描いている。バクーニンは、「直接的な自然のままの生と悩みなき〈肉体〉性の楽園のごときこの世」[147]を約束することで大衆を幻惑する誘惑者なのである。悪魔的なのは、生が純粋に此岸的であることを説く無政府主義的教説である。人間を神から遮断するからである。こうしたシュミットの観点からすれば、この世の楽園を約束する共産主義は悪魔主義の極致、神を知ることのできない大衆の純粋に現世的な体制としてしか見えてこないのも当然である。

カール・シュミットは彼の叙述を弁証法的に先鋭化して、バクーニンを「反神学的なものの神学者」[148]とみなす。これは決して過剰解釈ではない。バクーニンは自分自身を宗教的扇動者と見、信仰の中にその唯一の同盟者を見ていて、自ら信じようと欲し、他人にも信じさせようとしていた。だからこそ、バクーニンは、キルケゴールが革命的力の秘密と察知していたもの、つまりキリスト教の悪魔的逆転としての共産主義理論を素朴な明解さで表明してもいた。「共産主義の強みは明らかにその中に悪魔的に含まれている宗教性の、それもキリスト教的宗教性の要素にある」――「悪魔的なものはつねに真実なるものを含んでいる。ただ一般の宗教性におけるのとは逆の形で」[149]。

「悩みなき肉体性」の悪魔的此岸性の中では、諸事物の現実的現存があらゆる代表形式を排除し、直接的、具体的な生の礼賛があらゆる形式の体系的思考のもつ合理主義――その意味ではまたマルクス的思考のもつ合理主義も含めて――と戦う。「マルクスは権威主義的で中央集権主義的な共産主義者である。彼は、われわれが望むもの、つまり経済的、社会的平等の完全な勝利を望む。しかしそれを国家という形で、かつ国家権力によって、きわめて強力な、いわば専制的な臨時政府の独裁によって、つまり自由の否定によって達成しようとするのである。（……）われわれも、経済的、社会的平等の勝利を求めるが、それを国家の廃棄によって達成しようとする。法的権利と呼ばれるもの、われわれの見解によれば人間の権利の永久的否定であるすべてのものの廃棄によってである[150]」。

とどのつまりはバクーニンにおいては、マルクスとエンゲルスでさえも神、国家、権威、知性主義からなるブルジョワ的陣営に連なるものとされてしまうことになり、まさにこれに対してバクーニンは、卑しめられた人たち、侮辱された人たち――それもマルクス主義理論によって卑しめられた人たち、つまりルンペン・プロレタリアートを動員する。「教養」に対する賤民の戦いの中では、階級闘争の合理的‐経済的前線部隊の意味は曖昧なものになる。バクーニンは学問に対する生の反乱を説き、精神的伝統の中には寄生虫的な知識の宝庫しか見ない。それゆえに彼は近代の教養と戦うのである。それは有閑の産物であるがゆえに必然性をもたず、したがって民衆の敵であるとされる。

一見しただけでは、シュミットの『政治神学』の中のバクーニンは歴史的人物のように見える。ところが、西洋の教養の力に対する無政府主義的ルンペン・プロレタリアートの戦いは、シュミットにとっては「本質的にアクチュアルなものの光景[151]」なのである。『政治神学』の中で、バクーニンは、『西洋の没落』の中でドストエフスキーとトルストイが対立的な関係で捉えられているように、マルクスとは和解することのない対立者として描かれている。トルストイとマルクスは西洋、知性、ボルシェヴィズムを代表し、ドストエフスキーとバクーニンはヨーロッパへの黙示録的な憎悪の化身である。こうした図式で、カール・シュミットは敵対する前線をずらすのに成功している。政治的なるものという彼の概念は「経済的‐即物的」階級闘争の対決から離れて、歴史哲学的な傾向を強めて行く。一九二六年の著作『ローマ・カトリックと政治形態』には「ロシア人たち、とくにバクーニンとともに初めて、西洋文化のあらゆる在来の概念の本来的な敵が姿を現わす[152]」とされている。もっとも危険な敵はマルクス主義ではなく、「ヨーロッパに背を向けるロシア人[153]」なのである。彼らは西洋世界の否定の権化だからだと言う。こうしてロシアのボルシェヴィズムはヤヌスの顔をもつことになる。つまりロシア的なものとは西洋の合理主義の全的な否定であり、ボルシェヴィズム的なものとはヨーロッパ特有の理念を凌駕する国家性と技術性の過激主義なのである。こうした鋭い輪郭でもってシュミットは一九二九年のドイツ自身の状況を描く。というのも、「人はよりラディカルな兄弟の眼差しのもとで生きている」からである――彼はこの他者の実存に疑問を投げかけ、この他者を徹底的に追いつめて行く。「ヨーロッパの中央にあるわれわれはロシア人の眼差しのもと（sous l'oeil des Russes）に生きている[154]」からである。

政治神学と歴史哲学

バクーニンを非‐神学的なものの神学者と特徴づける場合、反革命の世界像が前提にされている。ドノソ・コルテスのように、カール・シュミットもつねに敵の神学に狙いをつけている。そしてこれが可能なのは、双方の側にとって神と国家の間の基本的なアナロジーが当てはまるからである。「復古期の文筆家たちによってまず政治的神学が展開された後に、すべての現行秩序に対するラディカルな敵対者のイデオロギー闘争は、ますます意識的に神に対する信仰へ向けられてきた。神への信仰は、一つの支配と一つの統一への信仰のもっとも極端な基本的な表われだからである」[155]。

政治神学は、一つの時代の形而上学的世界像と国家という形をとったその具体像との間の正確な対応を暗黙裡に前提している。すでに見てきたように、君主が神に、そして例外状態が奇跡に対応しているなら、法学と神学の間の原理的な構造上の類比関係を探るのは有望な研究領域であるように見える。シュミットは初期の著作以来、「こうした類比関係が有する基本的・体系的で方法的な重要性」[156]を強調している。「政治神学」という表現はしたがって宗教的諸概念が政治化されたという歴史的状況を意味するものである。シュミットの分析はつねに聖職的観念を世俗的思考に移し換えることを狙いとするものである。したがって『政治神学』という著書の題名が表題に再び登場する第三章は、「直接的」かつ「断定的」な調子で、「近代の国家学のすべての簡明的確な概念は、神学の概念を世俗化したものである」との言葉で始まる。国家は近代生活全体の世俗化の手段であることが示され、その全能は神の全能を受け継いでいるとされる。ホッブズにおいてすでに、有限なる神である国家は神の属性を教皇礼讃的な敵にも、清教徒的な敵にも引き渡すことはもはやない。そのように近代の主権概念はカルヴァンの神概念の世俗化されたものと解することができる。これに対応するのが、教会から世俗的なものへの法学者たちの脱出なのである。法学者たちはそこで宗教的精神の力の遺産を世俗において継承していたのである。カール・シュミットはそれゆえ世俗化という概念を歴史的にも体系的にも用いている。というのも、近代の世俗化の過程そのものが体系的な構造を示すことになるからである。つまり「神学的なものから形而上学的なものを経て道徳的－人間的なものや経済的なものへと至る[157]」構造である。

世俗化という概念は、神学的‐対‐政治的という二者択一思考に対する批判を内に含んでいる。政治神学は、すべての政治を不純なものとしてしか見ることのできない「純粋な」神学を論駁する。こうしてシュミットは具体的な歴史の宗教的‐世俗的混合状況を正当に評価しようとする。彼の思考は形而上学的なものの不可避性を暗に前提している。「しかしおそらく、人間が最後の絶対的審級とみなしているものでも移り変わることがあり、神は地上的、比岸的要素によって代用されることもありうる。私はこれを世俗化と名づけ、これをここで問題にする」[158]。

具体的な歴史状況にあってはつねに神学的なものと政治的なものが混ざり合っているとすれば、世俗化の定理は、現代の徴が歴史的認識の論理によってのみ規定されうるものであることを含意している。逆に「すべての歴史的認識は現代の認識であり、それが現代から光と強度を得て、もっとも深い意味で現代にのみ仕える」[159]ということも含意している。

第二次大戦の終わり頃にはカール・シュミットは「全ヨーロッパ的に解釈されたドノソ・コルテス」を描き出している。彼はその政治神学を現代と西暦紀元初頭のローマの内戦との間の偉大な類似性というコンテクストの中で開陳することになる。こうした類比は第一次大戦の終わり頃にシュペングラーの著書からポピュラーになっていたものである。もっともシュペングラーは、〔現代と西暦紀元初頭ローマの内戦の類似が〕一回限りの一致であったという彼の正しい認識を一般的な文化圏理論によって中和してしまっている。シュミットは、すでにブルーノ・バウアーがしたように、この類似性の認識を再び実存的に拘束力をもつものにしようとする。神学的‐政治的に読むと、現代と過去の歴史の偉大な類似性は「キリスト教の言う永劫は終わっているのか、いないのか[160]」という問いを現代に向けて突き付ける。フランス革命以来の、とりわけより意識的には一八四八年以来の、現代の歴史哲学的徴候を規定するあらゆる真摯な試みは、シュミットにとってこの問いに対する答えと理解されるものである。シュペングラーの『西洋の没落』をシュミットは一般的な文化没落感情の要約と捉えている。「世界大戦の恐怖が現実になるより前に、終末論的恐怖は多くの人たちを震撼させた[161]」のであった。

ここでもドノソ・コルテスの姿が再び具体的なパラダイムになる。コルテスは終末論的意識をもっていたが、また歴史の概念ももっていて、このために進歩の歴史哲学をキリスト教的歴史像によって粉砕することができたからである。ドノソ・コルテスはリベラリズムを受け入れ、それを「自らの中で」克服した――そのためにこそ彼は政治神学の英雄になる[162]。そして彼を通じてシュミットは自分のアンチ・リベラリズムに限定的否定という威厳を付与する。アンチ・リベラリズムは情緒であってはならない。そうではなくて、「再び一九一九年の時のように倒れ込むことなく、われわれの政治的実存をリベラリズムという偶像の犠牲にしない[163]」よう命じる決定的経験の成果でなければならない。

第一次大戦の経験から引き出された意識をシュミットは、無政府状態に抗する権威という言葉で表現する。このための歴史上の証人としてシュミットはドノソ・コルテスとホッブズを持ち出す。真理ではなく権威、議論ではなく独裁。こうした決断主義は紋章のように政治的ロマン主義との相違をはっきり際立たせている。こうした意味でシュミットは一九一九年の著書『政治的ロマン主義』で自国の現状に歴史哲学的診断を下していた。「現実の及ぼす力は日々に事実として実証されていたにもかかわらず、そうした現実は非合理的なものとして闇の中に紛れたままであった。存在論的な思考はもはやなされなくなった。ロマン主義的精神に影響されたこの世紀全体は、独特な雰囲気に包まれている。前提、成果、方法、体系的であったり感情的であったりと種々雑多であっても、オプティミズムとペシミズムの違いを超えて、そこからは個々人の不安が聞き取れる。欺かれているという感情が、聞き取れる。われわれは、われわれを弄ぶ力の中で途方に暮れている[164]」。

すべての形式的なものは欺瞞とされ、すべての公的なものは幻影とされ、すべての政治は隠蔽とされる。欺かれているというこうした不信感が基本感情になると、国家は成立しない。それゆえ近代は政治的なるものに抗して戦う。つまり近代は国家を規範と手続きという要素に縮元してしまう。「近代国家はマクス・ヴェーバーがそこに見ているものに、つまり大企業に、実際になってしまったように見える[165]」。シュミットはヴェーバーの社会学的規定をそのまま歴史哲学的に解釈して、近代の特色は企業であるとする。「この時代は自らを資本主義的、機械論的、相対論的な時代と名づけている。交通と技術と組織の時代なのである。実際〈企業〉はこの時代の特徴になっているように見える。それは何らかのみすぼらしい目的のために、あるいは無意味な目的のために、素晴らしい機能を発揮する手段としての企業、すべての点において目的よりも手段を優先させ、個々人を滅ぼしてしまう企業である。それなのに、個々人は自分が抹消されていることにまったく気づかず、理念などにではなく、せいぜいのところ幾つかの日常雑駁なことがらに拠り所を求め、ただただすべてが円滑に、無用な摩擦なしに進めばそれでいいとしている[166]」。カール・シュミットは一九一六年にすでに脱魔術化された世界をそのように描いている。社会主義はそうした世界から脱出する力と自己理解していたので、あの偉大な類似性という意味では、新しいキリスト教として登場することになる。「プロレタリアートの姿をとった民衆」は「自らを人類と同一視し、歴史の主人公を自認する真の革命的運動の担い手として[167]」、マルクス主義的なキリスト者なのである。シュミットはマルクス主義を、合理主義的な独裁制を歴史哲学的に根拠づけたものとして尊重する。歴史哲学的にということは、プロレタリアートの出現とブルジョワジーの没落をもたらすのが、歴史そのものだからである。マルクス主義が近代の歴史哲学のもっとも集約的な形式であることは、シュミットにとっては、マルクス主義が自らをディスクールの形で根拠づけた瞬間に、つまり一八四八年の意味を求める共産主義宣言にすでに示されているというわけである。「連続性の意識の中にこそ、共産主義的著述家たちの他の歴史編纂者たちに対する顕著な優位性が、それどころか独占権さえもがある。他の歴史編纂者たちは一八四八年の出来事についてさっぱり見当がつかず、その無能力さのゆえに現代の状況を提示する権利を失っているからである。ブルジョア的歴史家たちは当惑の極みにある(168)」。

ところで決定的なマルクス主義的転機はどこにあるのか。それは反ブルジョア的情緒の中にあるのではなく、また階級闘争の観点から作り上げられた歴史の物語の中にも、唯物史観の方法にあるのでもない。「共産党宣言において新しくまた魅惑的なものは、それらとは何か違ったものであった。つまり階級闘争を人類の歴史の唯一かつ最終的な戦いへと、ブルジョアジーとプロレタリアートの緊張という弁証法的クライマックスへと、体系的に集中したことである(169)」。ここで問題なのは、対立を恐ろしいまでに単純化して、これを絶対の危機的瞬間へ、両極端の転換をもたらす弁証法的危機へ集約したことである。共産党宣言は一八四八年の出来事に対してこのような〔絶対的危機のディスクールであるような〕関係にある。その本来的功績は、歴史の解釈によって支配要求を正当化したこと、暴力への権利を権利の他者として歴史哲学的に根拠づけたことにある。

カール・シュミットは共産党宣言をまったく新しいもの、つまり左翼から請求された正当性がディスクールの形で示された歴史の標識と解釈する。こうした「革命の正当性」に基づいて、やがてレーニンのような職業革命家は、合法性の中に、戦術上用いられる「闘争形式」しか見なくなるようになる。シュミットが言わんとするのは、「共産主義的な考えが法と国家にまったく捕われないこと」であり、これは政治的な「非合法性のロマン主義(170)」とは対照をなすものである――これはジョルジュ・ルカーチの一九二〇年七月の論文「合法性と非合法性」で指摘されているところである。カール・シュミットはルカーチに深い尊敬の念を表明し、この論文を「一九二〇年以来発表された法哲学および自然法についての膨大な量の論文のすべてよりはるかに重要でアクチュアルなものである。この論文が問題を正しく〈合法性と正当性〉という概念のもとに捉えているからである[171]」と言う。

ヴァルター・ベンヤミンのカール・シュミット宛の手紙

一九三〇年十二月九日、ヴァルター・ベンヤミンはカール・シュミット宛の手紙に「この書（『ドイツ悲劇の根源』）における十七世紀の主権論の叙述がどれほどあなたのお陰を蒙っているかは、あなたもすぐお気づきになることでしょう。それだけでなく、さらに申し添えさせていただきたいことは、私はあなたの後の御著述、とりわけ『独裁制』からも、あなたの国家哲学的研究方法によって私の芸術哲学上の研究方法の有効性を確証したということです」と書いている。この感謝の言葉は、両次大戦間の精神の戦い(combat spirituel) の混乱した前線の模様を稲妻のように照らし出しているのだが、これには説明が必要であろう。

Chr・シュテーディングは、ヨーロッパ文化の病いという表現を使って中立的で非政治的な唯美主義を言い表わした。それは内面化と新カント派的な機能主義化が合わさってできた晩期リベラリズムに特有の雰囲気なのである。傍観者たちや解説者たちや「生まれつきの批評家たち」のこうした文化に対立するのが、決断主義的なパトスをもつ反動的思考である。シュテーディングは晩期自由主義時代の典型的人間についてこう述べている。「このような人間は行動する代わりに交渉をし、必然的に演説と議論に専念する。

彼は生まれながらの〈講演者（Conférencier）〉であり、決して結論に達することのない会議の出席者である。政治的に見ると、彼は議会においてしか自分の本来的な可能性を展開できない[172]」。政治的な中立者は内面的で、自分の殻に閉じこもり、内輪だけにこだわる。こうしたヴェーバー言うところの〈神々の戦い〉は――ヴェーバー自身は陰鬱な傍観者としてその戦いのあり様を追っていただけなのだが――印象主義的な「言葉だけの映画」なのである。これに反して、帝国（das Reich）は政治的にはリベラルで中立的な文化の彼岸にある。それは並び立つ価値の神々の雑踏に終止符を打つ「アポロ的な光の世界」を約束するものである。「自由主義の信奉者はすべて帝国の敵[173]」なのである。こうしたコンテクストにおいて、今、マクス・ヴェーバーは政治的に無秩序な世界の偉大なメランコリー的思索家として現われる。彼は秩序という至福の世界である〈約束の地〉から放逐された者なのである。

　ベンヤミンがバロック悲劇論において描き出したアレゴリーの空疎化、つまりその空疎化によってアレゴリーがあらゆるものを意味しうる事態、これはシュミットとシュテーディングが攻撃した中立化のプロセスと正確に対応する。ベンヤミンも彼自身の叙述を、救済の至福に向けての「唯一の転回」に集中する。ここにはヴェーバーのいう神々の回帰が現われている。それは「神々の行動[174]」の逆説的前奏曲であって、本来はこの上なく神々から遠く離れているのである。周知のように、マクス・ヴェーバーは、客観的な力――今日流に言えば国家――に抗して個々人につねに権利を与えていて、職務や伝統が掲げる要求に抗して個人的業績を擁護していた。本来的な決断をするのは個人なのである。これを名づけてヴェーバーは、自己の魔神《デーモン》に従い、自己の運命を選ぶことと言う。内密性、「ピアニシモ」、これが最後の価値の私有化につけられた名前である。「すべての事実的なもの、合理的なもの、一般的なものにできるだけラディカルに対抗し」ながら、ヴェーバーは近代の資本主義世界から体系的に取り出したエロチックな領域を叙述する。[175] カール・シュミットはこの領域では国家と知性の同盟に反対する「非社会的な個人主義」の反乱が起こると予想しているが、それも当然のことである。

こうした背景を考えると、「右と左」の極端な思考の論争の方向のもつ意味が明らかになる。つまり、そこでは、すべてのリベラルな中間や調停が拒否され、議会は中立派の舞台として非難される。議会主義的妥協に対するベンヤミンの批判は、議会を設立した革命的な力やその立法権の尊厳にふさわしくない議決に向けられている。「法で定められた諸制度の中に暴力が潜在的に存在するという意識が揺らぐと、その諸制度は崩壊する。今の時代では議会がその一例である」[176]。極端な思考の論理からすれば、議会での議論は、多数決が主権を捉えることができないのと同様に、不可避的に形而上学的真理を捉えることもできない。「右派」から見れば、リベラルな議会主義は、それだけで無政府状態のあらゆる特徴を備えていて、これは独裁制に転化せねばならないことになる。「投票用紙は、ヴェーバーに代表されるこの政治的制度の最後の手段である。カルヴァンとその後継者たちにしてすでに困難な事態が起こったときには民衆の声(cri au peuple)を最後の手段と認めていたのは特徴的なことである」[177]。

事実、ヴェーバーは民主制の中に帝国主義の最上の前提を見、議会主義の中に指導者を選定するためのもっとも適した手段を見ている。だからこそカリスマは民主主義的独裁君主制の中で機能する。「民主制においては民衆が信頼できる指導者を選ぶ。選ばれたのちに選ばれた者はこう言うことになる、〈もう口を閉ざし、言うことを聞け!〉と。(……)民衆が裁くことができるのは後になってからである」[178]。しかしシュテーディングの場合、複製技術時代における知覚のあり方の変化を、たとえそれを完全に拒否しつつであっても、感知していることが窺えるきざしがあるのに対して、ヴェーバーは指導者の選定の技術的構造変化にまだ気づいてはいなかった。この構造変化は議会を聴衆と劇場に、統治者を映画俳優に、独裁者を花形俳優に喩えたベンヤミンの比喩によって電撃的に明確になるのである。というのも、ラジオや映画での声や映像に至る所で接しうることになって、政治家のタイプと能力が変化するからである。マクス・ヴェーバーがまだ褒め称えていた議会による指導者の選定とは違って、ここには大衆のメディアの新しい「装置の前での選定」が始まっている。これは政治的なるものの代表価値を抹殺するものであり、こうした競争においては独裁者が勝者となることは確定的である(179)。

マクス・ヴェーバーと言えば、魔術的な響きをもった運命として世界の脱魔術化を捉えた人物――弁証法的視点から見た場合、彼の官僚主義的組織についての理論はこう見えた。官僚制度はヴェーバーにあってはいわば自然史的カテゴリーである。諸制度の中で蛹化した支配を、彼は運命的なものと規定することによって批判から遠ざける。しかしヴェーバーが運命について語る場合でも、「司法と行政官僚の機構(180)」が権力者と被抑圧者の間に霧のように立ち込めてしまっている状況を透し見ることはなかった。独裁的主権と天空から舞い降りて来る運命とは補完概念なのである。「運命（……）は反宗教改革の復古神学の精神における自然史的カテゴリーとしてのみ意味をもっている(181)」からである。カール・シュミットの政治的なるものという概念も、運命の力としての資本主義というテーゼと激しい緊張関係にある。その際シュミットは、ヴェーバーのカリスマ理論の主要な証人であるルードルフ・ゾーム〔一八四一―一九一九、『教会法』（一八九二／九三）において古キリスト教団のカリスマ支配の型を指摘した法史学者〕を引合いに出して、現代の特徴を絶対的主権をもつ国家とリベラルな経済社会が相反し合う状態としたゾームの規定を強調している。

伝統的な正当性の危機に対する答えとしての独裁制が明確かつ残虐であるのに対して、同じ答えでもカリスマは間接的でアウラ的である。預言者的なカリスマの持ち主は伝統を否定する無条件的なるもの、絶対的なるものへ向かう傾向をもつ。彼は信仰を集める英雄的存在として日常との戦いの中に立っている。

ゾームによると、原始キリスト教の教会は法的制度ではなく、したがって政治的なるものではない。官職と精神、カリスマの持ち主と役人は両立しえない。カリスマ的天分によってその職に召命されるには、その能力が実証されていることが是非とも必要である。それゆえ会議で選ぶことは本質的には法的効果をもたない。禁欲から生まれる自主的なカリスマや言葉の力は、聖職叙階を受けていない聖霊《プネウマ》〔神と人間とを媒介する神から授けられた特殊な力〕のようなものであることが分かる。ということは、カリスマは恩寵の力の現われだということになる。つまり選び出されることが奇跡であり、例外的事態であって――運命とは厳しく対立する。[182] マクス・ヴェーバーはそこでカリスマの運命の進展に沿って歴史を分析し、カリスマ的支配にとっての典型的な敵を抽象化して取り出してくる。つまり官僚制度、伝統主義、教権政治がこれである。預言者の個人的なカリスマ、彼の魔力《デーモン》は、伝統に従って任命された司祭職の尊厳とは和解しがたく対立する。レーニンやルカーチも、カリスマ的指導者を物象化の化身である官僚制とは反対のタイプとして描いている。というのも、カリスマは権威に頼るのではなく、魅惑によって成り立っているからである。正統から分派した宗派の指導者のように、民主制のカエサルは、恍惚とさせる聖霊《プネウマ》的な力をもっている。彼は国家に敵対して政党の側に立ち、カトリック制度の秘儀集成（corpus mysticum）と聖職の真正カリスマ（charisma veritatis）に敵対して分立宗派の側に立っている。

　官職のカリスマ性を敵に回すマクス・ヴェーバー――ヴェーバーはシュテーディングやシュミットからはそう見られて、攻撃されている。つまり官職とその代表機関に対しては具体的な個人の特性は意味をもたないからである。制度は法律的合理主義の化身であり、司祭職はその制度の化身である。そこにはいかなるカリスマを証明するものもなく、絶対的決断を審査する資格もなく、不可謬性を疑う姿勢もない。カリスマの持ち主は違う。彼は革命的であり、伝統に捕われず、いかなる秩序とも和解しない。この分派主義的エトスの政治的指標をシュテーディングはこう規定している。「禁欲的宗派には聖霊的《プネウマ》性格があるゆえに、これらの宗派では確固とした官僚機構は如何なるものも、信仰に関する事柄においては忌み嫌われたが、それと同様に、ヴェーバーが追求するリベラルな民主主義も、政治の場において官僚政治の諸権限がカリスマ性を帯びた扇動政治家に有利になるようにできるだけ大幅に制限されることを望む。突出した権威というものはない。人は理性ないし自らの魔神《デーモン》に無条件に従わねばならない。ヴェーバーはなるほど主として実際的 - 政治的理由から国家官僚政治と戦いはする。彼の考えるところでは、ドイツの外交がうまくいっていない責任を取るべきなのは、この国家官僚政治なのである。しかしこの問題を扱う際に、彼はしばしば突然興奮して、ドイツの官僚政治の精神を意地悪く誹謗している。このことはさらに次のことを明らかにしている。つまりあらゆる権威に反抗しているのは、このラディカルな個人主義者ヴェーバーの個人的カリスマだということである(183)」。しかしこのように束縛から解き放たれたリベラリズムが、直接に独裁制へ逆転することがあり、ないしはこのリベラリズムに起因する無政府状態からいやが応でも独裁制に転じるはめにならざるをえないだろう、というのが、ヴェーバーに対する批判の弁証法的核心なのである。

マクス・ヴェーバーは、倦まずたゆまず直接的で個人的なカリスマと、技術的に厳密な官僚政治の即物性との矛盾をさまざまな形で提示している。制度に捕われた精神はカリスマの持ち主の絶対性の虜になる。ヴェーバーの理論のこの側面はマルクス主義からの批判にさらされてきた。ブルジョア的な理性が非合理的なカリスマを呼び出し、大きな機構のトップが怪しげで偶然的なものになるという理由からである。そして実際にヴェーバーの次のような発言もある。「行政にはすべて何らかの形で支配が必要である。というのも、行政に当たってはつねに誰かの手の中に何らかの指揮権が握られていなければならないからである[184]」。

両次大戦間の反動的思考が望んでいたのは、「内部から弱体化され、戦中とインフレ時の飢餓の時期によってすっかり消耗しているロカルノ体制下のドイツ人は、弁証法神学の意味で〈空洞〉そのものの人間になってしまった[185]」が、そのドイツ人が帝国の意志の担い手に政治の領域を明け渡すことである。ベンヤミンもこうしたリベラルな時代の精神を批判している。しかし彼の批判は、リベラルな議会主義的世界の中立的文化が隠蔽している「政治」の野蛮な潜在力に向けられているのである。ベンヤミンは無政府主義的な文化批判と反動的なそれとの容貌が似通っていることを見て取っている。それゆえ彼はファシズム的文化批判が主張している諸々の見解をそのファシズム的コンテキストから粉砕して取り出し、それが本来目指すところ、つまりファシズムに対して免疫性を与えようとする。「さまざまな価値の主張」が千篇一律に溢れている状態に対して、つまりヴェーバーの言う諸価値の多神論[186]に対して、ベンヤミンは「ある形式の理念の叙述がどうしても必要とするような、卓絶した態度の必然性」を強調する。彼の美学的分析は歴史哲学を目指したものである。

価値秩序に対するヴェーバーの戦いに欠けているものは、具体的な対立関係である。この対立関係に取り組んだのがベンヤミンとシュミットで、それもまったく反対の仕方によってである。ベンヤミンの闘争概念がまずは階級概念のプロレタリアート的即物性に規定されているのに対し、シュミットの場合には味方と敵という基本的緊張が、政治的なるものだけでなく、すべての本質的に精神的なものを実存的に特徴づけている。それは政治の図式を取った形而上学的世界像であって、カール・シュミットのこうした考えは初期のベンヤミンにも馴染のものであった。ベンヤミンは、一つの時代がその「最終状態」の「形而上学的構造」に向けて透明になっていく歴史の形而上学的状況を、歴史の構想の本来的対象として考察していた。[187] そこでは、経験が政治的なものかどうかを規定しているのは、経験の純正さである。経験が政治的なものとなるのは、経験が暴力に対する歴史哲学的批判を可能とするような歴史の構想の内実をなす場合であって、これに対して暴力の神格化を示しているのがカール・シュミットの政治的なるものの概念である。

この点でも、シュテーディングは残酷なまでの露骨さでシュミットが隠していることを語り出してしまっている。シュテーディングは政治的なるものの否定としての文化に対するシュミットの批判を側面援助するように、「諸々のものの口を封じ、すべてのものの意味を政治的なるものから与える[188]」ことを要求する。政治的なるもの、つまり服従させる暴力をもった国家と帝国《ライヒ》は、今や存在の本来的形式となり、歴史の特性と名乗ることになる――これは非政治的世界の中心概念としての文化とは対立するものである。つまりここで求められているのは〔平々凡々とした生とは逆の〕「危険な生」のあり方を規定する緊張度（Intensität）という概念である。

「あらゆる政治的なるものが有する根源性に対する反乱は、最終的には、神そのものに対する反乱を目指している[189]」。ここで言われているのは、「無形の」プロレタリア大衆である。大衆はその即物性において商業とか技術とか民主主義といった社会的な力を強め、司祭―兵士―政治家といった一連のタイプと袂を分かっているからである。大衆はそうすることで超越という理念、上からの権威を抹殺する。しかしあらゆる宗教的なものが個人的な事柄に収縮し、私的なものが宗教の地位を要求するようになると、権威主義的思考の基盤は失われる。カール・シュミットはそれゆえ倦むことなく法的に形成されたカトリック教会の公開性、つまりその壮大な可視性が世界秩序に対してもつ意味を確定しようとする。こうして彼の分析は、ベンヤミンのそれと同様に、再三バロックに向かう。というのも、十七世紀に政治的行動をした人たちは舞台に立っているという感情を抱いていて、この感情は全権能が具体的人物によって代表されている事例の究極のケースだからである。この代表という概念はシュミットのロマン主義批判の基盤でもある。ロマン主義には代表する力はないからである。そしてまたこの概念はシュミットの政治神学の限界をも示している。というのも、政治家が大衆メディアの装置の前に立つと同時に代表は死滅するからである。シュミットがそれでもなお行為の主体である個人の権威にしがみついているのに対して、ベンヤミンはすでに、専門知識が誰にでも検証可能となり、現実の刺激がテクノロジーによって末梢神経の隅々まで行き渡ることのできる技術時代に身を置いている。シュミットが味方と敵という概念で実存的に政治を考えているのに対して、ベンヤミンは「決定的な瞬間において」非人間性を必要とする実行力のある（operativ）思考に賭けようとする。[190]

極端な思考を推し進めるものたちにとって問題なのは、生き生きとした形式理念の叙述である。シュミットはマクス・ヴェーバー批判において法的形式の特性を繰り返し際立たさせている。形式のレベルで見ると、真の法は技術ときわめて対立するものであることが明らかに示されると言う。権力のカタルシスとしての法形式――これが政治的なるものに付与された反動的概念である。この政治的なるものの主体についてヘルマン・ヘーフェレ〔一八八五―一九三六、歴史・文学史家〕は次のように述べている。「この政治的なるものの所業は欲求という地獄から生まれたもので、欲望の抑制に満ち溢れている秩序という星の澄み切った輝きの中に高く聳えている」[191]。この秩序こそが国家である。そしてこの国家に対する立場において、カール・シュミットとヴァルター・ベンヤミンの間の違いがもっとも明瞭に現われる。まず最初に、正義の実現化を目指す介入を行なう超越的暴力として国家は、神が倫理に味方するように、法に味方する。しかし近代国家への歩みはすべて、法に関しては後退を続けていて――ついには警察とその無形の暴力との同一性を示すまでになる。というのも、警察は法秩序と実際の国家目的の間にある差異をすべて体現したものだからである。それゆえ警察制度の順法性を否定することが、したがってまたその批判可能性を否定することが、ベンヤミンの理論の歴史哲学においてはアルキメデスの点となっている。つまり警察形式を取った国家はもはや批判の対象ではなく、ただ否定されるしかないのである。

これは単に政治的実践の問題ではない。「決断する状況を認識できない」者は、また間違った考え方をする。したがってベンヤミンは「最後の審判の繰り延べ」を「客観的不誠実」と名づける。[192] これに反して、危機の瞬間は決断の時を決定するものである。これに対応するのが、つねに決戦を覚悟している態度であり——これは反革命的な態度にも通じるが——それればかりでなく、マルクス主義的でもある。というのも、唯物史観に立つ歴史家にとっては、ベンヤミンの「歴史哲学テーゼ」の第四テーゼによると、階級闘争が「つねに目前に」あるからである。現実的なるものの中に極端なものと例外状態を認める者は、最後の審判を信ずる見方をしているのである。そしてこの点ではベンヤミンはシュミットとの無条件的な合意を表明している。つまり、「一回限りの極端な事態」は経験的なものがこの上なく深く概念に浸透してくる場なのである。極端なことの中に歴史は——それを出来事として思い浮かべるのではなく——内実として読み取ることができるのである。[193]

マルクス主義の歴史家ベンヤミンが被抑圧者の伝統の中に読み取る歴史哲学的規範で測ると、例外状態は通常態として現われる。神秘的直観（グノーシス）をもって見れば、この世界における人間の平常態は、つまりその前進の歩みは、苦難の緊急状態である。しかし日常性（「このまま変わらずに続いて行くこと」）が例外状態であると見なす決断にあっては、プロレタリアートが主権を有することがはっきりする。これこそ破局幻想（「神話への力」）とゼネストが意味するものである。「階級闘争によって（……）

揺さぶられた国家は、その体質からして持続的例外状態にあり、国家の法はその最後の要素に至るまで例外法である(194)」。

ファシズムにおいては大衆の権利は完全に後退する――つまりそれは政治的な活動を美学化する大衆行事という形をとった表現の背後に隠れてしまう。日常の例外状態においては祭儀的なものが政治的なものの代用を務める。祭儀に転換した全面的な政治化は、法の外側にある権力の問題を暴露する。ベンヤミンはファシズムを目の前に見ながら、純粋に手段と化した政治の場の特徴を挙げる。というのも、あらゆる法秩序の彼方の真の例外状態にあっては、純粋な手段と化した政治そのものが弾劾されるだろうからである――しかも正義に対する裏切りとしてである。

ここでやっとベンヤミンとシュミットにとってのバロック的態度のアクチュアリティを根拠づけることができる。つまり瓦礫が「一つの奇跡が起きるという不断の期待の中に(195)」積み重なっているのである。その紋章となっているのは、「歴史哲学テーゼ」の第九テーゼに出てくる天使である。その天使の前には破局的な歴史が「瓦礫の山のように積み重なっている」。つねに期待されている奇跡とは、本当の例外状態のことである。救済するに値するものはすべて廃墟になっている――それは復活のアレゴリーとして移ろいやすい儚さという形で提示されている。地獄の幻影《ファンタスマゴリー》、つまり「あらゆる地上的なものを破壊し尽くして廃墟にするという陶酔的絶滅幻想(196)」は、救済へ急転する境界に通じている。こうしてベンヤミンは不法な直接的暴力である独裁制を、神的な、つまり法を廃棄する暴力という転換をもたらすもののアレゴリーとして解釈する。というのも、独裁制と恩寵は具体的な形をとった例外のもっとも極端な場合だからである。

こうなると、主権という概念を歴史的に規定することが、この二人の思想家カール・シュミットとヴァルター・ベンヤミンにとっては決定的に重要なものでなければならない。この二人にとってはすべての概念は、その歴史的な核心からのみ形而上学的尊厳を得るからである。これがベンヤミンの著書『ドイツ悲劇の根源』のもつ意味でもある。その際、主権の構造は歴史の構造から切り離しえない。「歴史の第一の代表者としての主権者は歴史の体現と見なすことができる」からである。バロックにおいて、歴史の経過が悲劇として描かれることによって、代表理念は最高潮に達している。そこでは歴史と演劇が収斂している。「主権者は歴史を代表する。彼は歴史的出来事を王笏のようにその手に握っている」からである。つまり彼は完全な安定化という独裁的理想を体現しているのである。しかも「例外状態における独裁権力の所持者」[197]としてである。主権者は連続性の独裁的保証人である。主権者は保守的な力として（katechontisch）破局を阻む（それは「〔破局の到来を〕先延ばしすることによる超越性の過度の誇張」である）。主権者の決断はそれゆえ、事実に即した内容規定を必要としない。それはそのままで保守的な力なのである。例外状態の理論はしたがって旧体制復活と破局というバロック的対立に相応するものである。

秩序を求める狂信的な意志の根底に破局があるということは、二十世紀にも反動的思想家に気づかれていないわけではなかった。「支配者という類型は政治的なるものの（……）作り出した出来損ないであり（……）没落の徴、秩序破壊の徴である」[198]ともいわれる。バロックの主権者は歴史だけではなく、混乱した秩序をも代表している。この二つの領域は重なり合っている。バロックの主権者は、被造物の住む哀れむべきこの世界の先頭に立って、自らをも破滅させる者なのである――歴史の名における壮大な苦悩と没落、そこでは彼は全能者と呼ばれるに値することを成就できない。「というのも、支配者が権力をこの上なく華々しく展開しているところで、彼の心の中に歴史の啓示が感知され、そしてそれと同時に歴史の転変を阻止する審級が認知されると、権力への陶酔感に酔いしれているこの支配者にとって弁明となるのは次の考え方しかないからである。つまり彼は、神から支配者に任命されたときのあの絶対的な位階制的尊厳にふさわしくなかったために、その犠牲となって哀れな人間の身分に落ちるというものである」[199]。決断能力の欠如は決断主義の裏面像である。

ベンヤミンは、バロックの悲劇が終末論を知らないこと、黙示録も、世界の終末の期待をも知らないことを強調する。そしてまたバロックの悲劇には、時代の意志を直接表現することができないばかりか、彼岸に到る直接の道も拒まれていることを強調する。というのも、恩寵を受けていない自然へとバロックが逃走するのは「天地創造のときの状態への逆戻り」[200]であることが分かるからである。こうして、主権者は神のごとき全能の力を使って「統治する神を機会原因論的（occasionalistisch）に捉えた像に従っていつも直接に国家装置に介入する」[201]のだが、彼のこうした神的な全能の世俗化は挫折せざるをえない。主権者は例外状態を排除して、旧制度を復活させる秩序を打ち立てるが、これは「歴史に反する新しい天地創造」[202]を目指すものである。これはベンヤミンのシュミット批判の神学的核心である。というのも「間違った」例外状態は新しい創造を行なおうとする不遜と関係しているのだが、「真の」例外状態は最後の審判と関わっているものだからである。

政治神学のこうした核心的規定は、現代の学問とは――そしてまさに実証主義法学とは――相入れない。というのも、政治神学は「超越（transcendens）」を暗黙裡に前提しているからである。「これに対して、学問は独自の仕方で、明確かつ一義的に事柄そのものに最初と最後の言葉を与えるところにその優れた点がある。問いと規定と理由づけのこうした即物性のゆえに、学問は存在者そのものに特有な形で限定されながら帰属することになる」[203]。裁判権が神学から遠く離れてしまったために、学問は技術の手中に落ちたのである。技術の物言わぬ即物性は議会主義の議論の裏面像である。それは、超越を見ることなく単なる肉体空間に住みついている「プロレタリアの無定形」の文化を奨励するものである。こうした状況とはっきりコントラストをなすのが、カトリック教会の明確な可視性を説くカール・シュミットの理論である。神を代理するカトリックの説教には、シュミット的な特徴が現われている。議会の論争の中で効力を発揮する預言者的演説に見られるヴェーバー言うところのカリスマと比べると、また裁きを下す言葉の中で頂点に達する卓越した(souverän)レトリックや攻撃的な権威を肯定的に捉えるベンヤミンの概念と比べると、それがはっきりする。ベンヤミンにおいては裁きを下す言葉と暴力なき合意が、法に基づいて判決を行なう言語のカタルシス的破壊の両極を形成している。彼の批判はあらゆる法規範の中にも権力が凝固して存在することを証明しようとするものである。法律を作るのが国家の権威であって真理ではない(auctoritas, non veritas)という限りにおいて、法が下す判決は刑罰ではなく、罪である。法律は正義ではなく、設定されたものである。そして何が罪であるかの決定を下すのは主権者である。罪をもとにして作り出された国家の組織は運命的なものである。ソレルが階級闘争を法のための闘争として構想するのもこのゆえである。現代の世界は被抑圧者のための法をもたず、法と呼ばれているものは暴力の仮面にすぎないからである。

法はその起源において「運命の力によって王位についた暴力(204)」以外の何ものでもない。シュミットは繰り返し、法と権力、法と事実が共約不可能であることを主張し、国家を法と現実の間に位置するというまさにその位置づけによって定義するが、これに対し、ベンヤミンはすべての法制度がもつ暴力の指標を規定する。法を措定する暴力の根源現象は、戦勝国が行なう国境設定に現われている。すべての法には〔法を措定するものの〕特権の発生源を示す印が押されている。それは権勢をもつものの特権である――それゆえそこには神話的な両義性がある。

ベンヤミンは政治的なるものがもつ、もはや後戻りできない権力構造を神学的に問題にする。カリスマ性をもつ組織を作り出すのは団体の暴力ではなく、神の暴力なのである。聖霊（pneumatikos）の言葉、つまり例外的事態のための預言者的「特別福音」は、「神の言葉の働きをし、したがって権威的である。集会をはるかに超えた超現世的暴力としてである。しかしまさにそれゆえに、法に基づく暴力としてではない」[205]。それゆえこの神の暴力は美と優美の女神カリスとして、法を抹殺する働きをもつ。つまり法の破壊と罪の抹殺である。ベンヤミンはこの破壊的な「破局的暴力」を空洞化した超越性の暴力として、絶対的主権者のあの保守的な「独裁権力」とはっきり対置している。世界政治としてのニヒリズムという彼の概念がそこから引き出す結論は、革命的暴力は、純粋で直接的で法を抹殺する神の暴力の顕現として、人間に可能な唯一の形であるというものである。つまり法を抹殺するために、ベンヤミンはシュミットの定義した例外的事態における規範の抹殺を歴史哲学的に先鋭化しているのである。[206]こうすることで彼は決断主義の呪縛圏を突破する。というのも、法の抹殺という理念は「決断を行なう態度」を可能とするための条件であり、それとともにまた暴力への批判でもあるからである。それゆえにベンヤミンにとってもまた、法の一時停止が主権の目印になる――しかし人間による独裁制としてではなく、神による法の抹殺として。革命的暴力は、神による法の抹殺による主権に関与している。「真の」例外状態はもはや決断の対象ではなく、「課せられた使命」である。それは引き起こされるべきものである。ゼネストの神話においては、その使命がわれわれの「目の前に」ある。「国家の暴力を打ち崩す」ことを望むプロレタリアのゼネストは純粋な手段であり、それゆえ暴力によらない手段である。つまりそれはあらゆる法秩序の彼岸での政府転覆の実行行為であり、無政府的で、法を措定する行為ではない。[207]

ソレルによると、感覚的な幸福の約束は社会主義的破壊の中にある。革命的政治がニヒリズムと規定されるのは、幸福のこの破壊的性格のゆえである。破壊の暴力のみが救済をもたらす。このことに対応するのがベンヤミンの政治という概念である。これは、神話的に暴力関係の虜になっている時代に終止符を打つカタルシス的破壊を要求するものである。

第三章　コペルニクス的に転換した歴史

ユダヤ教のメシアニズムは、その根源と本質において、破局の理論である。これはどんなに強調してもしすぎることはない。[1]
G・ショーレム

歴史の夢

第一次世界大戦後、資本主義の世俗性の中で、かつてカントに一つの著作を記させることになった啓蒙の状況が再び繰り返されることになる。「〔その著作の〕ラディカリズムが前提としていた経験とは、その固有の価値が零《ゼロ》にかぎりなく近く、それ自体の確実性によってしか意味（しかも貧弱な意味）を獲得しえなかったであろうような経験であった[2]」。ベンヤミンは、経験（Erfahrung）がゼロになる地点から出発しているわけだが、それは歴史哲学的にはカントに、またベンヤミン自身の個人史からすれば青年運動にさかのぼるものである。この青年運動のコンテクストで初期ベンヤミンは、俗物的で避けるべきとされる「経験」を「青年」の形而上学の名において批判している。歴史的経験の真の概念は、物象化された経験概念の解体を前提としている。ベンヤミンはこの青年運動から受けた最初の衝迫に弁証法的に「忠実であり続けた」。「なぜなら、私の攻撃はこの言葉（経験）を消滅させずにそれを突き破るものだったからである。私の攻撃は、事柄の中心へと進んでいった[3]」。

ベンヤミンの経験概念は、二つの歴史的なタイプに分極化している。一つはブルジョア的な「保護ケース入り人間」であり、もう一つは経験の貧困なプロレタリアである。この二つのうち後者の方が「政治的出来事における恒常的要素を認識する素質をより多く持っている[4]」。なぜなら貧困は、〈もっとも身近な近さ〉と〈最初から始めること〉という構成的な技術だからである。貧困は、世界の構築に関するもっとも古い経験の装飾を打ち砕く。新即物主義の煉獄でものをいうのは、「技術は節約であり、組織は貧困である[5]」という言葉である。第一次世界大戦以来の経験の動揺に太刀打ちしようとする者は、簡潔で冷静でなければならない。こうした態度の対極にあるのが、絶望し、経験を喪失し、「生への嫌悪に襲われた（……）主体[6]」が陥る感情移入である。感情移入は、硬直化した生に対してなされるもので、そうした生を幽霊のように蘇らせるのが歴史主義という名の「譫妄状態の、駆り立てるような諸表象[7]」である。

歴史主義的な感情移入という技術は、無為に時を過ごす人間の研究をブルジョア的学問へと高める。感情移入は体験（Erlebnis）をフェティッシュなものとし、労働を忘れさせ、体験の赤裸々な呈示を憂鬱という基本感情の中で洗練する。これに対して経験は連続性と労働と、労働の一時的停止としての余暇——労働の忘却としての無為ではない——を必要とする。そしてこの「労働は、まさにアウトサイダーにとってはせいぜい一つの体験にしかならないところで、経験というものを知っているという点に特徴がある[8]」。集団的な計画が、価値を貶められてしまった「手工業的な」経験にとって代わらないかぎり、体験が支配するのである。十九世紀には体験は冒険として現われたが、二十世紀には運命として現われる。なぜなら第一次世界大戦は体験が全面的となる死のショックを規範にまで高めてしまったからである。ここでは商品崇拝、ショックの受容、そして感情移入が、ベンヤミンにとって決定的なコンステレーションの中に入り込んでくる。彼は交換価値への感情移入を、運命としての戦争という全面的体験のためのトレーニングであると解釈している。感情移入は、内的生活を感覚的認知のショックと同じものにしてしまうのである。

商品としての歴史への感情移入は、歴史主義の特徴を示す印である。こうした背景のもとでボードレールは近代《モデルネ》の様相を解剖したのである。彼は「感情移入の名人」として歴史主義を徹底的に最後まで生き抜いた。「彼のみごとなところは、自らの自我を空っぽにして、人格のすべての重荷から自我を自由にし、その自我がどのような仮面をつけていようと心地良く感じるところまでいったことである」(9)。十九世紀のインテリア、博物館、そして万国博覧会では、歴史化の仮面があふれていた。その仮面の下で、ブルジョアジーは資本主義の深い眠りの中で夢を見続けていたのである。ブルジョアジーの抱いていた「過去の渇望(10)」こそが、ベンヤミンの『パサージュ論』の中心となっている対象である。パサージュ論は歴史主義を覚醒へともたらし、それによって歴史主義を克服することを意図している。先に述べたあの歴史の仮面を革命的に使用するという意味で、「麻酔性をもつ歴史主義、その仮面中毒の中で、(……)真の歴史的存在の印(11)」が認識されるはずであると言う。

十九世紀との伝統的な媒介はもはや存在しない。それゆえにこそ、この十九世紀のうちに「ゆがめられた歴史的な伝統の力」がシュルレアリスム的に呼び起こされねばならない。われわれと類似しているものは何なのかという問いを掲げながら、ベンヤミンは十九世紀との触覚的な関係を探し求める。そうすることは「騒音を引き起こす」のだが、その騒音は「われわれの夢の中に介入してくるものであり、われわれはそれを覚醒状態において解読する(12)」のである。この夢を解読することは、それを歴史的に照らし出してみるということである。歴史的な経験は夢を必要とする。なぜなら、過去のものにいまなお徹底的に入り込みうるのは、夢のエネルギーのみだからである。そして夢は、それが自然形態という形をとることによって歴史への関与の仕方を歪めているかぎり、歴史的な解釈を必要とする。夢を自然なものとして構想したフロイトとは逆に、ベンヤミンは夢を集団的な記憶の形態であると理解している。その形態は、ちょうど「生きられた瞬間という暗室」[13]で記憶が展開させたような、自己自身との遭遇のイメージを与えるものである。

集団的な無意識は、根源的歴史の経験の貯蔵庫として理解されている。ベンヤミンが行なった十九世紀の考古学に特徴的なのは、パリのパサージュの迷路への下降が、完全に無意識に没入した経験の梯子に沿った下降であるということである。その梯子は、自然史の基本的要素にまで達しており、それらの基本的要素が、歴史的経験に権威を与えているのである。それゆえにベンヤミンの記述は、歴史家のするような説明的で連鎖的な記述ではなく、時代記録者《クロニスト》のするような物語る記述に似ている。ベンヤミンは世界の歴史を因果論的に証明するのではなく、細部を分解し、その細部を被造物が織りなす世界の進行に組み込むのである。

ベンヤミンによる根源史の考古学は、こうした手法を十九世紀の歴史的な夢の形象《イメージ》に応用している。その夢の形象は自然史的な要素と新しい要素との相互浸透の中で形成される。ちょうど時代記録《クロニック》のように、こうした夢の形象には時間のパースペクティヴが欠如している。夢のイメージはそこに現われるさまざまな姿を自然な時間・空間へと移し入れるのである。夢という金色の下地に引き立てられて、新しいもののイメージは、メシア的時間に関係づけられるようになる。「それゆえに、中世の時代記録者にとっては、その時代の諸特性は神々しい時代と隣り合っている。しかしその時代は作用するのを突然中断してしまうこともありうるのだ。神の国は、破局としてその時代に急に訪れる[14]」。ここには救済の歴史が基盤にある。それと同様に、物語の場合には自然史が、夢の場合には根源史が基盤にある。

ベンヤミンの歴史観は、没落という当時の夢と競り合うものである。O・シュペングラーは、彼自身の歴史観と時代予測を、ゲーテのヴァルミーの格言とちょうど対立関係にある理念型と見ていた。「歴史の大いなる行為について、それが遂行された瞬間においてもっとも深く判断すること[15]」と彼は述べている。彼の著書『西洋の没落』は、第一次世界大戦とこうした関係にあるものである。

シュペングラーの自伝的なメモには、夢遊病的で不安な夢に脅え、大きな戦争の白昼夢に逃げ場を求めた子供時代のことが記されている。こうしたことが歴史家としてのシュペングラーに、大いなる世界史的出来事に対する負い目を常に負わせることになった。それゆえに彼は自分自身を『この人を見よ』のような姿勢で表現している。それは、神の死の後に自分自身を理解しようとする悲劇に苦しんでいる姿勢である。「神が与えた終わることなき罰とは、すべての文化を、その中にいることなく、さまよい歩くことである[16]」。シュペングラーは自分自身を、死後の存在であると理解していた。彼の歴史像は、自分が最後であり、遅すぎた人間であるという意識に特徴づけられている。意味というものをどのように推測しようと、それは歴史家の巨大な記憶を羅列することにしかならない。足場を見つけることができるとすれば、それは外面的に、つまりユダにそっくりなイメージに自己を様式化することにしかない。「懐疑する人間の恐ろしい姿――私自身――そうした人間は他のすべての人間よりも深く、何千年も見渡し、すべてを予見する。ちょうど私のように。他の人間たちはそうした人間を憎む[17]」。

夢のみが、すでに子供時代のシュペングラーを救済したように、歴史家としての彼を記憶と預言という悪夢の重圧から救済する。より詳しく言えば、シュペングラーは覚醒する夢を見るのである。これはユーゲント・シュティールの特徴である。ニヒリズム的な覚醒にとって、文化は夢にすぎない。その夢の中で文明は、自らが野蛮な基盤に立っていることを自らに対して欺くのである。しかしシュペングラーにとっての覚醒である『西洋の没落』は、ただ夢見ているだけである。シニシズムに至るまでの彼の冷徹な即物主義は、意識の装甲車となって、没落の夢をとり囲む。

しかし、貨幣と精神とからなるブルジョア的な冷たい世界である「石の家[18]」、つまり大都会では、もはやよい夢を見ることはできない。その世界のどぎつい覚醒状態は、意識にすっかり浸透してしまっているからである。「覚醒していない存在」は大都市の道路の敷石の下で窒息している。シュペングラーは世界都市という精神形態の魔力に、彼のもっとも情熱的な面を捧げた。「この石の塊は、絶対的な都市である。都市のイメージが、その壮大なる美しさをともなって人間の眼の光の世界に姿を現わすありさまには、最終的に〈出来上ったもの〉の崇高な死の象徴が含まれている[19]」。シュペングラーは世界都市を、完成されたニヒリズムが呈示される場として見ている。それは暴君的な覚醒状態と、抽象的な精神形態とが勝利した場なのである。それゆえに「覚醒状態からの救済[20]」、すなわち夢へと救済されるという望みのみが、書くという行為へと永遠のユダヤ人アハスヴェールのように駆り立てるのである。没落の夢は、どぎつい覚醒状態の世界の夢をシュペングラーに見させるのであるが、その場合にシュペングラーは覚醒する必要がない。知性、メカニズム、構築、文明、シーザー主義、こうしたものは「消えた魂のデスマスク[21]」である。しかし、コンクリートの砂漠に住み着いている非存在的（meontisch）な群集は、シュペングラーに恐怖を感じさせる。それはプロレタリアの群集であり、「歴史の喪失へと向かう歴史の表現である。群集は、終焉であり、徹底した無である[22]」。終焉であり、無であるというのは、つまり市民階級の世界にとってのことである。シュペングラーの著作全体は、現在の危機と古典古代末期との類比に基づいている。この二つの文化の間での危機的状況――そこでは人間は二つの時代を注視することになる――は、歴史の特権的な認識の瞬間である。

ベンヤミンがナチスの脅威から逃れパリを去ってから一年もたたないうちに、「洗練された野蛮人」がパリという舞台に登場した。その人エルンスト・ユンガーは、シュペングラーが自分のそうした姿を夢にしか見ることのできなかった戦士そのものである。しかし壊滅戦の行なわれた地域のただなかにおけるユンガーの経験もまた、夢のようなものであり続けた。夢は、超越的統覚を無効にし、主体を叡知的な領域ともども催眠術的交感状態へともたらす。「それゆえに人間はわれわれの夢の中にその歴史的な姿で現われるばかりでなく、同時にまた歴史のさまざまな可能性とともに現われてくる」[23]。夢の中では、事物は精密な形とこまやかな彩を得る。シュペングラーと同様に、ユンガーは彼の時代を、決して中断することのない意識の世界、けばけばしい覚醒の世界であると特徴づけている。そうした意識が永遠に緊張し続ける中で「幸福への意志と、未だ拓かれていないものへの意志」は萎えてしまっているという。「いったい世界精神は今日、夢見る者、まどろむ者をどこにしまい込んでいるのだろうか」[24]。この問いは、決してロマン主義的なものではない。歴史が自己回転を始めるときには、現に存在する事物と虚構との区別は不確かなものになる。だからこそ、ロマン主義的な夢の逆転も可能となるのである。夢を見る者が――ロマン主義のように――イメージのなかに入り込むのではなく、逆にイメージの方が夢を見る者へと入り込んでその人を高揚させる。その結果として、夢を見る者は、夢のイメージから力を得て現実へと入っていくのである。アウラ的な夢の知覚を、「新たなる明瞭な視覚」として現実のなかで維持することは、「まだ痛みをともなう」[25]。この痛みこそが、ロマン主義を逆転させるのである。ユンガーは科学の操縦席に座っている夢のパイロットである。彼は、フロイトの夢解釈を凌駕したのだと信じ込んでいる。というのも、彼はイメージの持つ神秘的な優越性に、現実の中でさえ身を任せる術を心得ているからである。夢を見る者は、神と等しい。彼は世界の全能の支配者であり、現実とは別の舞台の統治者である。もし夢のパイロットが現実に突き当たって砕けても、彼は目覚めて夢とは別の世界へ行くのではなく、もっと深く夢に沈み込む。壊滅戦の行なわれている地域のただなかで、不死性にまで沈み込むのである。なぜならユンガーの場合に、破局の予感や、一九一八年に彼の夢の中心を占めていた炎に包まれた世界というイメージ――それは第二次世界大戦で現実となるのだが――こうした情景を支配しているのは、夢だからである。全体として、ユンガーの第一次世界大戦の経験は、第二次世界大戦の夢のなかに取り込まれている。彼は一九三九年に、かつての塹壕戦の中での夢をもとに「無の仮面舞踏会」を記しているが、それは死に絶えた世界のかつての快楽に満ちた幻像を集約したものなのである。徹底的に爆撃された都市は、ユンガーの眼には自らの内面の写し絵となって広がっていたのである。

壊滅を望む夢は、市民的な倦怠と思慮分別をわきまえた生活の不毛性からの救済を戦争のただ中で待ち望むものである。「私がひそかに自負を持っているのは、戦闘の数学の背後に、すばらしく華やかな夢を嗅ぎつけたことである。光が生にとってあまりにも退屈になったときに、生はその夢の中へ落ち込んでいった(26)」。消滅の危険に脅かされている魂は、そのように戦争の夢の中へ落ち込んでいく。生命性を失ってしまった生の没落のみが、別の方向への変化を約束しているように思えるからである。壊滅戦の行なわれている地域の炎の中で、即物的な観察は悪夢の中にある意識によって冷却されて氷のように冷たくなる。ここではただ夢見られるのみである。ここからユンガーは、戦慄の美学を展開する。「あらゆる壊滅の戦慄から、ただ金色の薄明だけが大理石の断崖へと立ち昇っていく。そしてはるかな世界が、没落の美の中で燃え上がって目を楽しませる(27)」。

ユンガーの美学が次第に深く歴史の夢に入り込むのに対して、ベンヤミンの歴史観は、夢から覚醒しようとするものである。歴史的経験の可能性の条件についての問いが立てられるのは、歴史が経験の入り込む隙のないように自らを閉じるときである。近代《モデルネ》の時代がまさにそうである。歴史の主体とは何か、問題を抱えた主体の経験の舞台とは何か？　「プロレタリアが大都市でする経験は、非常に特殊な経験である。多くの点で似たような経験を大都市でするのが、亡命者である」[28]。亡命者とは、パリのヴァルター・ベンヤミンその人である。

プロレタリアが排除された者、権利を剝奪された者の集団として自らを経験する場合、彼らは自分の国において亡命者の原形のように生きているのである。大都市は、階級闘争の舞台と化す。亡命者としての知識人は、共通に「被っている不正のなかに正義を探す」[29]という使命を担っている。非人間的な生産関係の中では、人道主義はプロレタリアにとって助けにはならない。むしろ助けになるとすれば、非人間のアナーキーである。もしそうであるならば、近代の歴史的経験は、個人にとってはもはや存在するものではなく、非人間たちの人間的集団にとってのみ存在するのである。

機械の時代は、人間の知恵や訓練を無効にしてしまった。機械が労働者を調教するようになって以来、経験をもたらすような訓練は生産の領域から破壊の領域へと、つまり戦争とパルチザン闘争へと場を移した。こうした経験の消失を補完するのが、記録を蓄積し、これを登録する国家行政である。記録（痕跡）の時代はアウラを抹消する。人間はいったん登録されたら、群集の中に消失してしまってもいい存在となる。

商品生産は、人間に機械を模倣させるが、そうした模倣は、商品生産に不死性という特性を与えるように見える。「われわれの世代の経験は、資本主義が決して自然には死なないということである」[30]。しかしもし資本主義が、その内在的な矛盾によって没落する運命にあるならば、ベンヤミンの言う「われわれの時代の」経験は、資本主義の不死性という仮象を破壊することになる。なぜならその経験は、終焉――それは没落ではありえても、決して目指すべき目的ではない――という理念を、批判の条件として、つまり具体的な歴史哲学の条件として、打ち立てるからである。ベンヤミンが期待するのは、十九世紀にその野蛮な裏面を暴き出された人道主義の文化からの救済ではない。そうではなく、人食い人種たちの、罪を知らぬ無邪気さからの救済であり、彼らの破壊的な実践が、歴史の瓦礫の野原を開墾するのである。

人食い人種たちは、ヨーロッパを荒廃させている「観念論の暴風による高潮(31)」に対して、唯物論で防波堤を築く役割を負っている。現在の状況の中でありもしない純粋さを美化しつつ呼び起こすのではなく、現状は革命的に浄化されるべきだ、とベンヤミンは言う。歴史家にとっても、プロレタリアにとっても、歴史という屋外で実験することが重要なのである。「決断にあたって、世界と弁証法的な平和を取り結んだ者だけが、具体的なものを把握することができる。しかし〈事実を手掛かりとして〉決断しようとする者には、事実は手を差しのべてはこない(32)」。

第一次世界大戦は、ベンヤミンの実践的共産主義の始まる時期であり、また『パサージュ論』の基盤をなすプロセス、つまり十九世紀における技術の不幸な受容のプロセスが終わる時期である。発達した技術は、資本主義の生産関係に束縛され、道徳的に曖昧なまま、人間に対して破壊的に立ち現われてくる。第一次世界大戦においてはじめて、技術は正当性を見出す。ここでは人間が自然との関係を技術の力によって支配したのではなく、技術が自然を支配しようとした人間を致命的に支配したのである。第一次世界大戦は、『パサージュ論』を完全に先取りしたものである。それは、十九世紀の技術の夢からの恐ろしい覚醒であった。

エルンスト・ユンガーは、市民社会の秩序がそれ自身のうちに宿している夢を最後まで見続けた。技術は、人間の夢におんぶした形で解き放たれる。人間が夢を見ることが少なくなれば、それだけ人間の感覚は一層技術的なものになる。ユンガーによれば、夢を見る者だけが、ますます夢のように現実化していく技術を思いのままに使いこなすことができる。そうであるとすれば、世界の脱魔術化とは、技術が人間から夢を奪い去った事態のことである。こうした事態に鑑みてみると、ユンガーの魔術的リアリズムは、技術を夢という光に照らし出すことによって再び神話化する試みである。そして世界大戦が、その舞台となる。

「労働者《アルバイター》」という徴のもとで行なわれる地球規模の総動員という構想は、政治のファシズム的な美学化の一つであり、政治は労働者という形姿に与えられた「祭祀的な意味」[33]を中心にして組織化される。とはいえ、市民的な個人の崩壊に関する診断については、ユンガーとベンヤミンの間には決定的な一致点がある。二人に共通なのは、解体と構築の弁証法の思考様式である。世界大戦は、集団的没落の中で技術をそれまでの束縛から陶酔的に解放することになった。技術は、人間の道具とはならず、したがって人間の「幸福への鍵[34]」ともならなかったのである。ベンヤミンの人間学的唯物論は、技術の陶酔に対して陶酔の技術を対置させ、ユンガーの総動員と「有機的構造」に対しては、それぞれ生産力の解放と人間の器官としての技術を対置させている。

失敗に終わったのは技術の受容だけにはとどまらない。その結果である敗戦についての考察も同様である。ベンヤミンは、歴史的な経験を喪失した時代における歴史的経験の可能性の条件を問いただす。我々にとってつい最近の出来事が、火山の灰の下に埋もれたヘルクラネウムよりも埋もれて隠れてしまっていること（バルベ・ドールヴィリー〔一八〇八—一八八九、フランスの怪奇幻想作家、評論家〕）、つい最近の出来事がちょうど天災によって壊されたように壊滅された状態で現われること（アドルノ）、これらは、「倦むことなく〈古代〉を作り出す」憂鬱という時間経験に対応している。「憂鬱にとっては、埋もれたものは歴史的意識の〈超越論的主体〉である[35]」。

近代においては伝統的な媒介が欠如しているので、どのような現在も、そのすぐ前に起きたこととラディカルに断絶した関係にある。ちょっと前のことは、現在に対して、ちょうど夢と覚醒との関係にある。ベンヤミンの弁証法は、この覚醒に対応している。「直前に起きたことと現在とが容赦なく対立し合うということは、歴史的に新しいことである[36]」。トーマス・マンの『魔の山』は、こうした経験に対してまだ「もっとも深い過去の時間形態」によって応えたものである。ベンヤミンの答えは積極的であり、反叙事詩的である。『パサージュ論』は、「十九世紀の価値の読み換え[37]」を行なおうとするものである。

唯物論的歴史家ベンヤミンは、精神は時間の中では自分自身がそうであると考えるものに他ならないというヘーゲルの洞察から帰結を導き、支配的な概念はそれがある特定の史料編集上のカレイドスコープの鏡として機能するがゆえに破壊されねばならないと言う。「カレイドスコープを回すたびに、今まで形をなしていたすべてがその鏡へ向かって崩れ落ち、新しい秩序をなす[38]」のである。現状では崩壊が恒常的であり、没落が合理的であり、例外状態が通常態である。支配者たちの概念は、秩序の仮象を作り出すが、そうした支配の恒常性は仮象なのである。それゆえにベンヤミンが炯眼にもポスト・イストワールの兆候として認めたカレイドスコープの静止態のただ中にこそ、歴史への真の関心が存在している。

カール・シュミットが例外状態の中に、世俗化した形をとった奇跡を認めたのに対して、ベンヤミンが史的唯物論主義者に要求したのは、真の例外状態の奇跡を、恒常的危機という誤った例外状態から救済しつつ、その奇跡を「実際に引き起こすこと」だった。しかも、「もっとも緊張して十全の注意を向けるという状態[39]」によってその奇跡を引き起こすことだった。ファシズムと向き合いながら、ベンヤミンは夢のエネルギーを蓄えた市民階級の崩壊のプロセスの諸要素を取り出していく。

規範概念によって表現されている法理論に対するカール・シュミットの批判は、例外状態をめぐるものである。例外状態の中で決断を下すということは、無制限の主権を有するということである。なぜなら、いかなる規範も「絶対的な例外」を法典化することはできず、したがってまたある状態が例外であることを根拠をもって決定することはできないからである。法を無効にする力と法を制定する力とは、例外状態か通常状態かを決める同一の決断の二つの側面である。「例外とは、包摂が不可能な事柄である[40]」。ベンヤミンは、真の例外にふさわしい状態を、合法性はないが法を設定する権威が産み出したものであるというだけでなく、「すべての法秩序と、したがってまた暴力の彼岸にある[41]」暴力なき取り決めの領域であると表現している。この領域は「歴史の概念について」の第八テーゼでは、「本当の例外状態」と言われている。

法における例外に対応するのは、神学における奇跡と、歴史における断絶である。この三つのインデックスから史的唯物論者ベンヤミンは、「抑圧された者たちの伝統」を作り上げている。この伝統こそが、ベンヤミンに「われわれが」とか「われわれを」という言い方をさせているのである。ベンヤミンはここで、革命的な集団的主体をファシズムの「敵」とは区別している。この敵は、ファシズムと出会うということは、歴史の通常態という次元で考えれば、ファシズムはその敵（社会民主主義）と一致しているということを意味している。ファシズムは歴史的には通常態であるから、ファシズムに対して「歴史的な規範」を持ち出して戦うことはできないというわけである[42]。

例外状態は空疎な時間の経過を止める。なぜなら、空疎で均一な物理的時間には、本当の意味の現在というもの、行為の瞬間というものが存在しないからである。時間測定器が測る時間の中では、人間はいつも来るのが遅すぎる。革命家たちが時間を止めようとして塔の時計目掛けて撃つ銃撃のもつ象徴的な力は、こうした観点から推し量ることができる。彼らは、時間に通じるスイッチの穴を撃ったのである。その穴からは、それまで止められていたカオスがちょうどカーニヴァルのように吹き出してくることになる。カーニヴァルの歴史的な心理学については、ベンヤミンの友人であるF・Chr・ラングが著している。

カーニヴァルが先に述べた真の例外状態ではないことは、カーニヴァルが理性的なシステムの中で占めている場によって、つまりその機能の仕方から明らかである。「カーニヴァルは時間の切り替えを覆い隠す[43]」のである。カーニヴァルにおける逸脱は、穴だらけになったカレンダーを継続させる。しかしカーニヴァルが示す契機には、カレンダー的な継続性を法なき者による法の制定によって保証する力の星座学には解消しきれないものがある。どのような形で歪められていようと、カーニヴァルには秩序が恐れる陶酔への意志が現われている。「神秘的宗教のディオニュソスのオルギアは、時間の切り替えの時に、それまで止められていたカオスを蘇らせる[44]」。

ベンヤミンはこの忘我状態《エクスターゼ》を、主体の例外状態と解釈している。なぜならエクスターゼは主体を「主観的なものの神学的な精髄[45]」に近づけるからである。「このような意味で、誇示され、あからさまに吐露された主観性は、それが神の行為そのものを予告するものであるがゆえに、奇跡を形式的に保証するものとなる」。――「エクスターゼは（……）冷静な者の中で世俗化を行なう[46]」という表現は、主体の経験における本当の例外状態を保証するものである。近代の日常性における恒常的ショックは、それと非弁証法的に対立する麻酔剤による陶酔と同様に、ショック体験が規範になってしまってからは、秩序の中の危機の要素ではほとんどありえない。それゆえにほんとうの例外状態は、弁証法的に規定されねばならないのである。つまり、戦慄が通常態である、と。

　こうした考えが、ベンヤミンの『パサージュ論』における歴史の概念を規定している。ここでは、いかにして神話的な意識状態が、歴史的経験によって破砕されうるかという問いに答えが与えられることになる。その場合に、経験というものは歴史的な経験としては直接的には得ることができない。なぜなら、第二帝政期に歴史として現われたものは、ポスト・イストワールだからである。それは「出来事のない歴史（……）常なる繰り返し」（マルクス）なのである。それゆえにベンヤミンは、こうした倦怠の裏側、すなわち集団の夢を研究するのである。夢の中でこそ、集団はすでに死に絶えたもののエネルギーを受け取るからである。ここから歴史的経験の構成原理が生じてくる。ベンヤミンは「屑や没落したものとして現われるものを、前兆として、後に来たる大きな総合の蜃気楼のようなもの[47]」として捉える。それゆえに彼は、歴史の屑から歴史を作ることというゴンクールの要請を真面目に受け取るのである。歴史の屑から作り出される彼の構築物は、真に文献学的な「無意味なものへの敬虔な思い」を、子供の遊びに見られるように屑の素材をまったく新しい関係にもたらしたり、シュルレアリスムにおけるように古びたものをニヒリズム的に逆転させたりといったことと結びつける。

　この点では、ベンヤミンの思考は日常性に関する当時の分析と重なり合うことになる。たとえば、ハイデガーによる「ひと《ダス・マン》」の分析は、自明のことを忘却からなる織物であると規定した。その中に現存在が捕え込まれている網である。自明なものの中で、有限な存在は自らを欺いてその可能性を奪ってしまう。それゆえにハイデガーは、ありきたりのものの満足しきった安静状態が、転落であり、渦であり、衰退であることを示したのである。「現存在は、おのれ自身からおのれ自身の中へ、つまり非本来的な日常性の無基底性と虚無性へと転落する[48]」。しかし日常が、自らに対して隠蔽された転落であるなら、日常性の中で忘却されたものへの問いは、このパースペクティヴからは「ずれた」ものとしてしか現われることはできない。事物の別の側面は、思考によるずらしの中でのみ見えてくるのである。したがってハイデガーの分析が目指すものは、「ひと《ダス・マン》のありきたりさから抜け出ること」(49)である。

自我の秩序機能である意図と批判は、忘却というあのテクストで織物を織る。だからこそ、精神分析の関心は、批判から落ちこぼれた、価値も意図もない屑に向けられるのである。徹底的に有限な存在とは何かということは、認識の対象としてではなく、小さな出来事の中で示される。それらの出来事の類縁性は、ver-という前綴りが持っている〈はかなさ〉と〈意味の乏しさ〉というインデックスによって示される。精神分析においても、夢は日常性をありきたりではないものにするような、新たな注目の仕方を学ぶ場である。夢は、日常的でどうでもよいことに独特な偏愛を示す記憶のような働きをする。それゆえに精神分析は「無関心のレベル」(50)に位置し、無害であるという仮象を日常性から奪う。しかしきわめて目立たない刺激も――フロイトが言うように――抜け目ないものであるなら、価値をまったく認められていないごく小さなものからなる世界も無限の意味をもつようになる。分析的な経験が〈別の舞台〉で根源にまで突き進むことによって、「すべての自明なものの疑わしさ」(51)が顕になってくる。

ベンヤミンがプルーストの失われた時の探求から学んだのは、壊されることのない熱望が、すべての現実のうちでももっともはかなく移ろいやすいものにつきまとっていることである。そしてこの点にベンヤミンはプルーストの隠喩法の法則を読み取ったのである。それは、「使い古されたありきたりの諸関係の集合体全体を、より深い表現のためにいわば流動化し、この上なく弛緩した知覚の中に、その知覚を形象的な表現に引き寄せることによって、すばらしく戦闘的な簡潔な表現をもたらす」(52)ものである。このようにして、プルーストは日常的なものの中に存在する破壊不能なものを呈示しているのである。日常性を唯物論的にありきたりではないものにするための手引きとなっているのは、「現象界の屑」（フロイト）である。周縁に追いやられたもの、文明から排除されたもの、歴史的に有罪判決を下されたものが、今や本質的なもの――すなわち同一性という鎧を打ち破る特殊なもの――の隠れ家として現われる。ベンヤミンの求める史的唯物論者は、歴史の法則にではなく、陳腐さというレトルトから生じる革命に期待を託す。陳腐さは、神話的な仮面であり、その下では終末状態の諸要素がほとんど目につかない形で現在の中に現われている。

ベンヤミンの歴史概念は、二〇年代における精神的内乱状態の中で形成された。その中で、ハイデガーとシュルレアリスムとは、「新しい歴史思考」が置かれている分岐点にあり、そこから前者は実存主義的・保守的な方向へ、後者はニヒリズム的・革命的な方向へと分かれていく。新しい歴史思考の原理とは、「より高い具体性、衰退の時代の救済、時代区分の修正[53]」である。衰退の時代という一般史の概念の基盤を崩したのは、ヴェルフリンとリーグルであった。リーグルの限界状況の歴史学は、近代の批判が衰退のみを見たところにこそ技術的進歩を認め、「もし末期ローマの芸術の非古典的な傾向が近代芸術への道を拓くことがなかったならば、近代芸術のさまざまな長所は決してありえなかったであろう[54]」ことを示している。限界状況の歴史学は、必然性という概念を歴史的な経過に沿ってではなく、歴史が滞り、照応が可能となる極端な事例によって作り上げている。「人間を真に具体的に記述することは、われわれの記憶を人間の記憶の中に現わし出すことではないだろうか[55]」とベンヤミンは述べている。認識する現在が作品の作られた時代に現われることによって、その作品は「小宇宙[56]」となる。その小宇宙には伝承された生が書き込まれているのである。作品は、後の時代を生きる（nachleben）ゆえに、歴史的に理解可能となるのである。作品が後の時代を生きることと、理解されることとは、ベンヤミンにとっては同一のことなのである。

『パサージュ論』は、十九世紀の原史を記述するだけでなく、その原史の中に「われわれの世代にとって決定的な歴史的関心(57)」を記すのだという自負を掲げている。その関心は、共産主義の観点から表明されたものであり、理論よりは姿勢を要求するものである。ベンヤミンは、救済というものが目的論的に歴史の目的としてではなく、宗教的に歴史の終焉として現われる歴史意識の、一般には見離されてしまった〈今の時〉のありかを探し求めている。共産主義へのベンヤミンの転向は、彼の研究の思考様式の方向転換を表現している。彼は自分の理論の「緊急で政治的な契機」を「試みとして、極端に(58)」展開するために、美学的な解釈の秘教主義を破砕しようとしたのである。

ベンヤミンの過激主義は不変であるが、彼の書き方は変化している。彼は共産主義への転向について次のように記している。「私は、いかなる状況下であっても私の問題にかかわって行こうと決心した。しかしその問題はどのような状況でも同じというものではない。むしろ状況に対応したものなのだ(59)」。

こうした対応関係に応じて構成される政治的な存在秩序の核心につながっているのが、つねにラディカルに、しかし決して首尾一貫した態度をとらないというベンヤミンの原則である。彼は特定の目標に向かってひたむきに思考することはない。なぜなら「意味のある政治的な目標というものは存在しない(60)」からである。そうではなく彼はラディカルに思考する。というのもユダヤ教とマルクス主義とが一致して主張している教説に従えば、ラディカリズムのみが正義の政治を可能とするものだからである。またベンヤミンは一貫した態度で研究しているのではない。彼の研究は、政治的な次元と宗教的な次元における極端な立場が相互に入れ換わるという矛盾を演出して見せている。革命と宗教とが相互に入れ換わる時には、政治的意識は伝統に頼らざるをえない。伝統の想起は、ベンヤミンにとって「革命的な意志は今日では、保守的な意志を弁証法的に内包している」[61]ことを意味するものである。

革命的保守主義に対応しているのは、人間性という概念である。この概念は破壊の力として規定される。ベンヤミンはボードレールのアレゴリーを真の人間性のモデルであると解釈しているが、それはこのアレゴリーが事物をばらばらに分解することによって、生産の諸段階を破壊の記念碑へと変えるからである。記念碑と近代というものは、本来ならば排除し合うものであるが、ボードレールのアレゴリーは「近代の記念碑」[62]をうち立てるというパラドックスを成し遂げている。そのようにして記念碑は歴史を経験可能なものにしているのである。

ベンヤミンのアレゴリー概念は、古代とキリスト教世界との対決という形を取ったシュペングラーの擬似形態の概念と対応している。「古代とキリスト教世界とは、アレゴリー的世界観の歴史的枠組みを規定している」[63]とベンヤミンは言う。こうした規定力をもった二つの暴力が相互対立関係にあるものとして「突然静止した状態で」ありありと現在に思い描かれるということは、アレゴリーというものが、まだ決着のついていない過去の呪縛に捕われたまま現在に姿を現わしていることを示している。つまり古代とは近代の悪夢なのである。すでにノヴァーリスは、古代とはわれわれの生産的な創造力がその都度新たに生み出す形象であるとした。それと同じように、シュペングラーにとって古代は、ファウスト的な魂が自己を忘却するために見る夢でしかない。古代とは西洋にとって重荷を振り払う夢なのである。この夢は、すべての魂の表現と同様に生産的であり、夢から生まれる形態——そうしたものをわれわれは建築として知っている——と同様に明瞭な現われ方をする。

アレゴリーの中に硬直した古代とキリスト教世界との争いには、具体的に歴史的な指標がある。ルネサンス人文主義以来のグノーシス主義の脅威と、古代の魔術的な影響に対する神学の抵抗である。「もし教会が信者の記憶からあっさりと〔古代の〕神々を排除してしまうことができたならば、アレゴリー的解釈が生じることは決してなかったであろう[64]」。それゆえにベンヤミンにとっては、アレゴリーは二十世紀に至るまで古代の神々が生き続けている形なのである。コクトーのオルフェに関してベンヤミンは、アレゴリーとは投光器の光に照らされたギリシア精神であるという表現を作り上げている。すなわちキリストが、教父神学という形で投光器となり、その光に古代は照らされているということである。それは現在の深くにまで達していて、「ギリシアとキリスト教世界という対立関係における総合は、もっとも近代的なもの、もっとも新しいモードに現われてくる[65]」と言う。ソクラテスの死がキリストの死の先取りとなったように、コクトーの「神話的神学[66]」は異教的な神話をキリスト教の天のもとに呈示する。アレゴリー的な見方をすれば、ギリシアのさまざまな人物像が救済の歴史という地平に現われてくる。

　第一次世界大戦の後に、ベンヤミンにとってはアレゴリー的なものの見方が焦眉のアクチュアリティをもつようになる。彼は戦争後の人間の経験を、凝固した動乱というイメージの中へと組み込む。しかし表現主義とは異なって、ベンヤミンは荒れ果てて混乱した刑場のような戦場を、常套句的な驚きで美化するようなことはしない。なぜならアレゴリーは確かに美の仮象を消し去るものではあるが、それは自由と、自律性と、無限性という仮象の中に一層深く我を忘れるためなのである。アレゴリーという「神学的な照明[67]」は、アレゴリー的意図を満たしながら、最後には芸術そのものの内部で芸術に対して破壊的に反抗することによって、はじめて仮象を消し去るのである。沈思するアレゴリー的思考家が「形象《ビルト》を思考の役に立てる[68]」のに対して、弁証法的思考家はこの〈役に立てる〉ということを静止という形で際立たせる。仮象から解放されたアレゴリーは、弁証法的な形象《ビルト》である。この意味でベンヤミンは、芸術を神学の役に立てることによってその純粋性から解き放て、というローゼンツヴァイクの要請を正当に評価している[69]。

古代と近代とがアレゴリーにおいて相互浸透することがベンヤミンにとって重要なのは、古代が「人類の経験」[70]の一つだからにほかならない。それゆえに近代はつねに、以前の世界と照応している。古代とは、「今」ようやく古くなったばかりのものに初めて向ける視線が積む経験なのである。この視線は、現代史と原史とを絡み合わせる。「ある都市が、厳密に古代的な形像《ビルト》であること」[71]を確認するこの視線をベンヤミンはパリに向けるのである。近代の群集に溢れるパリは、十九世紀の古代であり、その首都なのである。

博物館では、古代が近代の目のまえに陳列される。博物館は、バロック的な見せびらかし主義を、産業博覧会の図式に従って「むなしい部屋」の中で世俗化する。博物館の展示物について言えることは、「世界はもはや存在しない」[72]ということである。つまり、かつて物がそこに属し、その物をはじめて歴史的なものとしたあの世界がもはや存在しないのである。博物館の理想となるのは、過去のものをインテリアとして経験することを教えてくれる「歴史のマネキンとしての蠟人形」[73]である。ここでは市民的なニヒリズムに基づく歴史観が、散在する世界史の出来事を情緒たっぷりにインテリアの壁布に織り込んでいく。シュルレアリストたちの革命的ニヒリズムが導火線をつけるのは、このインテリアである。それゆえにベンヤミンにとっては、ガラスの家に住み、私的な事柄を抹消することが、真に革命的姿勢の印となるのである。私人（Privatmann）は、シュルレアリストたちの歴史観と対比してみると、壁紙を貼りめぐらしたインテリア／内面性の中に住む、神秘的でかたくなに自己を閉ざした洞窟の住人であることが分かる。アドルノは、キルケゴールによるインテリアの記述の中に、原史的な人間存在の歴史的な監獄としての内面性を見抜いている。このプラトン的な洞窟の中には、「アルカイックなイメージ」（C・G・ユング）が現われている。「時間の中に作られたインテリアというアリバイ」[74]を市民階級から奪い取ることが、歴史的形象《ビルト》

（イメージ）に与えられた課題である。それはアルカイックなイメージを破砕する。

古代は近代という博物館に展示されている。これは、ある特定の事態についての誰でも知っている側面なのだが、その隠された側面は、近代が原史（から生まれて来たもの）であることを証明していることだと言えよう。原史的なものと現在的なものとの調停は、破局的な形でなされる。これが悪魔的な様相でなされる舞台は、市民階級の家財なのである。「住むということ——それはいまだに原始的な棲むという行為であり、不安と魔術に満ちた出来事であるが、文明化した生活と市民的・キリスト教的な卑小な世界という屋根のもとで住むことほど、憔悴させるものはおそらくなかっただろう[75]」。建築は、夢見られたものとしてのみ、経験の中へと入り込んで行く。それはイメージなのである。『パサージュ論』はシュルレアリスムにおける物の世界の特徴を取り出して行くのだが、そこではパリは「もっとも夢見られたもの[76]」、つまり夢の織物としての都市である。

都市という迷路の中の、迷路のように錯綜した群集を見れば、都市の経験を原始林や海といった自然の図式で捉える自然史的な視線が生じて来ることも十分にうなずける。しかしこれに対して政治的な視線は、集団の居住のあり方を明らかにする。大都市においては、私的領域における安堵感はもう過ぎ去ったものとなってしまった。というのも日常を作り上げるという役目は、集団に与えられているからである。駅や博覧会や百貨店においては「歴史の舞台に大群集が登場することが、すでに予定されている[77]」。そしてこの舞台の構造が、歴史的経験を超越論的に決定しているのである。この場合に決定的な意味を持っているのは、建築というものが第一義的に視覚的なものであるということではなく、直接に触覚で感じることによって受けとめられるということである。触覚的に受けとめること、それは集団が行なう「身体による抽象化の能力[78]」であり、私的なものが引き籠もる場であるアウラを滅却し、知覚領域をこなごなに破砕する。集団の知覚は、脱魔術化の弁証法とともに働く。つまり日常的なものは、秘密に満ちた魅惑的なものとなり、思いがけないものが日常的なものとなる。

しかし十九世紀においては集団の住居は、まだ市民階級の魂の夢の織物でいっぱいだった。フロイトの夢解釈の方法は、この夢の織物から生まれて来たものではあるが、それを分析するにはまだ十分ではなかった。フロイトが分析したのは、十九世紀に自然そのものとなってしまっていた市民階級的個人の夢であった。ところがブレヒトやユンガーになるともう、そうした夢はもはや自分たちのものではなかった。フロイトの自然の夢から出て歴史の夢へと至る道のりが、ベンヤミンを集団と大都市という彼固有の空間へと導いていく。彼はもう消え去ってしまった幼年時代を遊歩者として旅し、パリのパサージュを「夢のステロ版」[79]として経験する。パサージュの中には没落した時代の化石化した痕跡が見出されるのである。「パサージュは、外側のない家、あるいは通路である。ちょうど夢のように」[80]。パサージュは集団の魂へと通じる門道であり、「子宮内の世界へと」[81]入り込むように誘うのである。ベンヤミンの仕事は、魂の古代についての考古学であり、また「神話的な伝統空間」の概観についての地誌である。その前提となっているのは、記念碑が崩壊し、都市の原史の様相のアケロン〔冥土の川〕的な層が現われてきているということである。それゆえに彼はパサージュの歴史を「パリが沈み込んだ十九世紀という冥府」[82]を解く鍵にしようとする。

神話学的な地誌は、都市の夢の構造を明らかにする。ということは、都市の地図は、近代の冥界の文字として読むことができるということである。集団が世界の変革をなおざりにして眠りこけている深い眠りは、さまざまなイメージが呈示される舞台へと通じている。夢は、冥府へと流れ込んでいるのである。とはいえ、ただ夢見られただけのものであっても、それは現実のなかに表現されている。なぜなら、夢見られたものは、現実世界におけるさまざまな技術的革新に、夢の世界の指標を与えるからなのである。ベンヤミンによれば、自然に関してある具体的な問題を論理的に処理した場合には、自然はそれに形態を与えることで報いるのだと言う。もしそうであるならば、機械の中にはその時代に典型的な形態が隠されているのであり、新しい技術は「自然の象徴力[83]」をもっているということになる。ベンヤミンは十九世紀のさまざまな事物を、夢の解読に使われる判じ絵のように解釈する。そして事物の世界のいわば精神分析の基礎づけを行なっているのである。それは十九世紀が本来的に夢の時代だからである。そしてその世界は「夢を目指して調度を整えて[84]」いる。

夢は十九世紀を、つまりは気散じの文化を解釈しないままで美化する。なぜなら伝統のものはや存在しない時代、すなわち宗教的な教えが夢解釈であるとみなされてしまって力を失っている時代には、子供の世界の夢さえも解釈されないままである。こうした夢を引き受けることになったのが精神分析であり、夢を病理学的に把握したのである。精神分析が登場するのは、「追憶という、身体的で自然な助け[85]」が喪失したからである。この時から、時代の子供的な側面、つまりその歴史的な夢の形姿《ゲシュタルト》は、目覚めをもたらす技術によってのみ発見されるようになる。資本主義という忙しげな外観を呈するヨーロッパの眠りの中で、大衆は夢を見ている。大衆の願望を歪めながら表現しているさまざまなイメージは、幻影《ファンタスマゴリー》の形をとる。凝縮とずらしが、その過程を指揮し、不安と願望が集団的夢を表現するエネルギーである。

つまりファンタスマゴリーは、大衆の目を眩ませるための支配者の仕業ではなく、高度資本主義における神話的な不安の抑圧された表現なのである。それは虚偽の意識ではなく、製品がその直接的な存在そのものにおいて感覚的に美化された状態なのである。このような意味で、パリのパサージュはファンタスマゴリーなのである。商品生産を行なう社会は、その製品の交換価値と消費者の自己疎外をファンタスマゴリーの中で美化し、最新の流行に仕立てあげるのである。その輝きは、楽しみを与え気散じをもたらす。「ファンタスマゴリーは、志向的には体験の相関物である」[86]。ファンタスマゴリーと対応しているのは、文化史という名で呼ばれる、客観化された精神を物象化して保存する態度である。というのも、商品生産を行なう社会の文化は、その文化のフェティシズムの総合だからである。つまりこの社会は、その社会を成り立たせている要素である商品生産を抽象化することによって、自らのイメージを「文化」と名づけて作り上げるのである。文化と体験とは、ファンタスマゴリーの主観と客観という両極をなしている。

パサージュは、市場と私的領域のファンタスマゴリーを収束させる焦点のようなものである。というのもパサージュにやってくる大量の消費者は、階級関係を包み隠し、街全体にファンタスマゴリーの輝きを与える仮象を作り出すからである。こうして魂を吹き込まれた集団の幻像《ファンタスマ》が出来上がる。ファンタスマゴリーそのものについては、すでにブランキとニーチェの、神話的な意識の純粋形態である永遠回帰の教説のうちに表明されていた。これは、出口のない近代性の不安を総括したものである。ベンヤミンの『パサージュ論』は、近代のファンタスマゴリーを解読する。彼にとって、近代とはファンタスマゴリーの時代なのである。

ベンヤミンにとって十九世紀は、それが自らを集団の夢という形象文字、つまりモードや広告や建築に書き記しているがゆえに、解釈可能なものである。この時代の内部空間《インテリア》の夢の様式は、さまざまな時代と諸様式を混ぜ合わせたものであり、それは写真のモンタージュ技法を基本原理にまで持ち上げた当時の物の見方に対応している。十九世紀を支配したさまざまなイメージは、やがて一人歩きしはじめ、「広告や、商標や、ポスターの上に宣伝用のイメージとして現われた」[87]。広告は、市民階級の内部空間《インテリア》のファンタスマゴリーを、産業という空間において世俗化したのである。このようにして、夢は産業へとつながる抜け道を探し出したのである。シュルレアリスムの感受性が燃え立つのは、会社の名前が呼び起こす詩的なものや、また工場の壁で豪華に輝いている広告に接した場合である。それらは「ユートピアが日常に存在することを示す比喩(88)」なのである。

夢のみが、過去があたかも今のわれわれを不意に襲ってくるように、その過去を繰り返しうるのである。それゆえに夢はベンヤミンの歴史学にとって、規範的なのである。「パサージュを扱うということは、建築を扱うことにほかならない。その建築の中でわれわれは、われわれの両親や祖父母の生をもう一度夢の中でのように繰り返して生きる。ちょうど胎児が母胎の中で動物たちの生を繰り返すように(89)」。パサージュは、外側のない建築であるから、十九世紀はパサージュでこそ、その夢見る子供の側面を見せることができる。ちょうど夢のように、パサージュは外部空間をぼやけさせる。パサージュはまたモナドのように窓を持たない。つまり中を覗き込むことはできても、そこから外を見ることはできない。それゆえにパサージュはベンヤミンにとって客観的な夢のイメージなのである。つまりパサージュは、近代の産物という形をとった歴史哲学的なパラダイムであり、それは、商品が全面的に商品としての性格を持つようになる敷居の所にとどまりながら、願望のイメージへと変化する。したがって「パサージュのアクチュアリティは、その夢の構造にある(90)」。実際に過去に存在していたものではなく、名前と夢が真の歴史的対象をなす。なぜならベンヤミンにとって、パリのパサージュそれ自体がすでにエクリチュール（Schrift）だからである。それを並べてみるとちょうど言葉遊びのようであり、夢と同じように解読可能な判じ絵となる。ファンタスマゴリーを脱魔術化し、「商会と数字の時代(91)」を基礎づけたのは、パサージュの心臓部で起きる商品の反乱である。商品に追い立てられて、〔時代の〕栄華は名前の中へと逃避する。

ベンヤミンは、近代のプロセスにおける文学の重要な証人たちを、パサージュの理念に結びつけようとさまざまに試みている。たとえばプルーストの世界は、植物に近い共通の根源領域にあるという点で、パサージュの特性を帯びており、やがて前期ダダと合体して、シュルレアリスムの母となったという。またボードレールの場合には、「朝の薄明」の詩の基本構造において——ちょうどフーリエがファランステールの構想においてそうしているように——パサージュのカノンに従っているという。このような具合に、パサージュは十九世紀の神話の焦点を形成しているのである。ベンヤミンは十九世紀を冥界として、つまり神話的空間として解釈している。この空間の測量学的な見取り図にこそ、この時代を読み解く鍵がある。それゆえパサージュは十九世紀の原史のもっとも重要な化石なのである。パサージュは街路を屋内へと取り戻し、静止状態を強調し、敷居を越えて別の世界へ入る経験をいたる所でさせる。パサージュの生を支える法則は二義性であり、鏡はパサージュの麻薬である。パサージュは交通と産業の歴史的舞台であるが、それは「神話の段階[92]」にある舞台である。つまり登場の早すぎた物質と急ぎすぎた総合の段階なのである。しかもまさにこの「早すぎる」ということが、古ぼけてしまったものを経験する弁証法的理由なのである。こうした経験をするのが現在を意識した歴史家である。

商品の祝祭行列であり、自らを美化する資本の寺院であるパサージュは、純粋な消費がなされる場としてちょうどモナドのように商品生産プロセスの喧噪から切り離される。パサージュの中の生活は、〈物資の〉往来を享楽という名のもとにファンタスマゴリー状態で停止するという傾向がある。商取引は、目新しいものと特産品の美学になる。しかし経済的な法則性と美的なイメージ性が相互に絡み合い、芸術が商品となり、商取引が美的なものとなるのであれば、「経済的なプロセスを可視的な原現象として把握すること[93]」が可能になるように思える。そして近代はその前史と後史として解釈されうるのである。ベンヤミンの眼前には、「消費の原風景[94]」と化したパサージュの歴史がある。

パサージュにおいては資本は「直接的に、生産プロセスや循環のプロセスには媒介されずに」現われてくる。その輝きは「自動的な物神崇拝《フェティシュ》」のそれであり、その中で資本主義の物象化は完成される。十九世紀の万国博覧会において、人々は初めて交換価値に、すなわち価値消費に感情を移入することを学んだ。商品フェティシズムは単なる交換価値を、あたかも快楽の対象であるかのようにカモフラージュする。そしてあの万国博覧会にしてすでに、物象化の最終的な完成をも先取りしているかのようである。「新たな物神崇拝は、装置そのものである。つまり金属的な輝きを放つ機械が完璧に機能するということである」[96]。

商品の魂の売春

二十世紀のマルクス主義者たちの中の〈神学者たち〉は、「生けるものが死せる物質になってしまう」[97]ことのうちに、地獄の時代の兆候を見て、その恐怖を商品に対する物神崇拝《フェティシズム》の哲学でかわそうとしたのだった。ルカーチの物象化分析は、物自体の問題を、歴史上一回的な現象として、つまり資本主義における歴史上特有な商品形態の形成を背景として解釈し、また超越論的主観性を抽象的・合理的な交換関係を代表するものとして把握している。物神崇拝的性質は、本来は後天的なものであるが、それが歴史的・具体的にアプリオリなものになってしまう。こうした考え方があるゆえに、ネオ・マルクス主義においては自然史の概念が中心的な位置を占めることになるのである。

十九世紀の地獄のような社会は、バロック悲劇の様相を示す。ベンヤミンは、十七世紀のアレゴリー的な歴史観について決定的な規定をしているが、それは「若きマルクスによる全体性の考察は、当時まだ栄えていた資本主義の死の相貌にはっきりと照明を当てたものだった」[98]というルカーチの見解に忠実に従ったものである。商品の物神性に関するこのルカーチの哲学に見られる皮肉な自然史的な筆致は、その哲学が物象化を批判するというよりは、むしろそれを受け入れているということを明らかに示している。物象化のこうした哲学的受容の意図にかなった対象となっているのが、〈新しいもの〉と〈常に同じもの〉のアンチノミーを扱ったボードレールの戯れである。この戯れのうちでこそ、ボードレールは商品がもつフェティッシュな性質を芸術的に利用し、商品を詩的対象の位置にまで引き上げていることをベンヤミンは示している。つまり等価性という性質によって、商品は同一物であるという仮象の世界を生み出しているというわけである。

同質性を感じとる感覚は、複製技術の時代における大量の物の動きの中で生まれた近代固有の感覚である。歴史の真のカテゴリーをすべて影の薄いものにしてしまう「商品経済とともに根付いた同質性という歴史的な幻覚[99]」を進んで仲介したのがボードレールである。常に同じものは、大量生産品の中に知覚される形で現われてくる。その中で〈新しいもの〉が消費の刺激剤として生じてくることが、「高度資本主義の商品生産の弁証法[100]」の特性となっている。〈新しいもの〉がもはや何も生じなくなってしまったら、つねに同一のものから〈新しいもの〉を何とか奪取してこなくてはならない。

誇大な広告や博覧会は、商品形態を美化し、その仮象を、すべてを支配するファンタスマゴリーにまで増大させる。この点でベンヤミンの『パサージュ論』は、商品の自然史というマルクスの考えを継承し、自然を歴史的仮象の逃避場とみなしている。「歴史的仮象の最後の集光鏡である商品は、自然そのものが商品としての性格を獲得することによって、その勝利を祝う[101]」。

こうした考えの根拠となっているのは、交換価値への感情移入という説である。つまり顧客は死した物質の中へと感情を移入する。なぜなら物質に備わっている「商品の魂」（マルクス）が顧客の中へ感情を移し入れるからである。商品に見つめられた者が、買い手となる。買い手は商品のアピールに応えるのである。ベンヤミンには、ボードレールの中からフェティッシュそのものが語り出しているように思える。ボードレールの叙情詩は、無機的なものの性的アピールと商品のアピールとを言葉で表現している。ここでは、フェティッシュなものがもつ誘惑との戯れが、開かれた市場の秘密の原理として現れている。そして市場の内奥の秘密は、近代の娼婦のあり方に読みとることができるという。つまり「商品の魂の売春」[102]である。

娼婦と同様に、遊歩者（Flaneur）は群衆のうちでも見捨てられた者である。遊歩者の中からは、商品そのものの意識が語り出してきて、彼の存在は、娼婦の存在を抽象的な概念にもたらす。ぶらぶら歩く（Flanieren）のは、売買されるような関係にある生をあからさまに見せつけることである。それは牧歌的な消費行為の中に自然の平和が保たれているかのような仮象を作り出すことに手を貸す。それゆえにこそマルクスも、アイロニカルに資本主義を自然現象として記述したのである。

自然としての資本主義は、歴史的仮象がもっとも凝縮したものである。この資本主義は唯物論的歴史家ベンヤミンによってその実体を明瞭に指摘された。つまり自然としての資本主義が意味しているのは、資本主義が自然として肯定されたということでもなく、また真の歴史として神聖化されたということでもなく、自然史の観点からその骨格を露にされたということである。「具体的な歴史を弁証法的な自然に還元することは、存在論的な方向変換を目指す歴史哲学の課題である。それが自然史の理念である」[103]。ここで言われていることは、第二の自然というヘーゲルの概念を歴史哲学的に考え抜いた帰結であり、ルカーチが『小説の理論』で展開しているものである。すなわち第二の自然とは膠着化した慣習であり、必要不可欠であるのに意味を喪失し、それゆえに認識されるとしても奥底まで認識しえないものの総体であり、法則性の恩恵によって与えられた生である。第二の自然というこの「牢獄」は、「朽ち果てた内面性の刑場」であり、疎外された人間を自然科学と感傷性へと落ち込ませるあの第一の自然の経験を作り出す上での具体的な前提条件なのである。純粋な感情をもっているという慰めは見かけだけのものであり、「人間を隷属化する権力を、法則という概念で認識すること(104)」はフェティシズム的である。

自然とは、歴史的な牢獄、つまり社会的な自然法則の冷徹な客観性を表現している偉大なる比喩である。この仮象の中心に、価値は自然として、物自体として現われる。こうして十九世紀のフェティシズムは、商品の形態そのものから生じるのである。商品形態は、対象性の諸形態すべてに一様に刻印する押し型なのである。

商品の分析が生産領域にまで及ぶと、その分析は近代の地獄の門をくぐることになる。賃金労働者を痛めつけている資本主義的搾取の地獄は、紳士気取りの連中をとりまく「絶対的な享楽の地獄、他人の労働で生きている怠け者の地獄(105)」とはまったく逆である。紳士気取りの人間は、自分自身を商品の中へと感情移入することによって社会を享楽する。これとは逆に享楽の可能性そのものは、売買可能なものとして姿を現わし、娼婦は大量生産品としての女のアウラが凝縮した街頭売春婦となって客を誘惑するのである。商品フェティシズムは、娼婦のアウラを生み出す原因となっている。娼婦の個人的な表情は化粧ですっかり塗りつぶされてしまって、彼女らはみな均一な姿を見せる。

大都市の売春は、衝動生活を大衆のための大量生産品として商いをする。それが性的アピールを増強するのである。「大衆があってはじめて、性的対象〔娼婦〕はそれ自身が放つ数多くの魅了作用のうちに映し出される(106)」。客にとって大都市の売春は、全面的な大量生産の世界のさなかにあって生を学ぶ場になる。すべてが商品になるという事態から、売春は最新流行の快楽を勝ち取ってくる。「娼婦への愛は、商品への感情移入の神格化である」[107]。それゆえにこそベンヤミンは娼婦において商品の神秘的なタブーを示すことができるのである。性的アピールとは、商品がそれまで伏せていた視線を上げるしぐさである。

アウラを「瞬間のうちに覚醒する視線の遠さ」であると定義するなら、鏡のように光を反射させ、何を見るでもない娼婦の目はアウラ的ではない。「遠さの魔術が消え去った」[108]視線に捕われたボードレールは、こうした目の虜となった。ここでは、娼婦の性的アピールの基盤には死があることがはっきりする。なぜなら娼婦の何を見るでもない目には、死を前に曇りはじめた目が現われているからである。その目は、アウラの消失という原現象なのである。死は視線を鏡に変えてしまう。何を見るでもない鏡のような目が呪縛的な力を持つのは、見る者が不在だからである。それはエロスの松明が消えてしまった性の表現なのである。娼婦の目を覗き込む者は、何も得られずに立ち去ることになる。娼婦に抗しがたい魅力を与えているのは、その目の無感動さなのである。

大都市の売春の世界では、ちらっと見ては目を反らすことを色っぽく「たえず交互に繰り返すリズム」――これをジンメルは「流し目で見る視線」[109]に読み取っているのだが――が絶対的な力をもつ。娼婦は、「無という鏡に向けられた物の視線」[110]に規定されているパサージュの世界に特有の法則を、性的な規範にまで高める。娼婦には性はなく、その肉体は自然な使われかたをしない。娼婦にあっては、愛する視線も、好意を寄せる視線も同様に破壊されてしまう。娼婦はアウラを破壊するために送り込まれた無言の女密偵なのである。彼女はエクスターゼを阻み、「じっと注視して見開いた目」[111]をくらます。娼婦は、同質性を関知する近代的な感覚がセクシュアリティに求める要求を、徹底して満たすのである。

これと対応しているのが、ボードレールのインポテンツであり、それはアウラの喪失から来る本能的な性質のものである。ボードレールは美を切り刻み、美の仮象を消し、美のアレゴリーへと変化させる。完全にアレゴリー化された物質世界にあっては、すべての有機的なものは破壊され、「文字による意味[112]」に分割される。アウラは崩壊し、死体となる。死体にあっては記号と意味の分裂はもはや撤回不可能なものとなるのである。アレゴリーは象徴を否定するが、これはちょうど物の世界が個々人より優位に置かれ、断片的なものが全景を否定するのと同様である。アレゴリー的なイメージは、基本的に文字であり、記号である。それゆえにアレゴリーは図式の役割を果たすことができるのである。つまりアレゴリーは「固定されたイメージと、固定する記号とが一つになったもの[113]」なのである。アレゴリー化された対象は組み合わされて、判じ絵と象形文字になる。アレゴリーは、芸術の象徴と活字文字から等しく離れているために、聖なる書に似ている。つまりアレゴリー的な直観の形式は、記号化の力をもっているわけである。アレゴリーは仮象を消すことによって、宗教的な教えに迫ることになる。この宗教的な装置を使ってボードレールは、近代の硬直化した仮象――大都市の大衆、集団の夢、商品の物神的崇拝――に肉薄していく。ボードレールは、商品形態に対してアレゴリーで対抗しようとする。そうしたボードレールの試みがあるからこそベンヤミンは、マクス・ヴェーバーが資本主義の精神による世界の脱魔術化を記した後を受けて、この資本主義に固有の魔術化――つまり近代の地獄の魔術――を、客観的なファンタスマゴリーとして規定することができたのである。

ベンヤミンは「ボードレールにとってはアレゴリー的な経験が初めにあった[114]」と述べている。なぜならボードレールはすでにあらかじめ準備の整った世界へと入り込んだからである。というのもすでにポーの作品が「死後硬直になり始めた世界の経験[115]」を記録にとどめているからである。そしてその世界がボードレールの仕事の前提条件になり、また正当化にもなっているのである。つまりボードレールはポーが作り上げた舞台の上で、近代に形姿を与えているのであり、その形姿の特徴をのちにベンヤミンは原史的なものとして解読できたのである。「アレゴリーは、十九世紀の人間たちの経験から商品が作り上げるものすべてを代表している」[116]。それゆえにアレゴリーは近代の歴史的経験の媒体となる。アレゴリー全体を包括する概念は、したがって「商品の物神崇拝《フェティッシュ》という、目を眩ませる謎が視覚化されたもの」[117]、つまり貨幣なのである。ベンヤミンはこの関係を、アレゴリーについてのアレゴリーの形で記している。ヨーロッパの伝統の宝庫から、ボードレールには近代を歩み行く孤独な苦難の道行きのために硬貨が一つ渡される。その「表側には骸骨が、裏側には憂慮に沈んだメランコリアが刻まれている」[118]。この硬貨こそが、アレゴリーなのである。

ボードレールが近代に形を与えることができるのは、アレゴリー的志向が商品フェティシズムと照応し合っているからである。ここでは事物が主体なのであって、人間が主体ではない。消費における自然の平和という仮象は、「商品の魂の中で地獄が猛り狂っている」[119]ことを隠している。商品市場とアレゴリーにおいては、記号の恣意性が支配している。なぜなら人間が離れてしまうと諸事物が錯綜し、記号は混迷しはじめるからである。イメージと意味との間にはもはや自然な媒介はなくなる。アレゴリーや夢や市場にあっては、知は断片なのである。そして断片であればあるほど、仮象ではなくなる。アレゴリー的な経験は、「巨大な商品の集積」(マルクス)——資本はこの仮象に覆われている——に対して、その陶酔を醒まさせて治癒する働きをする。なぜならアレゴリーは、商品形態の歴史的内実を見ることを可能とする直観形式だからである。こうしたフィヒテを思わせるような言い回しをここで使うのは、ボードレールのアレゴリーについてのベンヤミンの記述が批判的な調子で終わっている理由をはっきりさせたいからである。つまりベンヤミンによれば、「ボードレールは、アレゴリーの経験を規範として、商品についてなされる経験に当てはめることによって、その経験を理念化してしまった」[120]のである。弁証法的イメージというべンヤミンの概念は、それゆえにアレゴリー的な直観を越えるものである。アレゴリー的思考家の意図はイメージを硬直化させはするが、静止状態における弁証法までには至らないからである。

ベンヤミンがボードレールの手法に関心を持ったのは、「商品がアレゴリーの段階にまで高められる」[121]という点にあった。アレゴリーは歴史をフェードアウトしてしまうフェティッシュな美化を打ち壊す。娼婦はこのアレゴリー化を、快楽の身体において遂行する。この快楽は赤裸々なものではなく、ちょうど支配階級の仮面の世界のように「閉め切った黴くさい臭いがする」ものである。それゆえに娼婦は神秘化に一役買うことになる。十九世紀にはその神秘化の精神から広告が生まれて来た。広告は「商品を秘密に満ちたもの」[122]に高め、物神的な性質をオカルト的な質へと変える。「商品をアレゴリーへと変形することは、商品世界の欺瞞的な美化への抵抗である。商品は自らの顔を覗き込もうとする。商品は自らの人間化を、娼婦の姿で祝う」[123]。邪悪とされる娼婦の魂は、この時代の罪深さを完成させるのである。ところがこの娼婦は——信仰の自由を強調する倫理の論理に従えば——救済までにほんのわずかしか離れていない。ベンヤミンの『パサージュ論』が娼婦に与えている歴史哲学的な重要性は、ルカーチが労働者に与えているのと同じ体系的な位置づけが娼婦に与えられていることを考慮に入れた場合にのみ理解することができる。『歴史と階級意識』では労働者は「商品の自己意識」として登場する。この自己認識こそが、その意識対象を具体的に変化させ、労働力という商品に被せられた物質的な覆いを破砕し、その「生きた核」を解放するのである[124]。

ベンヤミンは、労働者という形をとった商品の人間化によって歴史をコペルニクス的に転換させるという夢を断念する。彼の歴史観が目指すのは、労働力という商品の生きた核ではなく、快楽という商品の中心にある死である。そしてアレゴリーとしての娼婦こそが、その死なのである。アレゴリーは、娼婦たちの快楽提供能力が夢を含ませて売買されることには汲み尽くされないものを、娼婦から摑みとる。「娼婦はアレゴリーの収めた勝利のうちでもっとも高価な獲物である――それは死を意味する生である。この性質は娼婦から買い取ることのできない唯一のもので、ボードレールにとってはただそれだけが重要なのである」(125)。ボードレールにおいては、娼婦はアレゴリーの指標を獲得する。つまり大都市売春の大量生産品である女は、原罪を現わす形姿なのである。ベンヤミンは娼婦を、近代のアレゴリー、しかも死への転換をもたらすアレゴリーであると解釈する。娼婦は、生の物象化を完全に遂行することによって、歪められた生の救済を表現している形姿なのである。生きているものと無機的なものとの間を取りもつ売春仲介のような関係は、その両者の堕落した宥和形態なのである。アレゴリーにおいては、物質のように死せるものが発する性的アピールが、復活への約束へと転換する。このように商品の弁証法的神学の信仰告白にはうたわれている。アレゴリーとしての娼婦において救済されるのは、人間ではなく、商品なのである。商品は、無用で邪悪とされるものの中にこそ十九世紀の弁証法的イメージを示すのである。「商品においてこそ、われわれは不死の約束を得るのであるが、その約束は人間にとってのものではない。そしてこの商品という物神は、十九世紀にとってされこうべにすぎないような、不実にも最後に残ったイメージである」(126)。

娼婦という身体をもった商品は、物質の世界の価値を貶め、そうすることによって物質世界をアレゴリー的意図に沿うものとする。「娼婦は別の見方をすれば人間となったアレゴリーである。モードが娼婦を飾り立てる小道具は、娼婦がつけている紋章《アンブレム》である」(127)。娼婦は快楽に仕えるために、完全に魂を抜かれた身体として、商品とアレゴリーを総合する。しかしここではアレゴリーの意図が完全に満たされているので、その仮象は崩壊しはじめる。そしてこの崩壊において、娼婦のイメージは弁証法的になるのである。

「ボードレールが比類のないほど重要であるのは、彼こそが初めてかつ確固として、自己疎外された人間の生産力を二重の意味で物質性に即して把握したからである。二重の意味とは、一つにはその生産力を認知したということであり、もう一つには物象化によって増強したということである[128]」。

われわれはみな娼婦であるべきだというベンヤミンの要請は、商品の弁証法的神学のあの信仰告白に対応している。娼婦は「あたかも」好意的であるかのようなふりをすることで、自己物象化という高い徳性を育む。これが、資本主義の世界になると早々に娼婦という存在に絶対的な意味を付与するのである。「われわれは文化より以前に、事物でなければならない[129]」。それゆえに、性的なものを精神化することは、娼婦に対するセンチメンタルな関係の特性を表わし、精神的なものを性的なものにすることは、娼婦に対する即物的な関係の特性を表わしている。

大都市売春は、文化というものがいかに反文化的な力――つまりエロス――を、使いこなすかということを明らかにしてくれる。文化の名のもとにエロスを売春という形で倒錯させることが、娼婦が行なう倫理的な仕事なのである。それゆえに娼婦はベンヤミンにとって「完全なる文化衝動[130]」なのである。「娼婦は、自然の最後の聖域であるセクシュアリティから、自然を追放する」。ベンヤミンは、精神の前で内面性を放棄し、私的なものにまつわる自然な仮象を消滅させねばならないという要請を、娼婦の存在に読みとっているのである。

大都市の娼婦は、彼女が与える快楽の等価物〔貨幣〕と同様に、脱魔術化された世界の基本的な構成要素となっている。貨幣と売春とはともに、痕跡がなく、不実で、無関心で即物的である。「売春は、瞬間のうちに頂点に登りつめ、同じように瞬間のうちに消えゆく欲望に奉仕するのであるが、その欲望に相応しいのは貨幣という等価物だけである。貨幣は何にも拘束されず、原則的にはいつでも手にすることができ、いつでも歓迎されるからである」[131]。しかしジンメルのこの規定も、まだアウラ的な経験に捕われている。なぜならジンメルは、売春が「女性をもっとも個人的に所有するという状態」をきわめてニュートラルな価値へ低めている、と嘆いているからである。これに対してベンヤミンは、いかなる人間も脱魔術化した世界においては売春のさまざまな形態から逃れて純潔を保ってはいられないことを繰り返し示している。純潔を保つという「誤った消極的な禁欲」は、社会の罪の連関に自分は関与せずにいられると考えることである。こうした考えが、社会が贖罪する可能性を歪めてしまうのである。まさにそれゆえにこそ娼婦はベンヤミンにとってユートピア的な形姿になるのである。娼婦という商売は、娼婦が得る金銭が汚れているのと同様に道徳的に悪いものとみなされている。だからこそ、娼婦は自分を純潔に保つという「衛生的な」幻想を持つ必要がない。娼婦に残されているのは、真に道徳的な道、すなわち「浄化」という道だけである。資本主義の中ですべての実践が浄化を必要とするということを最後まで悟ることができないのは、自分の手を汚すまいとする人である。しかしその人がどこに逃げようとも、娼婦のような貨幣はつねにつきまとってくる。「貨幣の罪は、個々人が荷う永劫の罪の形をとる。もっとも恐ろしいのは、資本主義の時代の人間たちがその罪を浄化するすべを知らないということである」[132]。

母型《マトリックス》としての群衆

ベンヤミンにとって娼婦の理論は、群衆との共同性へ至るための王道である。群衆へは、心理学的なアプローチでは到達することができそうもない。それゆえにベンヤミンは、群衆の想像上の魂を精妙に分析することによって追跡するのではなく、群衆の精神の単純な形態を研究するわけである。不器用に思考することを学ぶようにというブレヒトの忠告に、ベンヤミンはそれが弁証法的に転換する所まで従っていく。近代の群衆の単純な精神形態を研究することによって、ベンヤミンは不器用な思考と弁証法の間に弁証法を展開する。「不器用な思考というものは、まさに弁証法的思考を保つのに必要である。なぜなら不器用な思考は、ほかでもなく理論を実践に向けるということだからである[133]」。思考が群衆を前にしてその真価を発揮するのは、知的な透明性によるのではなく、例示的なイメージの形をとった場合である。不器用に思考することを学んだ者は、もはや不器用に思考するのではなく、不器用な思考における弁証法を展開するのである。「群衆のもっているイメージの宝庫に敬意を表さない者は、失敗せざるをえない[134]」。ショックとイメージは、思考と群衆との間をすばやく媒介するものである。群衆を教え込むのではなく、育成(bilden)しようとするなら、そして群衆を整列させるのではなく、組織化しようとするなら、日常性の「トラウマ的エネルギー」をイメージの中で動員しなくてはならない。なぜなら群衆は「知というものを、ほんの少しのショックによって吸収して、内面で体験したことを固定するからである。群衆の育成とは、数多くのカタストロフィーの結果である[135]」。

カタストロフィーとしての群衆の育成――この表現は二重の意味をもっている。それは群衆が知をショックによって受容するということだけではなく、群衆をカタストロフィーによって形成することでもある。ルカーチはこのように自然発生的に群衆が形成されるのは、生産関係と商品市場において群衆が置かれている無力な立場のフェティッシュな現われであると見ていた。「ある運動が自然発生的であるということは、群衆が純粋に経済的・法則的に決定されているという事態に対する主観的・群衆心理学的な表現にすぎない[136]」。

群衆の形成の革命的な特徴を認めることは、理論が群衆の系譜学を記すことができないかぎり、どの理論にも不可能である。たとえばヤスパースはあまりにも数の多い群衆が与える名指しがたい恐怖に怖じ気づいている。群衆は彼にとって、人を欺くような、不可解な怪物、異質で匿名的なもの、「膨大な数の無」[137]としてショックを与えるものであった。すでにシュペングラーはルサンチマンを抱きつつ、群衆を二十世紀における特殊なニヒリズムの勢力と定めた。つまり将来を見通すことができず、根源を忘却した群衆は、文化を崩壊させ、歴史を引き裂いてポスト・イストワールという凍死状態に陥らせるというわけである。「群衆は絶対的な無形態であり、あらゆる形態を憎悪をもって迫害する」[138]。

ボードレールの作品からベンヤミンが読み取った近代概念を支えているのは、この形態なき無である。ボードレールの場合には「パリは古代の象徴であり、彼が描く群衆はそれと対照をなす近代の象徴なのである」[139]。没落して行くこの個人主義者の英雄的な態度、夢見る遊歩者に照準を合わせた視点の取り方、そしてパリを古代として見る見方、これらがベンヤミンにとっては十九世紀を読み解く鍵となっている。これに対してシュペングラーの描く大都市の知的遊牧民は、一見したところではもっと簡潔でアクチュアルなタイプとして現われる。しかしこの精密な現状診断も、大都市を、大都市と地方との弁証法が繰り広げられる「古代の」舞台として把握せずに、「近代的」な世界的規模の都市と地方とを二元論的に区別してしまうところでは、独自の洞察を歪めてしまっている。近代の大都市が実現させた古代的な建築の夢、それが迷路である。シュペングラーが見ているのは近代の都市の画一性の増大だけであって、大都市が迷路へと、すなわち古代へと弁証法的に逆転することは見ていない。ちょうど都市に出てきた農民が感じるように、シュペングラーも都市に感じたのは慌ただしさであり、さまざまなショックが彼を痛めつけた。こうした受けとめ方をするためにシュペングラーは、大都市の街路に群衆の住処があることを認めることができなかったのである。シュペングラーとは逆にベンヤミンは、町並みをいわば部屋の壁として、騒乱を引き起こすような集団の居場所が出来上るということをパリのパサージュから学んだのであった。こうした集団は安らぎを知らない住まい方を習い覚えているのである。ベンヤミンはパサージュを群衆によって征服され、街路へと引きずり出された内部空間《インテリア》と解釈している。十九世紀の群衆は社会的自然史の中の一章である。これとちょうど呼応するように、当時の詩的な感覚には、群衆の形成が「自然が織りなす劇として(140)」描かれているのを読み取っている。ヤスパースは一九三〇年になってもまだ、近代の群衆の生活を荒々しい自然の暴力として映っていた。ユーゴーの作品にベンヤミンは「森の活動が群衆の生活の原型として(140)」描かれているのを読み取っている。ヤスパースは一九三〇年になってもまだ、近代の群衆の生活を荒々しい自然の暴力というイメージで捉えている。群衆の生活は大海の中で逃れようもなく漂い続けることであり、「近代の生活の渦は、(……)その中に巻き込まれねば見えないものを明るみに出して来る(141)」。

群衆が自然の織りなす劇であるように思われるのは、資本主義的生産と市場という自然法則が群衆の形成に現われ出ているからに他ならない。市場における偶発的な私的利害関心が大量《マス》化していくことが、近代の群衆形成の資本主義的原現象である。この法則についてはポーが『群衆の人』で暗号的な手法で描き出している。この作品は大都市の流浪の民のような人間の話であり、彼は街路を急ぐ群衆の騒乱の中に飽くことなくはまり込んでいく。ガス灯に強烈に照らされた客たちの群が、この男の快楽が蓄えられている最後の貯蔵庫なのである。

ポーは群衆の姿を暗号として描いている。人間が暗号であるという捉え方は、大都市の集団について市民階級が抱く歪んだ歴史経験である。ベンヤミンは、群衆というこの暗号を、未来の世界のあり方を生み出す母型《マトリックス》に入れ込んで解読しようとしている。しかしこの文字は記述されたものではなく、それ自体として歴史的であるので、この文字を読むためには、読むこと自体が、最高度の当意即妙さを必要とする。こうした能力を示すのは、十九世紀の探偵である。探偵の注意力は、近代の生活のすべての痕跡が流れ込んでいる彼の「体験」によるものである。探偵は労働と無為、経験と体験の間の境界線上にいる。彼の知識の偶然性と、体系もなく完結することもない彼の記号学とは、彼の仕事が近代という時代を追う狩猟であることをよく示している。本を読むこと、犯罪を解明すること、森の中の痕跡を追うこと——これらはみな同じタイプの能力である。というのもテクストは森であり、探偵の謎解きは狩猟であり、森の中で獲物の跡を追うことは読むことだからである。探偵は猟師となって、アウラを失い、近さと所有関係だけになってしまった世界で痕跡を追っていくのである。また探偵は遊歩者としてファンタスマゴリーの虜となって、通行人の職業や素性や顔の特性を読み取るのである。

ポーの作品は、近代の群衆の精神からの犯罪小説の誕生の瞬間を捉えている。この作品からはあらゆる要素が純粋に現われ出て来る。たとえば獲物を追う猟師のような探偵、大都市という迷路、膨大な量の商品が放つ魅力、社会のはみ出し者たちの隠れ家である群衆、犯罪の秘密などである。そこに描かれた近代の生活がはらむ緊張は、市民社会の法を犯すということに由来するのではなく、むしろ「罪深い犯罪を犯す能力」による。「犯罪者は孤独を嫌う。彼は群衆の中の人なのである」(142)。群衆の中の人間は、プライベートな人間関係や意志や個性といったものを消し去ってしまっている。こうした人間の行動は、決まりきっていて反射的である。あたかもこの人間が「群衆という磁石に引きつけられたようである。彼はこの磁石でたえず撫でられている」(143)。彼が大都市の迷路で探し求めている魂は、商品の魂である。なぜなら彼が生活から求めているのは商品に固有の陶酔だからである。それは群衆という海に包まれている状態である。ここで言う群衆の概念は、市民階級的な個人に想像上で対立させて考えられたものではなく、世界市場の消費者の群衆なのである。

ボードレールがベンヤミンの『パサージュ論』にとって中心的な意味をもっているのは、近代の群衆に対するボードレールの見方が、初めは遊歩者のファンタスマゴリーであったのが、次第にポーの描くような群衆人間の陶酔的ショックの受容へと変わっていく移行を示しているからである。遊歩者は群衆を想像上で体験するので、彼には群衆が脱魔術化されたときの戦慄が隠されて見えない。遊歩者は群衆を彼の視覚的快楽の貯蔵庫として美化してしまい、この群衆という〈常に同じもの〉から〈新しいもの〉という虚像を生じさせるのである。物の商品的性質に魂を入れ込むのは、まさに遊歩者なのである。「遊歩者が新しいものを求めようとする彼自身の渇望を癒すのは、それ自体のうちに動きをもち、魂を入れられている群衆という仮象においてである。実際にこの集団は、仮象にほかならない」[144]。

　近代は現実を群衆に合わせて作り上げる。「ひと《ダス・マン》」は、物を身近にし、複製可能にし、体験をはかないものとし、再現可能なものとし、知覚のベールをはぎ、ステレオタイプ化する。また道徳を標準化し、模範的な態度ではなく再現可能で学習可能な態度を要求する。これらのことをする主語となる「ひと《ダス・マン》」については、ハイデガーがベンヤミンとはまったく逆の仕方で分析をした。脱アウラ化という近代固有のプロセスを、ハイデガーは「すべての存在可能性の均等化」と表現している。この均等化によって、優先権や例外や真性なるもの、根源的なものや秘密を平板化する公共性が形成される、とハイデガーはみなす。可能性を見ることができない公共性の群衆は「すべてを曇らせ」、日常性の図式に従うよう命じる。この「ひと《ダス・マン》」の独裁は、個人から「存在を奪い取って、責任を取り除き、決断を排除」してしまう他者たちの目立たない支配として定着する。「ひと《ダス・マン》」とは、誰でもない人間であり、その中に「存在免責された」群衆人間の現存在は解消してしまうという[145]。

　ハイデガーは「ひと《ダス・マン》」をすべての根源的価値が脱魔術化される舞台として記述している。ところが彼がそこに見ているのは均等化のみであって、複製の支配に秘められている解放は見ていない。複製可能性は「縮小技術[146]」として、手近さと扱いやすさという点で芸術作品を支配する道を群衆に保証する。しかしこうした人間と物との間の内的関係のラディカルな変化は、脱魔術化としてその関係の客観面だけに影響を与えるだけではない。アウラの崩壊からベンヤミンは「人類の革新[147]」という歴史哲学的な視点を展開する。共産主義的な革新の天空に、人間としての群衆の顔が浮かび上がるというわけである。群衆は、単に有機的なものや個人的なものを匿名性という煉獄ですべて捨て去ってしまった。かつて群衆は自然のかもしだす劇として現われたのだが、いまや群衆はこの自然劇が悪しき仮象であることを暴露する。個人的自由というフェティッシュの魔法にかけられていた群衆は没しなければならない。そうすれば人間としての集団の顔が現われることになる。

ところがベンヤミンが描く対象は、解放された群衆ではなく、資本主義の群衆である。この群衆は人間の顔をしてはいないが、それでも彼らは「母型《マトリックス》」として新しい世界のあり方を定めるのである。母型としての群衆から「習慣化したすべての行動が（……）新しく生まれ変わって出て来る[148]」ので、群衆は新しい世界の産みの親であるとされる。しかしベンヤミンは母型を、「住まうことの原像」としても理解している。近代を決定的に規定しているすべてのイメージは、群衆の中に「住まっている」のである。

母型としての群衆が意味しているのは、人格ではなく即物性であり、個人ではなく機能であり、製造秘密ではなく触覚によって得られる知である。「存在とは、即物的にあるということである[149]」とヤスパースは述べているが、それは人間世界と呼ばれているものを破壊する装置に仕えることなのである。人間はもはや立派な振る舞いをすることもできず、また祝祭をしようともしない。群衆とは、一つの新しい世界を生み出す母型である。なぜなら物を知覚するのに、もはや注意力の集中を必要とせず、集団的で散漫な受容によって知覚されるようになるからである。人間はもはや集中することがない。

ハイデガーの基礎存在論がつねに、「まずは、そしてたいていの場合は」日常性によって支配されている現存在の諸現象から出発するように、ベンヤミンもまた「まずは、いかがわしい形態をとって」現われている歴史的諸現象を分析する。ヤスパースは、群衆は広告の呼びかけにしか反応しないと記している。それが、ベンヤミンはまさに広告の中に、散漫な受容を引き起こさせる資本主義の代理人を認めている。それがあくまでも「資本主義の」代理人であるのは、広告がアピールするのは群衆化して散漫な状態にある個人的関心であり、集団にアピールするものではないからである。広告が革命的なスローガンと異なるのは、広告は群衆の中にいる個人にアピールすることによって、群衆が集団として政治的に自己発見するのを歪めてしまう点である。しかしベンヤミンは広告を、集団が真に政治的な姿勢を取るための資本主義的準備段階であると解釈している。つまり、「散漫な状態での集団による受容」[150]の世界史的な事例を、広告は商業という次元で試すのであり、革命はそれを「人間的に」試すのである。ベンヤミンはこのテーゼを、群衆にナチスの装飾をつけようとするファシズムによる世界史的な事例を目の前にしながら展開したのである。群衆がファシズム的装飾の中に自らの顔を見つけるとしても、群衆がそこでほんとうの自己に遭遇したわけではない。作り上げられた群衆はこうした状態に対応できずに、群衆を「有機的な構築物」(E・ユンガー)に編成しようとする上からの命令に従ってしまう。この有機的な構築物は、集団の責任ある態度決定なしに、集団的行動を思いのままに使う。集団の態度表明の代わりに、集団には装飾的な表現が与えられるだけである。この場合に、表現と構築物とが分離してしまい、群衆は自分たちの登場形態の中で自らを歴史的勢力として認知することができない。「群衆の生活は昔から歴史の相貌を決めてきた。しかしこの群衆が意識的に、またいわば歴史の相貌を作る筋肉として、その表情を表現すること——これは全く新しい現象である」[151]。

この新しい現象をめぐる闘いに決着をつけたのは、ファシズムとスターリニズムであった。「おなじ事柄に従事し[152]」アトム化した個々人からなる生産集団では留保的態度と不信感が強く、連帯は生じえない。すでに一九二〇年代にクラカウアーとハイデガーは、サラリーマンを鋼鉄の檻の典型的なタイプと認めていた。サラリーマンの顔は、「お互いのために存在しているという仮面[153]」と癒着してしまっている。この仮面によって群衆は、政治生活の美的形成に使われることになる。恐怖を感じさせる膨大な数の群衆は、祭祀的な形へ姿を変えられることで恐怖感を与えないものになる。ファシズムが群衆に形態を与える場合に使うトリックは、集められた人々に自分たちを記念碑のように壮大なものと思わせるという点にある。人間という資材を使うエジプト方式が、群衆を麻痺させる。その見返りとして群衆は参画を許されるわけだが、その参画は支配への参画ではなく、記念碑的存在となるという形での参画なのである。「何千年をも眺め渡すファシストのお歴々の眼差しの前では、石の塊でピラミッドを作った奴隷たちと、広場や練兵場で総統の前で塊をなしているプロレタリアの群衆の違いは、ほとんどないに等しい[154]」。

群衆に対する不安から、群衆は美的に扱われる。ナチスの装飾にされた群衆は、意味を持たない祭儀を、正義なき表現を、精神の現在性のない集団の身体を演出する。不安から編成されたこうした群衆は、第一次世界大戦がもたらした支配階級の崩壊状況の裏面像なのである。「〈群衆〉は決してまとまったものでも、明確なものでもないように思える。群衆の弁証法と群衆そのものとは、群衆が自らを編成しているのか、それとも群衆が発見されるかに応じて、二通りあるように思える[155]」。すなわちファシズムは群衆という装飾の中の非存在的な無を編成するのであり、共産主義は「発見された」群衆を集団的な身体空間として組織するのである。群衆が自らの権利を認められるのは、群衆の再生産のダイナミズムの記念碑的性格ではなく、構造的な性格を生み出す場合である。

母型としての群衆からは、美もまた新たに生まれ変わって登場する。ベンヤミンは動的な集団の美をまだパニックと恐怖の形で規定している。なぜなら恐怖は群衆の祭の補完物であるのだが、恐怖が祭から分離してしまったがゆえに補完物であることが見えにくくなったからである。ベンヤミンは破局とパニックを、集団が成熟するための無意識の訓練であると解釈している。それは「パニックと祭という兄弟が、長い間分かれていた後に再び認め合って、革命的な蜂起において互いに抱き合う」瞬間[156]を先取りするものだという。ベンヤミンの唯物論的歴史観は、群衆が抱く恐怖や喜びに新しい世界の法を読み取り、彼らの革命のうちに動的な集団身体の「歴史的な実験指令[157]」を認識しようとする。

もし近代の群衆が、歴史の支配階級が崩壊してしまったために生まれたものだとすれば、人為的に編成された群衆のうちには、さらなる崩壊をもたらす力が再び働く。フロイトも人為的な群衆について次のように述べている。「群衆を崩壊から守り、その構造の変化を食い止めるために、ある種の外的な強制力が働いている。〈〈安定している〉という特性と〈人為的である〉という特性は、群衆の場合には重なり合っているか、あるいは一致しないまでも親密な関係にあるように見える）[158]」。社会的にはっきりとした輪郭を持たない群衆という仮象は、階級の輪郭を隠蔽してしまう。そうであるがゆえに、群衆は安定しているのであり、独裁の手にかかりやすい。ここに商品の物神的崇拝と、群衆としての存在と、全体主義との本質的なつながりがある。アトム化した私的関心を持つ者たちが、死せる商品を中心にして集まって一つに溶け合うこと、これが群衆の編成の歴史的な原現象である。「全体主義的な国家は、このような群衆をモデルとしたのである。民族共同体は、個々の人間を完全に消費者の群に溶かし込む上で妨げとなるものをすべて、個人のなかから追い払ってしまった。このことに懸命になっている独占資本の手下である国家にとって、唯一の有和できない敵は革命的なプロレタリアである。プロレタリアは、群衆という仮象を階級の現実によって追い散らしてしまうからである」[159]。「自然な」群衆の形成としてのプロレタリアの組織化は、それゆえに近代の群衆の無秩序状態のパースペクティヴが一点に消尽していくその消尽線上にある。ベンヤミンの唯物論的歴史観を楕円として捉えるなら、合理的な組織はその一つの焦点をなし、もう一つの焦点になっているのは大衆運動の「神秘的な、身体性に属する諸要素」[160]である。動的な集団身体というこの神秘的思考は、プロレタリアの要求の革命的正当性の根拠となるとベンヤミンは言うが、それは「労働者階級のみが、集団というあり方に対する確実な感覚を持っている」[161]からである。つまりプロレタリアの群衆が「自然に」組織化されるのは、彼らが集団感覚を持っているからであり、それを通して集団は自らを道徳的に修正したり、責任ある立場を取ることができるのである。

「共産主義理論の形而上学的唯物論――これは全体から見てわずかな欠陥なのだろうか、それとも基本的な設計上の誤りなのだろうか」というベンヤミンの修辞的問いは、形而上学的唯物論ではなく人間学的唯物論の方を選び取るというベンヤミンの本音を示している。ベンヤミンはこの人間学的唯物論を「二重の」結びつきによって規定している。一つは、「被造物たる生き物・動物的なものとの結びつきであり、もう一つは政治的・唯物論的なものとの結びつき」[162]である。この人間学的唯物論の一つのモデルをベンヤミンは、シュルレアリスムの芸術的反乱に認めている。シュルレアリスムが行なった「美的な破壊は、一方で生理学的・動物的・人間的なものへの結びつきを、他方で政治的なものと結びつきを」[163]持ち、一気に芸術を生理学と政治に、市民階級的個人を被造物たる生き物と集団身体へと解体してしまったからである。このようにシュルレアリスムが個人を被造物たる生き物と集団身体へと解体してしまったことによって、個体化の原理をディオニュソス的に破壊するというアルカイックなイメージは、弁証法的イメージに変わる。人間は被造物たる生き物として救済を望み、また階級の主体として革命的行動に尽くすのである。

「このように弁証法的破壊がなされた後で」[164]初めて、ベンヤミンが「百パーセントの」と形容するイメージ空間が開かれてくる。それが「身体空間」である。市民階級的な魂が解体される中で初めて、被造物と集団の身体が（再び）生まれうるのである。集団のこうした身体を組織化することが、資本主義の束縛を解かれた技術の課題なのである。

カメラの眼

集団の身体器官としての技術――これはヴァルター・ベンヤミンが映画を例として提示したユートピア的なテーゼである。現実はカメラの眼によって捉えられると、どのように変化するのだろうか。写真ではアウラは消えてしまい、顔の表情は薄れてしまう。近代《モデルネ》はレンズを通してものを見て、自然の光学を無効にしてしまう。しかしこのアウラの消失の結果は否定的に見えるが、実はそうではない。なぜなら市民階級の自己防衛的立場からは崩壊と見えるものが、虐げられていた階級には「アウラからの客体の解放」として経験されるからである。彼らは手に触れることのできる最大の近さを求めて遠き夢を放棄し、複製技術に「環境と人間との間の、有益な疎外関係」を認める。「政治的に訓練された視線」[165]は、プライベートなものを放棄するのである。

アウラはつねに、本質的な遠さと、つまり触ってはならないというタブーと結びついている。触るという行為によってこのタブーを破り、対象を身体に近づけた者は、この対象を脱魔術化し、そのアウラを消滅させる。それゆえにこのタブーを破った啓蒙は、物象化と分かちがたく結びついている。これと対応しているのが、近代における大量生産品の受けとめ方である。消費者は大量生産品を自分の身体の近くへと引き寄せるからである。消費者は物事を捕えようとする。これに対して、アウラとは「発散するもの」である、という表現が明らかにしようとするのは、遠さとは一回限り現われるもので、空間的な遠さではなく、現われることとの遠さが考えられているということである。一回限り現われるものは、宗教的崇拝の対象となる像のように近づきがたい。「アウラの危機を経験した[166]」時代には、ベールが引きちぎられ、断片が見えてくる。秘密は世俗化されて謎となり、至福の憧れの遠さに代わって、アレゴリーの驚くべき近さが登場してくる。

アウラ的なものと技術的に複製されたものとの相違は、ちょうど現象と機能の、権威とアクチュアリティの、絵画と写真の、覆われたものと覆いのない構造の、また〈現われの遠さ〉と〈利用のために手に届く近さ〉の相違に対応する。手の痕跡が対象に残っている限り、アウラ的な経験がある。技術はこの痕跡を消し去る。「見つめられた対象のなかに目覚める視線の遠さが、アウラの定義[167]」であるとするベンヤミンの定義に即して見ると、近代的装置に直面した人間の自己知覚に何が起きるのかということが明らかになる。写真や映画は人間の像を撮るが、人間の視線を無視する。人間の顔は、客観的な裁きを受けるために機械の前に現われる。「ところで、それに対しては誰も個人的な見解の責任を取ることができないような、新しい現実の兆しがある。人々が訴えかけるのは対物レンズだということである[168]」。

脱アウラ化というベンヤミンの概念は、象徴的な宇宙のアレゴリー的解体を行なったバロック時代から始まって、ボードレールの破壊装置を経て、映画カメラによるイメージ世界の解体までを含んでいる。ボードレールの「破壊的狂乱」にしてすでに、秩序と全体性と有機的なものという「仮象の追放[169]」に力を貸したには違いない。だが古いものの瓦礫の中に新しい世界の法則を認めたのは、カメラの眼が初めてである。映画という破壊作業において、アレゴリー的な破壊装置は真価を発揮する。「なぜなら、世界は美しくなどないのであって、この世界の審判へ赴くようにと、カメラは無言のままに名もなき何百万もの証人たちに呼びかけるからである。自らに課されたこの仕事に没頭しきっているカメラだけが、カメラの前にある腐敗のカオスの中に、さまざまな態度やしぐさや眼差しの中に、これからやって来ようとする新たなものの小さな芽を思いがけずに発見することができるのである[170]」。

細部にうごめく地獄を見る本当の視線をもったのは、カメラの眼が初めてである。それゆえにメディアとしての映画は、日常の物の世界を扱う精神分析の意図を満たすことになる。映画が行なうこの精神分析はフロイトの夢判断に従って、「日常茶飯の平凡な事柄の輪郭を、判じ絵として解読[171]」しようとする。新しい光学は偉大なる歴史的決断にではなく、決して共通項でくくれない個々の事例に焦点を合わせる。この光学は、日常の「気づかないような恐ろしさを測定するために」「われわれの通常の社会的生活を作り上げている細かな出来事のつらなり[172]」を構成していくのである。

日常は脱日常化されねばならない。つまり異化によって発見されねばならない。ブレヒトはこうした意味で、日常とは異質な、隔たりをおいた所から、現実の諸要素に対する実験的な関係を展開し、中断という技術を使ってごくあたりまえの出来事の成り行きから驚くべき状態の標本を作り上げた。それは日常の実験室であり、ありきたりのものの実験をしやすくする。異化の技術は、馴染みのものを変化可能性という次元として見えてくるようにし、きわめて身近にあるものを無関心に扱ってはならないと異議を唱える。「きわめて些細で日常的なことの中にそれと知らずにいること、そして鋭い眼を持っていないこと――これが地上をこんなにも多くの人にとって〈不幸の草原〉にしてしまっている原因である。だがその責任が常々言われるように、人間の非理性にあると言ってはならない。むしろ理性は十分に、いや十分すぎるほどにある。しかし理性が間違った方に向けられているのであり、あの小さなもっとも近くにある事柄から人為的に反らされてしまっていることに問題がある[173]」。

きわめて近くにあるものに対してよい隣人関係を作る訓練をすることによって日常を脱日常化することが、近代的マスメディアのもっている可能性である。なぜならこのマスメディアはショックを規範にまで高める知覚に相応しいからである。ショックにおいてはどのような現在も危機の状態として現われて来る。そして物の見方でも、ショックとしての触覚的なものが優先されるようになる。「芸術のあらゆる形式を比較すると、映画は受け手の側に経験（Erfahrung）を挑発することがもっとも少なく、体験（Erlebnis）を挑発することがもっとも多い形式である。映画は、普通の、経験に慣れてしまっているものにも、ショックの性質を伝えることができる[174]」。ズームレンズ、高速度・低速度撮影は、非身体的な光学の世界を開いた。そこには「物質のすっかり新しい構造形成が見えてくる[175]」のである。自然の眼とは共通性を持たないような光学だけが、きわめて微小で身近なものの世界を「われわれが惰性からその世界の上にかけてしまったベール[176]」から解放することができる。映画は、見た目にはどちらでもいいようなものの中にある典型的なものを標本として取り出し、光学的に見た世界の重要性を、まさに自然の眼が、つまり慣習的な視線が見逃してしまうものの中に示す。「われわれには第二の世界は必要ではない。（……）われわれの時代には驚異的なものがある。それはもちろん愚鈍な眼には見えないが、本当に見る眼には明らかに、手に取るように見える[177]」。本当に見る眼とは、カメラの眼のことである。カメラの眼は、個々のものを分離しながら現実の中に入り込み、その分析度を高める。技術によるこうした「知覚の深化[178]」は、知覚組織の歴史的アプリオリを変化させる。その変化の仕方についてベンヤミンは繰り返し、精神分析とのアナロジーで語ろうとしている。

なぜなら映画は、自然の眼では捕えられない視覚的無意識を適切に表現できるようにする。それはちょうど日常生活の精神病理学が無意識の願望を、いままでの会話では注意を向けられなかった言い間違えの中に見つけて表現するのと同様である。カメラの眼は、通常の知覚のスペクトルに反抗し、通常とは異なった自然に答える。日常を反身体的に脱日常化することが、日常の「自然な」克服の役に立つかどうかが、映画の社会的意味を決定する。ベンヤミンにとっては、その点について楽観的に見る理由があった。「事務所や、家具付きの部屋や、酒場や、大都市の街路や、駅や工場はそれ自体としては醜いものであり、不可解であり、どうしようもないほど惨めである。いやむしろこう言った方がいいだろう。これらがそのように見えたのは、映画が登場する以前のことであると。映画はこうした牢獄の世界をすべて、一〇分の一秒というダイナマイトで破砕してしまった。そして今私たちは飛び散った残骸の間を、遠くまで冒険的な旅に出ようとする」(179)。映画においては、自然の視覚のありきたりさから抜け出ることは、技術的世界という第二の自然に入れるように訓練することと一体である。

カメラがイメージ世界を粉々に粉砕することによって、仮象は使用可能になる。なぜなら、カメラの捕える画像に深く沈み込んで観照することはできないからである。カメラの画像は内面性を排除するからである。技術的メディアが現実に浸透してからというもの、世界を見ようとする者は、機械的装置を末梢神経にまで張りめぐらせねばならない。しかし装置への感情移入は、人間同士の関係にあるような感情移入を排除する。それはちょうど外科医が器具を使って手術をする場合に極端に病人の身体に近づくために、祈禱師が病人の体に触れるときのような自然な距離がなくなってしまうのと同様である。〈装置への感情移入〉というベンヤミンの矛盾したこの表現は、心理学的な感情移入に対するブレヒトの批判をすでに前提としたものであり、集団的な受容をすることによって、内面性を消し去る観衆が取るテストの態度を特徴づけている。「自動装置と機械の前では、もう自己を示すことはできない[180]」というカール・シュミットのテーゼは、ベンヤミンの映画理論に特有の弁証法的な修正を加えれば、こう言い換えることができる。つまり機械の前では自己を示すことはできないが、機械を通してならできるのであり、しかも自分自身を疎外し、その自己疎外において「きわめて生産的に」役立つ人間を示すことができるのである。自己疎外は、映画俳優の生産力である。俳優は自分の鏡像を、目に見えない大衆の審査にさらすことになる。そして大衆の前で俳優は、人間がいかに「機械装置を前にしたときの[181]」完全なる自己疎外のおかげで自分の人間性を主張することができるかを示してくれる。複製によって人間のありさまを示すことは、ベンヤミンにとって、機械装置と大衆の前での自己表出という全面的な自己疎外から、人間性が新たに生まれ出るパースペクティヴを開くものであった。

普通の視線では、集団に特有の動きの形態を適切に知覚できない。大衆の行動はすべて、機械装置によって隅々まで行き渡った知覚がなければ捉えられない。それゆえに大衆の革命的自覚についての問題の決め手は、複製技術の機械にある。ベンヤミンはロシアを念頭において次のように述べている。「映画やラジオが集団に影響を及ぼすようにすることが、現在ロシアという巨大なる実験室で行なわれている大規模な大衆心理学的実験である[182]」。しかしファシズムの週間ニュース映画もまたベンヤミンにとっては、集団的な行動様式が近代的なマスメディアという場でそれに相応しい表現形態、つまり大量の技術的複製という形態を見つけ出したことを示す証拠であった。「大規模な祭典行進、巨大な集会、大規模なスポーツの競技会、そして戦争、こうしたものは今日ではすべて撮影装置に与えられるのだが、大衆はそうしたものの中で自らを直視する[183]」。

映画館がベンヤミンの大衆理論にとってきわめて重要な意味をもつのは、単なる個々人の集合から集団へという移行を映画が示しているからである。というのも映画館では観衆の反応がマス化し、これが個々人の反応をあらかじめ規定するアプリオリとなり、「その観衆の反応が現われることによって、その反応はセルフコントロールされる[184]」ことになるためである。観客の反応がマス化することによって、観客は散漫な受容のプロセスの中で組織され、個々人の知覚構造の形を変える。「大衆が注目する言葉やしぐさや出来事は、個々人が注目するものとは異なっている。しかし群衆の静寂の中では、個々人の感知領域もまた変化する[185]」。近代のマスメディアは、そのプログラムの中ではまだ個人としての人間を念頭に置こうとしているが、その構造からすればマスメディアは典型としての人間を相手にしている。仮面は正当な仮象であり、まやかしの本質である相貌よりも、すべての点においてまさったものである。映画館とは、個々人の特性の仮面が勝利したものではなく、仮面によって個々人の特性が消去されたものである。

ベンヤミンは、映画が理論的判断の対象ではなく、実践的な訓練の道具であることをとくに強調している。彼は映画を、芸術形式としてではなく、なによりもメディアとして分析している。なぜなら映画で問題となるのは、知覚の深化であって、知覚の意味解釈ではないからである。「実際に映画とともに、意識の新しい領域が生まれて来る[186]」。それは「アクチュアルな原史[187]」という領域である。というのも映画は、十九世紀の経験から技術的な帰結を引き出してきたにすぎないからである。そして十九世紀の原史とは、十九世紀における神話の回帰を意味しているのではなく、原史の全体が新たに更新される神話的形態であるということを意味しているのである。

ベンヤミンは十九世紀を客観的なファンタスマゴリーとして、つまり前史からの覚醒を待つ資本主義の夢として解釈した。ベンヤミンは、〈過去〉とは目覚めたものの突然の訪れであると定義する。つまり、事実とは今ちょうどわれわれに襲いかかって来るもののことであると、覚醒をもたらす追想が確認することである。つまり追想の本来のケースは、覚醒が突然やって来ることなのである。現在を覚醒した世界として経験するためには、われわれは〈過去〉と呼んでいる夢から目覚めなくてはならない。こうしたきわめて重要な意味において、十九世紀はベンヤミンにとって〈時代の夢たる時間空間（Zeit(t)raum)〉である。

ブルジョアジーは夢を見る集団である。彼らの無意識には、根源の歴史の経験が蓄積されていて、未来の夢の願望の像、つまり新しいものを空想上で先取りした形象はそこから滋養を得てくるのである。この無意識の領域は、自らにも見通しのきかない類似性の領域であるが、そこでは自我よりイメージが優先権を主張する。それゆえにベンヤミンは集団の夢の解釈学には、アレゴリー的な聖書解釈に通暁している技術が不可欠であるとする。なぜなら、ベンヤミンは、夢の中でのように変形された世界の中で「千年王国のイメージ[188]」を探し求めているからである。夢を見る集団というこの説は、弁証法的イメージの神学へと転換する。主体はもはやフロイトにおける自然の夢の場合のように、個人ではない。むしろ問題となるのは「ある事柄についての夢」（マルクス）、つまりその中に社会が自らを表わし出す夢、社会が自らを弁証法的なイメージへと移し入れる夢である。この弁証法的イメージには「覚醒が入り込む場所[189]」があり、そこで夢は静止するのである。

なぜベンヤミンがこうした事態を「歴史観のコペルニクス的転回[190]」と名づけたかについては、カントと比較するとはっきりと分かってくる。カントの純粋理性に関する実験は、化学者が行なう合成の方法と類似した仕方で、「物自体」と「現象としての物」という相互に分析的に区別可能な二つの要素を、弁証論的な総合によって結びつけて「無制約的なものという必然的な理性の理念と一致させる[191]」。これと同じように、覚醒の世界は分析的には過去の夢のイメージと対立するが、総合の観点からすれば、覚醒は過去を「弁証法的に記憶に留める」ことができるはずである。カントにとっては経験は原則的にはさまざまな知覚の総合である。この原則に従えば、歴史的経験は過去の夢の知覚と覚醒した今の時とを、覚醒の瞬間において総合する。ということは、夢の中には――ベンヤミンが問題としているのは歴史主義の夢であるが――経験の総合はないのである。なぜなら夢はすべてのことを追想するが、自我についてだけは追想しないからである。覚醒のみが総合的統一を、つまり自我の追想を可能にするのである。したがって過去の夢からは、歴史的な対象を構築する概念を取り出すことはできない。だからこそ「政治が、歴史より優先される[192]」。

政治とは、ベンヤミンにとっては神学的な策略をも意味している。というのも覚醒という経験――二つの領域の境界を敷居のように越える経験――は、目覚めた生活の中で夢をロマンティックに育むのではなく、夢を征服するものだからである。「覚醒に際して夢の要素を利用することは、弁証法的思考の典型的な例である。したがって弁証法的な思考は、歴史的覚醒のための道具なのである[193]」。現存するものを廃墟の風景として示す夢には、終焉が告知されている。この視線は没落のヴィジョンにふけるのではなく、破壊のイメージを弁証法的に静止させる。「未来への恐怖を、満たされた今へと変化させること」――これこそがシュルレアリスムの憧れであり、史的唯物論のプログラムであるが——これは「当意即妙に反応できる身体的能力[194]」である。これをベンヤミンは、毎秒を刻む目覚まし時計のイメージで捉えている。たえず緊急体制にいるというこのイメージこそ、シュルレアリスムの素顔なのである。それは近代という悪夢からの政治的な目覚めである。

一九一八年の夢のイメージは、もうすでに夢解釈によっても、分析的にも解読することはできなくなってしまった。その夢は近代からの覚醒についての夢だったのである。そのような意味では、かつてはユンガーの夢の強烈さも、自動化による麻酔状態と大都市の不安な夢[195]による麻痺状態から覚醒するためのものであった。「〈覚醒と勇気〉——これはわれわれの旗印になりうる」。二十世紀の歴史的経験は、そもそもそれがまだ意味を持ちうるためには、夢を手がかりにするほかなかった。フロイト、シュペングラー、ユンガーの場合には、夢は「自然形態」であり、まだ歴史に関与する道を遮られていた。保守革命主義者たちのこうした自然の夢に対抗して、ベンヤミンは夢を集団的な記憶の形態であると捉える。この記憶形態では、出来事が〈映画〉のようにきわめて短縮された形で進んでいく。彼の史的唯物論が目指すのは、この集団的記憶の歴史的イメージの夢解釈である。この方法は夢のように変化する知覚のテンポを教える。つまり過去のものがわれわれの目の前で起こり、われわれの身に襲いかかるように思わせるのである。その方法の総括概念はショックであるが、それは体験のショックではなく、真の経験のショックなのである。真の経験においては、イメージに捕えられた者にとって「現存のもの」はもはや存在しない。忘れられたものに心を捉えられて、歴史家ベンヤミンは過去の事柄を現在に生き生きと思い浮かべる。「われわれが過去の事柄の中へと入り込むのではなく、過去の事柄のほうがわれわれの生の中へと入ってくる[196]」。あたかも過去の事柄が、目に見える現象であるかのように。史的唯物論者ベンヤミンは、それらの事柄を彼の時代の空間に呼び出す／引用する（zitieren）。過去の事柄の「第二の現在[197]」が、彼の求めるものである。

これと対応しているのが、ベンヤミンの歴史的認識の概念である。この概念は時間が先鋭化した危険の瞬間と結びついている。危険は記憶の中に用意されている画像のシークエンスの時間を早回しして凝縮する。それを静止するのがショックである。すると次々に続いていた画像のシークエンスがもっていた継時的性質は、決断へと転換する。この瞬間を支配する力が、当意即妙に反応できる（Geistesgegenwart）身体的能力といわれるものである。個々人にとって生命の危険であるものは、歴史においては危機であり、危機は歴史的主体をもっとも極端な形で晒し出す。精神が身振りの中に入りこむということは、神学的内容が世俗性の中に入り込むということと同じである。「精神の現在性（Gegenwart des Geistes）を作り出すのは、身体のみである[198]」。これこそがベンヤミンの逆転した神学の中心的な教説である。それは「（ちょうど自分の軍旗を敵の中に投げ捨てるように）精神を自ら放り出すように[199]」と精神に要求する。さもないと神が物神崇拝の対象になってしまうからである。そのことから唯物論的歴史家ベンヤミンにとって生じて来る課題は、歴史的時間の概念を「救済のイメージ」によって政治的に規定すること、しかもその際に政治と救済とを混同しないことである。「われわれの生は、一切の歴史的時間を収縮させる力を十分に蓄えた筋肉である[200]」。こうして当意即妙に反応する身体的能力は、近代の夢に関するベンヤミンの仕事の中で、歴史よりも政治を優先することを保証する決定的なカテゴリーとなる。

過去の事柄は、すでに過ぎ去ってしまったものとして固定されるのではなく、現在化という弁証法の所産として把握される。ということは、過去の事柄は、当意即妙な反応の場としてアクチュアルであるということを意味する。〈今の時〉というベンヤミンの唯物論は、「過去が決して博物館のような財宝ではなく、常に現在にかかわるものである」[201]ということを前提としている。だからこそ歴史的記述は、現在についての自己認識へと転換することになるのである。

ベンヤミンは救済する追想として歴史を現在化する。それは覚醒した意識の到来である。この弁証法的図式によって、彼の歴史観は、歴史主義を克服するのであるが、それはちょうどフロイトにおいて目覚める精神分析が、催眠状態から解放されたのと似ている。覚醒は夢を弁証法的に、つまり批判的に中断し、夢を解読可能にする。つまり現在に関係づけられるようにする。ここで問題となっているのは、原史的な経験、つまりL・クラーゲスが機械的な意味からなる殺伐とした世界から守ろうとしたイメージの現実の機能を変えることである。それは「はるかなる過去の魂」[202]が夢の意識の知覚世界を形成したものである。しかしクラーゲスは夢の目的論的契機も、また覚醒を待つことも、待つことの中で告知される集団的な夢のエネルギーを政治的に摂取することも知らない——この政治的摂取があって初めて、夢のエネルギーは歴史へと変えられるのだが。なぜならある時代が夢の眠りについている場合——この状態がベンヤミンには資本主義の特徴であると見えるのだが——には、歴史のために、政治は歴史に対する優位を要求する必要があるからである。資本主義の夢は原史からの覚醒を待っている。このベンヤミンの考え方がクラーゲスやユングと相違する点は、目覚めという契機があるということであり、マルクスと違うのは待つという契機があることである。待つということは政治的・神学的概念であり、救いをじっと待つことである。ユダヤ人にとっては世界はもう発展を必要とはしていない。世界はすでに目的地に到達してしまっている。待つことは、終焉を待つことである。ユダヤ人にとって「もっとも遠い」ものである神の国は、「いつでも次の瞬間に来るかもしれないのであり、それゆえに〈もっとも遠いもの〉の代理である〈もっとも近いもの〉は、いつの瞬間にも捉えられるようになる[203]」。つまり待つということは歴史的時間を〈シュルレアリズム〉的に知覚することである。それは時間の停滞であり、そこでは待たれているもののイメージが、現に存在するものの陳腐さの上に二重写しになって見えてくる。この時間の停滞が、驚きを引き起こすのだが、その驚きは静止状態の弁証法を表わし出している。この弁証法は、時間の早回しによる凝縮と時間の静止とを一緒にして考えるものである。つまり時間が早回しされて凝縮されることによって、歴史の時間は一瞬のうちにせき止められてイメージ空間へと流れ込む。

待つことは、それが何を待っているのか分からない場合には、退屈なものである。退屈は、歴史に背を向けた夢の側面であり、集団の深い眠りからの歴史の覚醒を待っている。退屈は「経験という卵[204]」を孵化する。とはいえ、それは時間を無駄にすることではない。そうではなく、空虚で均一な時間を歴史的な時間へと変化させるのである。「待っている人は、時間を充填し、別の形にして――期待という形で――再びその時間を放出する[205]」。待つ人の辛抱強い注意力は、われわれの中で夢を見続けてまだ意識されていない、過去についての知に向けられている。待つことと覚醒の関係は、希望と救済の関係に対応している。

かつてあったものは、歴史的対象として、ということは弁証法的イメージとして、「その過去の存在から、今の存在（覚醒した存在！）である具体性の高い次元へと高められる」。この歴史的覚醒についてのベンヤミンの把握の仕方は、病気の症状を主体の歴史に組み込む精神分析の仕方と類似している。フロイトは、「現実の体験と記憶との逆転関係」が、抑圧（Verdrängung）の心理学的条件であることを見つけ出した。「子供の時に見た夢は、後になってからは新鮮な体験であるかのように作用する。しかしそれは無意識になされることなのである[206]」。歴史的な物の世界についてのベンヤミンの精神分析でも同じことが起きる。追想のなかに弁証法的に定着した出来事のアクチュアリティは、それが実際に起きた時よりも大きい。「〔過去の事柄が〕より高度なアクチュアリティとして心に刻み込まれる仕方、それを行なうのは、出来事がそうしたものとして、またその中で理解されるイメージである」[207]。このイメージこそが集団の身体に浸透し、集団を行動可能なものにするのだという。ゼネストについてのソレルの神話は、それを請け合っている。プロレタリアの実際の意識からはいかなる革命的な階級意識も展開することはできないので、歴史的認識の主体としての階級の全体性は、イメージの次元でのみ示されるのである。それゆえにソレルは、ブルジョア的な「進歩のイメージ」に対して「全面的な破局のイメージ」を対置したのであった[208]。こうしたイメージが生じるのは、革命の暗闇を考えているからである。つまり革命とは、記述することのできない破局だということである。いかなる演繹も記述的な言葉も革命を前にしては無力であるので、政治的な神話学者たちが革命の暗闇を並外れた闘いのイメージを通して照らし出すことになる[209]。

プロレタリアが虐げられた最後の階級であり、解放の仕事を特定の目的に向かってではなく、徹底的に最後まで遂行する復讐者であるという考えは、そうした闘いのイメージである。それは事実ではなく、特定の歴史意識に支えられて演出されたものである。ある存在が革命的意識を持つのは、実際にそのような存在の仕方をしているからだけではなく、抑圧された者たちの伝統の中でそうした意識が作られてきたからである。実際の歴史に決着をつけてきたのは、勝利者たちであったが、ベンヤミンはそうした決着のつけ方に抵抗して歴史を逆読みする[210]。彼は苦しみ、拒絶されてきた者たちの領域を浮き立たせる。

唯物論的歴史観は、実際の歴史には生じなかったことを、歴史の潜在的可能性の中にあるイメージとして発見する。重要なのはあるがままの事実ではなく、「可能性という沈黙した力[211]」であり、それは理解できるような反復のうちにではなく、引用によってなされる破壊のうちに示される。なぜならベンヤミンにとって、過去のアクチュアリティは非連続性の概念だからである。救済史の完成は、天地創造と最後の審判の間に位置づけられるものではない。歴史哲学的な関心がゼロになる地点にこそ、歴史の恐怖は自然として、また破壊的な自然は歴史のデスマスクとして現われるのである。ベンヤミンは「今の時」のうちに「過去のもっとも奥深いイメージ」を認める。それによって、歴史の内部に向けられたこの弁証法的な視線は歴史的仮象を破壊する。唯物論的歴史家ベンヤミンにとって、真理の歴史的認識は、「すぐに消えてしまうイメージの星座のような配置関係（Konfiguration）」[212]として示されるものである。歴史的認識は、まさに歴史の危険性と、いかなる〈所有〉も認めない歴史のイメージのはかなさによって、真理たりうるものとなる。

認識と真理との間にある観念論的な深淵に橋を架けているのは、唯物論的な理念論である。その理念論が提示する第一の問いは、現在は歴史的に記述される諸対象の中でどのような関係にあるのか、また、それ以前でも以降でもない、まさにこの現在にあって、いったい何が認識可能なのか、というものである。この問いにはすでに、真理についての今までとは異なった概念が含まれている。世界がまさに〈今〉認識可能であるわけであるから、この真理は「認識可能な今」にのみあり、この〈今〉は歴史的認識の体系的な連関をそれ自身のうちに、また「完成した世界の状態」とともに根拠づける。完成した世界の状態は、すでに〈今〉の時において、象徴的諸概念の屈折した状態の中に姿を現わす。「知覚などの行為は、屈折して、非本来的に、非現実的にしか、認識可能な〈今〉の中に入り込むことはない」[213]。〈今〉というものは、〈現在〉――それがいかに見栄えのしないものであっても――によって規定される。〈今〉は、さまざまなイメージを時間化し、過去の陳列品にしようとする呪縛を破砕する。しかしそれは、イメージが現在と過去の時間的関係を作り出すということを意味しているわけではなく、過去と〈今〉の弁証法的・飛躍的な関係を作り出すのである。イメージが真に歴史的なもの、つまり仮象を持たないものとなるのは、危機的な時点だけである。「イメージの歴史的指標」[214]は、そのイメージの「起源」の時間と、そのイメージが解読可能となる時間によって決まる。つまりある時点における指標が、一瞬のうちに読み取られる。こうして読み取られた指標は、実際の時間のもっとも微小な形態であり、弁証法的イメージの現実である。理解というものはすべて、やり損なったこと——つまり機転をきかせることができずチャンスを利用し損なったこと——を補うだけであるのに対して、史的唯物論者ベンヤミンはイメージを読むという危機に自ら身をさらしているその一瞬をうまく使いこなすことができる。精神分析がすでに示しているように、イメージを読むことは瞑想的になされるのでもなく、また安全なものでもない。真理には時間の核があるので、真理の認識は、主体がこれぞという瞬間に把握の時間を終了させることができるかどうかにかかっている。このことが解読を危険なものにしている原因である。瞬間を捉え損なうという危険のある危機的な瞬間において、初めてイメージは解読可能なものとなるのである。

瞬間に読み取られたイメージは、ベンヤミンにとっては歴史的経験の総体である。それは、歴史という天空に瞬間のうちに知覚される星の位置関係（Gestirnkonstellation）なのである。これを読み取ることが危険なのは、それが知に先立つ行為だからである。「なぜなら危険な状態にあっては、身体は本当に頭脳を通り越して諸事物と通じ合ってしまうからである」[215]。ここで問題とされているのは、「差し迫った危険の瞬間にだけ起きるような、予期しない瞬間的な洞察」[216]である。カール・シュミットは彼の例外状態の理論をキルケゴールの『反復』からの引用で最後を飾っているが、例外状態の思考にかなった精神の即応力を説明するためにも、やはりキルケゴールの次の言葉を援用している。「天才は危険な瞬間にはもっとも強くなるものであり、天才の不安はむしろそれ以前とその直後の瞬間、つまり震えの瞬間にある」[217]。

こうした局面にあっては、学究（Studium）が精神の機能を訓練するのではなく、勇気が精神の即応力を試すのである。「精神の即応力と弁証法的唯物論の〈方法〉との関係を確立しなくてはならない。（なぜなら……）弁証法的思想家は歴史を危機の状況としてしか考察することができないからであり、彼はこの状況をその発展を思考し追究しながら回避しようとつねに準備しているからである[218]」。ここでは精神は、きわめて状況と身体に密接に関係しているものとして現われる。それゆえ精神の即応力（Geistes-gegenwart）とは、精神によって規定された現在ではなく、現在において機能するようにされた精神である。「精神の即応力は、危険の瞬間に自らを入り込ませることを意味する[219]」。なぜなら精神に現在という時と場所を示すのは身体だからである。こうした事態をベンヤミンは、精神の即応性の堕落した形態である賭博から読み取っている。賭博師の体は賭けの状況に応じて素早い動作で反応する。賭博師は賭けの運ばかりでなく、チャンスを逃すかもしれないという危険な運命とも向き合っている。「危険の中で瞬間的に末梢神経を張りめぐらせること、精神の即応力が予感となるような限界状況、（……）それを賭事は実験的に作り出す[220]」。賭博師は状況（Konstellation）として読み取ったものを利用して即座に賭ける行為に移る。これとは逆に、状況の瞑想的な解釈および解読はつねに、それを利用するチャンスを逃してしまったという事態の表われなのである。解釈をしながら読まれるのは、つねに〈遅すぎる〉という傷跡だけなのである。それゆえに歴史の弁証法的イメージを読むことは、瞬間になされる事柄であり、その瞬間において勇気のある者は、精神の即応性が未来から「抽出されたもの[221]」であることを証すのである。

「弁証法的イメージは、（……）歴史の原現象である[222]」。これをベンヤミンはモナド論的に、また同時に決断主義的に考えている。この場合にイメージは、瞑想的なメタファーとははっきり逆の位置づけをされて、行為と結びつけられている。イメージは瞬間的に作用する力があるゆえに、イメージの完璧なる現在性はメシアニズム的なものであることが明らかになる。この弁証法的イメージのモナド的な構造は、二重の性質をもっている――救済に関わっている場合には、それはメシアニズム的であり、政治的行為に関わっている場合には、決断主義的である。弁証法的イメージの二重の性質に対応する歴史的経験は、もはや叙事的な形式領域には入らない。ベンヤミンの歴史観はこの点で、歴史の叙事的要素である伝統と、真理の叙事的要素である知恵（Weisheit）を放棄している。なぜなら近代以前においては「むかしむかし、あるところに」で始まる叙事的語りは賢い諭しを告知するものであり、その中では分別のある語り手が考え込んで話を中断することによって神話的な関わり合いが生じたのだったが、そうした語りはもうとっくに麻酔剤へと、つまり世界史の色とりどりのイメージの世界が引き起こす神話的な誘惑へと堕落してしまった。ベンヤミンにとっては歴史のパラダイムであるような物語はもう存在しない。「歴史は複数の物語へとではなく、イメージへと分解してしまう(223)」。

どのような歴史のイメージにも、支配的階級によって利用される危険がつきまとっている。体制順応の危険である。それゆえに唯物論的歴史観は、伝統をめぐる闘いの中で出来上がっていく。その敵は、内部空間《インテリア》のファンタスマゴリーの一部である歴史主義である。世界史を保護ケース入り人間として見る歴史家は、過去という売春宿でうつつをぬかす。この「文化史的」伝統に対して、史的唯物論者ベンヤミンは破壊的な正義をもって立ち向かっていく。しかも彼の要素のうちで破壊的要素のみが、彼に弁証法的経験の純真性を保証するのである。

破壊的に構築された歴史の対象とは、思考運動に区切れ目（Zäsur）をつける弁証法的イメージである。精神の即応性はこの区切り目でその本領を発揮する。つまり、思考を静止させて、精神の即応性によって思考の領域から抜け出なくてはならないのである。これがベンヤミンの言う意味での政治の概念である。これと弁証法的に対極にあるのが、歴史的経験の概念である。これを担う主体は、S・フリートレンダーの言う「創造的無差異性」において両極を揺れ動く破壊的性格の人間である。破壊的性格の人間は、「どの状況においてもそれが歴史的状況であるかのように」行動する。これができるためには、既存のものをその極端な状態において感知する能力が必要である。彼はもう先に進めない所でいつでも「出口」を見つける。[224]すべてを弁証法的に両極端化する破壊的性格の人間は、生成に対する感覚をもはや持っていない。彼の時間感覚を規定しているのは、ショックとフェードオーバーなのである。「歴史のイメージから〈発展〉をことごとく追い払い、生成をセンセーションと伝統の中で弁証法的に引き裂くことによって、存在における一つの状況として描き出すこと」[225]は、『パサージュ論』に見られる傾向でもある。弁証法的イメージは、歴史についてのベンヤミンの認識論においては、理念に代わるものである。個々人の経験を弁証法的に破壊することによって、決定的なイメージ空間を開き、さらに政治的介入がなされる無差異の地点へと導こうとするのである。このように弁証法的に両極化する破壊作業は、夢と神学の中にある美的なものを粉砕し、人間を「一方では被創造物的・動物的なものへと、他方では唯物論的・政治的なものへという二重の結びつき」[226]によって規定する。歴史家ベンヤミンが扱うのは、人間や芸術作品ではなく、骸骨とモナドなのである。

歴史的対象は、それ自身の前史と後史の諸力と関心を対象自身の内部に表わし出す。しかも、後史が前史の変化可能性を認識できるような仕方で表し出すのである。この二つの歴史の対決、根源の渦が、対象のモナド的構造を特徴づけている。

渦、根源の渦、流れに逆らって泳ぐ、逆撫でする、噴火口の陥没——これらはベンヤミンの思考においては、理念と歴史の関係を別の言葉で書き表わす場合に必ず登場するメタファーである。なぜなら理念はその根源の渦の中で過去のものをこなごなに粉砕し、その要素を理念自身のうちに取り込み、過去をそのモナド的な内部において救済するからである。このようにして理念はそれ自身のイメージを、歴史のさまざまな極端なケースから作り上げる。「個別的なものがそのように全体性へと結晶化され確認される形式、これが歴史である[227]」。歴史的経験として、理念の根源的渦に対応しているのが飛躍と破砕である。つまり破砕されていない歴史の連続性の中には、いかなる真の歴史的経験も存在してはおらず、あるのは歴史的仮象だけなのである。出来事の継続的経過を打ち破ることによってのみ、経験は可能となる。しかもこのように発見された状態は、内在的に弁証法的なものである、つまりは静止状態における弁証法であることが明らかになる。このようなモデルが、歴史家の唯物論的理念なのである。ブレヒトは、組織的な中断の方法を異化と名づけた。それはベンヤミンによれば「ヨシュアの意志」であり、「世界の進行を中断すること」が、ブレヒトの異化においては技法となっている。それは「事柄の自然な成り行きを停止すること。ギベオンの太陽への祈り[228]」〔ヨシュア記十章。イスラエルの民と同盟を結んだギベオンの地がアムル人たちの攻撃を受けたときに、ヨシュアは味方に有利になるよう太陽が隠れることを祈った〕であるという。

これは、過去が引用として現在へと飛び込んで来て、弁証法がイメージの中に停止する瞬間が神学的に形を表わし出す前段階である。引用すること（zitieren）は、中断によって形態を与えることである。これは神学的な原イメージで言えば「神の前に」おいて、また世俗的にはマルクスの言うところの支配階級を訴える歴史の秘密法廷の前においてなされる。このように「歴史の法廷の前へと呼び出される（zitie-ren）ことによって初めて、『パサージュ論』の素材は歴史の対象となる――つまりは「裁判を受ける対象[229]」となるのである。歴史的覚醒へと至る境界をなしているのは、最後の審判であるが、その審判は聖化することも地獄へ突き落とすこともなく、世界の瓦礫を追想へと救い出すものである。「惨害のあとに、瓦礫と石塊は山となり、うずたかく積もっていく[230]」――ユダヤ教の預言者たちには神の審判はこのようなものとして考えられていた。ベンヤミンはこれを世界史の経過に投影するのである。そしてこの壮大なる破壊の中で、ランケの歴史主義が逆説的に救済されることになる。「どのような瞬間も、過去の何らかの出来事にとって、最後の審判である。どの時代も神と直接向き合っているのであれば、どの時代も何らかの過去の時代のメシア的時代として最後の審判なのである[231]」。

歴史の法廷は、歴史の物語を中断し、歴史の勝利者の弁明に口をはさむ。「陳述ではなくて、審理が始まるのだ」。中止による切れ目は、生の仮象を破壊する。なぜなら誤った全体性が死んでいるということが、「諸部分を引き出す（蘇らせる）[232]」ためにつねに必要な条件だからである。引用は破壊しながら、歪められた（名の中にある）根源との関係を作り出す。引用はこのように、正義のカタルシス的な技法であることが明らかになる。なぜなら引用は、根源と破壊との一体性を言語のうちに作り出すからである。引用を行なうことによって唯物論的歴史家は、ブルジョアの伝統を非連続性として現在化する。彼の行なう解釈は、叩き出すことであり、どの解釈も暴力的である。つまり引用は判決なのではなく、「判定と恩寵なのである。引用は「判決なき刑が執行される世界[233]」へ通じている。

ベンヤミンのモンタージュ技法は、「引用符なしに引用する（高度な）技」のためのものである。ということは「過去の失われた形態に、現在の形態を読み取る[234]」ためのものである。ここで取り上げられているのは、フリードリヒ・シュレーゲルによって発見された引用の仕方である。つまりそれは引用することによって引用された箇所を同時に超越するという仕方での引用である。真の引用は肯定することがなく、破壊するのである。つまりこれが引用の二義性なのである。そしてまた引用は、仮象なき静止状態を作り出す。引用することは、すなわち（真の）名で呼ぶということである。このように真の名で呼ぶことが、「破壊しつつ、連関から引用を切り出してくることなのである。（……）引用は名として孤独かつ表情なしに存在している[235]」。引用は救済の指標をもっている。なぜなら引用は、ベンヤミンのすべての破壊的インパルスがそうであるのと同様に、「宥和を行なう用意があること」を告知しているからである。というのも、破壊の神学的意味は、すべてを神との宥和のうちに破壊し尽くし、それによって宥和された状態で神の前に「再び蘇るのを見出す」[236]ことにあるからである。

利用することによる救済――この正義のスローガンをベンヤミンは「概念という帆に吹き込む絶対的なものの風」[237]という航海のメタファーによって描いてみせる。歴史の流れに抗して風上に向かって航行する者もまた、この風を帆に受ける。「歴史哲学テーゼ」の第九テーゼに述べられている歴史の天使の翼は、こうした帆であり、パラダイスから吹いて来る暴風は、絶対的なものの風なのである。そしてこのようにしてヨーロッパ・ヒューマニズムの大陸から離れていく船は、「貧困」という名で呼ばれる。このように救済は破局から滋養を得ている。否定というものはすべて、破壊不可能な生の輪郭を描き出す。方法論的にこれと対応しているのが、危機の技術であるが、これは弁証法的対比を使う技術である。唯物論的歴史家は、所与のものにおいて肯定的（positiv）なものと否定的（negativ）なものを区別する。しかしそれは「否定的な部分について新たにまた区別を行なうためであって、その結果として視覚を（尺度をではない）移し変えることによって、否定的なものの中にもまた肯定的なものとそうでないものとが、今までとは違った形で現われて来る。このように無限に続けていくと最後には、すべての過去が歴史的に復活（Apo-katastasis）して、現在の中に持ち込まれて来る」[238]。歴史的復活という構想には、『ドイツ悲劇の根源』の認識論ではまだ観念論的に展開されていたプラトン主義的な救済の考え方、つまり現象を要素に分割することによって現象を救済するという考え方が、神学的かつ唯物論的な方向へ転じられている。

つまり救済とは神学的・政治的な概念なのである。ベンヤミンは歴史的経験という彼自身の概念を、この神学的・政治的概念に合わせて作り上げている。弁証法的経験は、過去のものに対してそれが自らの現在の「〈前史〉であるという指標[239]」を与えることによって、歴史における反復という仮象を拡散させる。しかしそのためには、普通ならば現在的なものにだけ適用される政治のカテゴリーが必要である。歴史学におけるベンヤミンのコペルニクス的転回は、政治のカテゴリーを制裁するように要求する。それによって政治のカテゴリーを過去のものに適用可能とするためである。過去のものは政治的な眼差しを向けるものにとっては未完結であることが示される。その眼差しは、最後の審判に向けられる神学的眼差しと同一である。

こうして過去は、歴史的に覚醒した集団に開かれたものとなるであろう。集団は歴史に目覚める、つまり資本主義の夢のファンタスマゴリー的な形態の世界から目覚めることになるという。それは近代からの目覚めである。「こうした〔ファンタスマゴリー的な〕形態が覚醒した意識の中で解消するのと同様に、これらの形態に代わって政治的・神学的カテゴリーが現われて来る。そして出来事の流れを凝固させてしまうこのカテゴリーのもとで初めて、出来事の内部において歴史が結晶のような星座的位置関係《コンステレーション》として形をなしてくる[240]」。覚醒の図式に従ってなされる弁証法的転換はどれも、隠された裏面を暴露する。この弁証法的転換は、歴史が収縮された状態である。それゆえにベンヤミンは次のように主張することができるわけである。「歴史的時間の真の構想は、完全に救済のイメージに基づいている[241]」。このイメージは、抑圧された階級が抱く感情、つまり彼らにとっては解放というものはなく、「哀れな魂の人にとってと同様に救済しかない[242]」という感情に答える。

自然史と同様に救済史も本来の歴史のカテゴリーで描き出すことはできない。救済史は説明を必要とするのではなく、解釈と〔救済史への〕入り込み——しかも終焉からなされたそれ——が必要なのである。なぜなら終焉においてのみ、歴史家には真にアクチュアルなものが現われて来るからであり、このもっとも遅れてやって来る客――真にアクチュアルなもの――こそがすべての歪みを正すからである。「アクチュアルなものを歴史における永遠なものの裏返しとして把握すること」は、歴史的なものと神学的なものを絡み合わせる課題である。というのもベンヤミンにとって重要なのは、「忘れ去られた啓示の連関を再現前するもの（Repräsentant）としての、現象のアクチュアリティ」だからである。唯物論的歴史家は、〈醜い〉神学者が被っている隠れ蓑であるが、この歴史家は自分の扱う対象を「過去を（……）自分のいる現在へと呼び出すこと[243]」と理解している。

歴史の憤懣、それは勝利者の年代記に入れられることもなく、また特定の歴史的状況から生じたにもかかわらず歴史の進展にスキャンダラスに逆らうのだが、この憤懣は永遠にアクチュアルである。ある歴史の現象のアクチュアリティは、その現象を啓示の現われとして永遠なるものに固定することはない。むしろ歴史的現在化が対象とするのは、「演出によってどのようにも修正できる生きたイメージ[244]」である。つまり唯物論的歴史家の思考構造は、歴史神学的な基本概念であるアクチュアリティと永遠性という二つの概念の弁証法的相互規定に完全に依拠しているのである。「なぜなら永遠性とは、現在の瞬間と完成との間に少しも時間をおいてはならないものであり、今日においてすでにすべての未来が把握可能でなければならないからである[245]」。真にアクチュアルなもののうちにこそ、永遠のものは瞬間的に歴史の中でその真の姿を示すのである。歴史のアクチュアリティの契機において、歴史的経験はその経験の対象が、まだいつとは知れないがすでにその到来を予感させる新しい宗教的秩序と結びついていることを知らしめる。現在化（Aktualisieren）とは、歴史を現在にとって憤慨の種にすることであり、しかもそれは現在の火急のアクチュアリティを過去のものに入り込ませ、それと同時に過去の最奥の構造を照らし出すという弁証法的運動の形をとってなされる。このようにして歴史的事実は、その前史と後史という弁証法の形で両極化される。このように過去を記述することは、現在にとっては危機的／批判的なものになるはずだというわけである。アクチュアルなものは、現在を歴史的に決定的なもの、つまり危機であることを強調する。こうした現在に相応しいのは学問としての歴史ではなく、追想の形式としての歴史である。追想（Eingedenken）は、忘却――つまり追憶（Erinnerung）の欠如ではなく、思い出すことへの抵抗（Gegen-Erinnern）――という逆の動きの緊張をはらんだ追憶である。そこでは体験されたものは固定されることはなく、その前史と後史に対して開かれている。この緊張をはらんだ追憶においては過去の苦悩は、未決着のものとして経験される。「これは神学である。しかし追想においてわれわれは、歴史を基本的に非神学的に捉えることを禁ずる経験をするのである。また同様にわれわれは歴史を直接的に神学的な概念で書こうとしてはならない(246)」。

ベンヤミンにとっては、歴史における忘れがたい（啓示の）瞬間は、人間の生活の中でそれが実際には忘れられているということとは関係ない。追想において問題となるのは、個々人の記憶ではなく、「神を追想すること(247)」が尺度であるような歴史的な経験なのである。追想についての宗教的なモデルとなっているのは、サバトの休息であり、そこでは完成という夢のイメージが現われて来る。というのもサバトは、救済を先取りしたものだからである。サバトの祭は、今日すでに救済されているという集団的感情を呼び起こす。このように追想は、歴史的なものを現在へと凝縮する。サバトの祭は、追想を行なう者が、追想される過去のものの主体そのものになったかのように祭られねばならない。つまり私もエジプトから解放されたかのように。これに対応して、真の歴史的経験が開示されるのは、体験（Erleben）という舞台ではなく、集団が「過去を振り返って（……）類似性に気づく(248)」ようになる追想という舞台である。

追想は、知るに値することすべての総体である教義と関係をもった解釈の形式を要求する。この教義はユダヤ教に起源を持つものであり、過去の学問的固定化がほぐされる神学的領域へと通じている。「学問が〈確定〉してしまったものを、追想は変形することができる」のである。追想の形式としての歴史という考え方は、「ハイデガーにおける歴史の世俗化」と真っ向から対立する。つまり〈歴史性〉が科学中心主義を補完する神秘的なものであるとする考え方とは対立関係にある。とはいえ追想的な解釈も、引き裂かれてしまった伝統を回復することはできない。それゆえにベンヤミンは歴史をつねに神学の対象と関係させて記しているが、決して神学の用語で記すことはない。「私の思考と神学の関係は、ちょうど吸い取り紙とインクの関係に等しい。私の思考は神学にすっかり吸い込まれている。だがもし吸い取り紙の思い通りになるならば、書かれたものは後に何も残らないことになろう[249]」。追想の形式は学問であるというより、むしろ嘆きとしての歴史なのである。嘆きとしての歴史が中世にとっていた形態は、ベンヤミンにとってまさに「もっとも新しいものに対して――もはや嘆きさえもない[250]」という嘆きの声を上げるためには充分なアクチュアリティをもっていた。歴史についての学問は、この嘆きを追放してしまったのである。これに対してベンヤミンは、歴史的経験を追想という神学的な枠組みの中に位置づけるのである。追想は「過去のものにおいて、両極端を媒介するもの（Interpolation）[251]」として作動する。

真の歴史的経験の中では、発見と再認識とが「特有な形で」一つになる。唯一無二であることと真性であることは、歴史的対象が持っている根源としての性質であるが、この性質は構成的能力によって見つけ出されるものである。つまり単なる存在物は、根源的なものを隠蔽しているからである。「歴史的経験のうちで根源的にわれわれに関わることを、事実的なものをただかき集めて見つけ出したものから区別するのは、弁証法的構成である[252]」。ここでは根源の概念が発展の概念を排除し、進化論主義と普遍史に対するベンヤミンの批判を明瞭に表わしている。「このような考え方において二つの両極をなすのは、歴史的なものと政治的なものである。もっとはっきりと言えば、歴史的なものと出来事である。この二つはまったく異なった次元にあるものなのである[253]」。ベンヤミンは事実を因果性に基づいて分析するのではなく、その歴史的形態の展開という点に関して分析している。彼の根源の概念は、終末論的である。彼は歴史の終末と根源の歴史とが区別できなくなる点を示し、すべての時間の極限をその根源と考えている。「根源――それは異教的な自然連関からユダヤ教的な歴史の連関へと持ち込まれた、原現象という概念なのである[254]」。歴史の原現象にあっては過去のものは、まだ完結していないものとして現われる。なぜなら根源性は啓示の印であり、その啓示はいまや原現象によって復活されるからである。それゆえにベンヤミンにとっては、盛期資本主義の社会的諸要素に関してマルクスのように因果性の連関をではなく、「表現連関」を記述することが『パサージュ論』の課題となる。表現連関を記述するということは、「経済的なプロセスを視覚的に見えるような原現象として把握すること」である。「個別的な事柄を解釈することによってベンヤミンは理論と経験を「現実についての注釈[255]」という形で止揚している。

注釈の形式というと控え目に思えるが、それは見かけだけである。というのもこの形式を使ってベンヤミンはアルカイックな権威を呼び出している（引用している）からである。注釈という形式は――モンタージュや引用や現在化という形を取って――神学が『パサージュ論』の基礎学問であることを証している。ベンヤミンは〔神学的〕教義が完全無欠なる経験の認識であるという理念に執着している。彼の唯物論的な理念論は歴史的経験を歴史理論へ変えようとするものである。そこから次のようなベンヤミンの基礎概念相互の関係規定が生じて来る。つまり宗教は「経験の具体的総体性」であり、批判は逆転した神学であり、教義は止揚された批判なのである[256]。逆転した神学とは、哲学から注釈への脱出の結果であり、この注釈は世俗的な諸形態を歴史神学的に解消することを目指している。この脱出と対応しているのは、べンヤミンの唯物論研究が、ある変化のプロセスの結果であるということである。その変化のプロセスでは「本来的には直接的に形而上学的に組織化され」、「歪みなき神学的な思考の時代から発している思考やイメージの群」が、「現在の人間存在にふさわしい凝縮した集合体へと移っていった」。このようにベンヤミンは一九三五年五月にヴェルナー・クラフト〔一八九六―一九九一、ドイツ系ユダヤ人著述家〕やアルフレート・コーン〔一八九二―一九五四、ドイツ系ユダヤ人。ベンヤミンの高校時代以来の友人〕に宛てた書簡に記している。ファシズムを目の前にした状況が神学を逆転させることになる。このような意味で歴史哲学の第一テーゼは逆転した神学のアレゴリーとして読むことができる。なぜ逆転なのかといえば、逆転した神学は誤った世界の神学だからであり、逆転、混乱を時代の終焉の近づきを示す印として解釈するからである。ベンヤミンは神学という醜い小人を使用している「史的唯物論」という名の人形について語っている。このアレゴリーが意味しているのは、神学は今日では「姿を見せてはいけないものであり」、それゆえに活動しようとすれば神学そのものは隠されていなければならない、つまり神学はこの隠れ蓑を着てしか現われることができないということである。「使用している」という表現は、フランツ・ローゼンツヴァイクが自立的芸術に対する批判で使った言葉であるが、この表現をベンヤミンは「純粋な」神学に応用しているわけである。使用されている神学は、自らを解毒する。「それは自らを浄化し、また人間を人間固有の純粋さから純化する」[257]。このように使用されることによって、神学は歴史的記述のための基礎学問となりうるのである。

歴史的認識をこのように積極的に装備することによって、「もっとも小さな事柄の契機を分析することで、出来事の総体の結晶を発見する」[258]ことができるようになるという。こうした構想はモナド的である。この構想は全体を目指してはいても、大きなものの中にそれを求めるのではなく、極端に個別的で、まったく広がりを持たないモナドという創造的無差異性においてである。こうしたモナドこそが、諸事物の歴史的現実であり、そこでは物質の仮象が「うまく根拠づけられている」。ディルタイもまた、歴史が個別的なものの中に表わし出される様態をモナド的と表現した[259]。ところが歴史家は、モナドを歴史の意味連関の中に埋め込んでしまう。ベンヤミンはこの埋め込まれてしまったモナドを破砕して取り出し、その個別性に即して解釈するのである。これが彼の歴史構成に注釈の構造を与えている。現実はちょうどテクストのように読まれるようになる。

ベンヤミンは年代記作家としてではなく、第一次世界大戦後の断罪裁判の預言者として注釈を語っている。この場合に十九世紀に向けられたベンヤミンの政治的視線には、二十世紀において——もし二十世紀が新たなノアの洪水を防ごうとするなら——本当に何がなされるべきかが見えている。「言葉の秘教的な意味においてであるが、歴史家は過去を向いた預言者である。彼は自分の時代に背を向け、彼の預言者的視線はかつてのさまざまな出来事が過去の中に薄暗く突き出している頂を見て燃え上がる。まさにこの預言者の視線には、ただ時代と歩調を合わせているだけの他の同時代者によりも、自分の時代がもっとはっきりと現在的なものに見えて来る[260]」。

第四章　美的亡命

歴史理論によって弱い作用しか残されていなくなっても、それを美的に持ち上げると、場合によっては弱い作用の中でももっとも強いものになる。

ハンス・ブルーメンベルク(1)

ごく個人的な芸術、マクス・ヴェーバーとシュテファン・ゲオルゲ

マクス・ヴェーバーは宗教と芸術の弁証法的関係を体系的に記述してはいないが、簡明な文章で鋭くその輪郭を描いてはいる。彼は聖なるものに固有な不変性から、宗教的想念が生活実践全体に及ぼす「ステレオタイプを作り出す」作用を導き出す。これによってまず呪術的な宗教性と美的領域の間に緊密な関係が作り出される。つまりかつて実行されてきた呪術的な行為のステレオタイプ化された諸形式が蓄積して「様式」となり、描写の自然主義を超える第一歩を可能にするのである。「造形芸術の製作物が宗教的にステレオタイプ化するのは様式形成のもっとも古い形であり、それは直接に呪術的な想念に条件づけられているとともに、また間接的には製作物が呪術上重要であるがゆえに、その生産が職業化されてくることに

も条件づけられている。職業的に生産されるようになると、自然の対象に模した製作ではなく、すでにある手本に従っての製作が始まることになる」[2]。

さてここで、芸術の歴史は、それが自律化、脱魔術化、脱アウラ化の歴史であるかぎり――W・ベンヤミンは芸術作品の「儀式に寄生している存在」からの解放という言い方をしている[3]――美的領域を社会的進歩との弁証法的関係に持ち込むことになる。というのも、一方では、芸術が世俗化された儀式として神学的な根拠を持ち続けているかぎり、芸術には進歩というものがないからである。つまり見事なアウラを発するような作品はすべて成就（Erfüllung）なのである。「新しい技術的手段、たとえば遠近法といった法則を開発した時代のある芸術作品が、そうした手段や法則については全く知識をもたない芸術作品よりも、ただそれを知っているためだけで純芸術的に高い地位にあるということは、正しくはない――〔新しい技術的手段を知らない芸術でも〕その作品が素材と形式にかなってさえいたら、つまりそれが対象を、新しい技術の諸条件や手段を用いずにも芸術的に立派な仕事がなされるように選び出し、そのような形を与えたのであれば、その作品は新しい技術によった作品より劣ることはない。真に〈成就〉である一つの芸術作品は、決して凌駕されることはなく、決して古くなることもない。芸術作品のもつ意義は個々人によって個人的にさまざまに評価することができる。しかし誰一人として真に芸術的な意味で〈成就〉である一つの芸術作品について、それが他の同じように〈成就〉である作品によって〈追い越される〉などとはつい ぞ言うことはできないであろう」[4]。

他方で、美的な手法の歴史における技術的‐合理的進歩について語ることにも十分な意味がある。というのも、価値と成就の度合いを決定するのは、その都度に用いうる技術の形式の範囲と芸術意欲とがうまく適合しているかどうかだけなのに対し、素材を美的に意のままにする技術的レベルは純粋に経験的であり、それゆえ芸術的な成功度とは無関係に決定される。形式の感覚と技術的合理性は必ずしも互いに関連し合ってはいない。「技術的〈進歩〉は、まずは美的観点からはこの上なく不十分な仕事においてなされたことが多かった。関心の方向、つまり歴史的に説明されるべき対象は、（芸術の）歴史とは他律的に、その美的な重要性によって、与えられている」[5]。芸術作品の美的価値は、美的領域の発展に対する技術的なものの意味を規定しなければならない経験的な芸術史にとっては、先験的なもの（アプリオリ）である。マクス・ヴェーバーは「ヨーロッパの近代人の関心という立場（〈価値相対性〉！）[6]」に立って、芸術の合理化の問題がなぜまさにこのヨーロッパにおいて、なぜまさにこの時代（ゴシック、ルネサンス）において起こるのか、と繰り返し問うている。

ゴシックは純粋に建築技術上の課題を技術的に最良の形で解決しようとすることから起こったこと、和声法に基づいた音楽は純粋に技術上の合理的な進歩の問題から生まれたこと――このように西洋に特有の芸術についてのヴェーバーの問いは、芸術意欲よりも技術的表現手段が優先するという問題に繰り返し突き当たる。近代に特有の技術的実験が初めてルネサンス芸術において展開されたという事実は、美的領域への問いをも、なおさらのこと、ヴェーバーの合理化テーゼの文脈の中に置くことになる。形式の背後にある芸術意欲ではなく、その合理主義の宗教的基礎づけが問われるのである。しかし西洋の芸術形式にある合理主義の宗教的基礎づけとは、ほかでもなく「特定の宗教によって、つまりは固有の合理性をもった宗教によって、とくにシナゴーグの礼拝や古代キリスト教や、後にはさらに禁欲的なプロテスタンティズムにおいて芸術本来のあらゆる手段が拒否された事態」を示している。「この拒否は、その都度、生活態度に与える宗教性の合理化の影響が強まることの徴候であったり手段になったりするものである」[7]。偶像の禁止、つまり「芸術本来の造形的価値に素朴に熱中してしまう態度に対する徹底的弾劾」は、つねに主知主義的な生き方の原動力として機能してきた。その際、造形的価値には否定的なアクセントが置かれている。というのも、芸術は、技術的に開かれたその形式の領域でこそ、その自律性を発揮しているからである。それゆえ合理的な宗教にとって怪しく思えるのは、芸術作品の内容ではなく、純粋な意味でのその形式なのである。「すべての純化された救済宗教の宗教性は、救済にとって重要な事柄や行為の意味のみに目を向け、その形式には目もくれない。形式は偶然のもの、有限のもの、意味から逸れるものとして価値のないものとなる(8)」。

合理的な宗教の反 - 美学的な情動、技巧的な造形価値に反対するその宗教の原理的疑念は、美の次元で理解することはできない。というのも、美学はすべて、芸術作品の存在を前提にしていて、そこからさらに、マクス・ヴェーバーにとっても模範的な形でゲオルク・ルカーチが行なっているように、その前提がいかにして有意義な形で可能なのかと問うことになる。「しかし美学は、芸術の世界がひょっとして悪魔的な壮観を示す世界、つまりこの世の世界ではないのではないかという問い、それゆえに奥深いところでは神に逆らい、その心底の貴族的精神において友愛精神に欠けるのではないかという問いを投げかけることはしない。芸術作品なるものが存在すべきかどうかと問うこともない(9)」。芸術が自律的になればなるほど、芸術と救済宗教との競合も直接的なものになる。というのも、芸術は合理主義の重荷から解放してくれるもの、現世でその日常性から救ってくれるものだからである。「合理的な宗教的倫理はいずれも、こうした世俗内的な非合理的救済を攻撃する。合理的な宗教的倫理の目から見れば、それは無責任な享楽と愛のない密かな世界だからである(10)」。

倫理的判断を主知主義的に一時停止すること、ないしはそれを争いようのない趣味判断へ美学化することは、救済宗教にとっては悪魔的な非友愛性の現われである。ここに至って、呪術的な宗教性とアウラ的な芸術との間にあったあの内密な関係とはまったく逆の事態が到来する。つまり合理的に脱魔術化されることによって、いまや芸術と宗教は異質な価値領域に属しているのである。というのも、美的なるものの内容的な受容が無条件に優先されることが、芸術と宗教の緊密な関係を成り立たせる条件だったからである。「芸術固有のもの一般を意識的に発見することは、主知主義的文明だけにしかできないことである。しかしまさにそれとともに、芸術が有する共同体形成的なものが、宗教的救済意志との有和性と同様に消滅する」[11]。芸術による現世での救済の約束は、この宗教的救済意志には、神に抗い救済に敵対する悪魔的な誘惑と見えてくるのも当然である。そして唯美主義、つまり形式そのものの技巧的崇拝は、すべての倫理的なものを議論不可能なものとし、それを主観主義的観点に立つことによって抗争できないものにするがゆえに、「怯懦と結びつき、独特な形で愛の欠如した極端な形式」として友愛に基づく宗教性から戦いを挑まれる。合理的宗教は自律的な芸術作品をはかない人間の行なう単なる「疑似救済行為」[12]であると非難攻撃する。こうした反 - 美学的な感情の起源を辿ると、ユダヤの偶像禁止にまで遡る。それは預言が呪術的な偶像畏怖を神の絶対的超越であるという構想にまで精神化したものである。その際、一神崇拝を求めるヤーウェの要求はまず「ヤーウェ像の厳禁」にまで先鋭化するが、やがては「絵に描かれた祭式装飾一切の拒否[13]」になり、ついには第二の戒律が造形芸術への敵意を成文化するに至る。

しかし合理主義的なユダヤ精神が美的なるものからこのように禁欲的に離反したのは、ただ単に第二の戒律の結果であるだけではなく、またユダヤ教会の礼拝における教義の純粋な性格から来る預言的な作用とその表現のためでもある。これに相応した形で、ありのままの世界が救済の約束を叶えてくれるものではないという事実を冷静に受け入れるすべての合理的宗教に当てはまるのは、「神に選ばれた民族なのに、その存在は地獄にあって、その地獄からの救済を沈黙したまま、信じつつ、問いつつ期待することは、つねに掟と昔からの約束に立ち戻ることでしかなく、それに対して（……）世界の芸術的、詩的な美化に素朴にも心を奪われることはすべて（……）この上なくむなしい、主の道と目標から逸れるものと思わざるをえなかった[14]」ことである。

偶像禁止が現世的世界の発展に与えた決定的な特徴が現われているのは、厳格主義に徹するピューリタニズムにおいてである。カルヴァンはまだ現世からの自由が財産の無欲な利用という没関心的態度の中に保証されていると見ていたが、その後のピューリタンの過激主義は神の意志と被造物のはかなさを分離することだけしか知らない。「被造物の神格化」を拒否することから生じる即物性と、装飾や文様の形で心の奥底に働きかける悪魔の誘惑と戦う冷静な実用性とは、資本主義に特徴的な生産の規格化と「生活様式の画一化[15]」につながる。

被造物の神格化を非難する理由は、芸術が純粋な形式の創出によって、まさに「形式を敵視する」神秘的体験における「あらゆる形態の粉砕」とよく似た効果を引き起こすということである。「芸術的な感動と宗教的なそれとの疑いえない心理学的類似性は、神秘的体験の側からすれば、ほかでもなく芸術的感動の悪魔的性格の一つの徴候を意味する。諸芸術の中でも〈もっとも内面的な〉ものである音楽こそ、そのもっとも純粋な形式を取った器楽曲の場合には、初めは宗教的体験の代用品形態として現われるが、結局は、内面に生きることのない領域の固有の法則によってほんものと思い違いさせられた無責任な代用形態と見られるようになる[16]」。芸術がアウラ的なものとしてこのように宗教と競合するところでは、芸術は宗教にとっては当然神の冒瀆とみなされる。しかし芸術自らが反‐美学的な情動を受け入れるとするならば、醜いものの美学が生じることになる。

マクス・ヴェーバーは、被造物を神格化するあらゆる形式に対する禁欲主義の特異な拒絶反応という形で現われている芸術と宗教のこの弁証法的関係を、冷静な共感をもって叙述していて、それゆえに、ドストエフスキーとトルストイを新しい世界の詩人と認めることができるのである。その新しい世界の歴史哲学的な位相は、彼の弟子であるG・ルカーチによってやがてより詳細に規定されることになる。美的領域はここでは友愛の精神に満ちた新しい宗教性に仕えるものとなっている。というのも、トルストイとドストエフスキーの著作においてヴェーバーを魅惑したのは、最初は無意味なものとして叙述されている生がつねにそこにある宗教的な深層の次元を示し出していることである。ヴェーバーは「読むもののいわば裏面にある（……）東方の大地に特有の失われることのない信仰心」を読み取る。西洋のあらゆる経験にとっては絶望的なまでに疎遠になってしまった人間関係が、そこでは「世界の意味の認識への道、神との神秘的な関係への道」[17]を作り出しているのである。ドストエフスキーの作品はヴェーバーに、愛の神と政治の悪魔との戦いを示す偉大なパラダイムを提供する。そして大審問官の場面はヴェーバーには、純粋な心情倫理が倫理的非合理性の岩礁にぶち当たってがらがらと崩れ落ちるさまを強烈に照らし出すものである。ロシア人の魂の現実だけが当時のヴェーバーの目には、悪に逆らわぬようにとの聖書の要求に即したものである。無条件的な倫理的義務履行に基づく政治、つまり福音を実行する政治――ソロウヨフとトルストイはこの立場を支持している。神の意志と被造物のはかなさを鋭く区別するあの厳格主義と同様に、マクス・ヴェーバーも「愛が乏しく、慈悲と無縁な、あの経済的生存競争の歯車」の中で権力行為の政治的法則に従うか、それとも福音書の要求に従うかという「二つの法則」を区別する。「社会的世界が、現世の〈文化〉の世界、つまり〈被造物〉の美と尊厳と名誉と偉大さの世界であろうとするなら、この社会的世界のありとあらゆる合法性と（……）福音書は、対立している」[18]。しかし経験の次元では、つまり政治的権力行為の次元では、山上の垂訓を定めたキリスト教のただ一人の善なる神はあらゆる自明性を失う。現世にいるということは、ヴェーバーにとっては、無数の価値の多神教的戦いに巻き込まれることである。この無数の価値の上には、唯一の理性や、あらゆる理性に勝るでもあろう唯一者などはない。諸価値のこうした多神教の相争う戦場においては、学問的に決断を下すことはできない。聖と善と美は比較不可能なそれぞれの秩序に属しているからである。そして脱魔術化された世界のこうした神々が互いに争い合っていることは、すでにニーチェの美学やボードレールの『悪の華』が近代のパラダイムとして証しているところである。つまり悪による美である。

　ヴェーバーにとって彼の時代の美的生産における最上位を占めているのは、あらゆる記念碑的志向を拒否し、そのことで「まさに最終的なもっとも崇高な価値が公共性から退いてしまっている」[19]事態を証している「ごく個人的な」芸術である。ヴェーバーの身近ではシュテファン・ゲオルゲが個人的な芸術というこの要請のために生まれついている抒情詩人と思われた。しかしヴェーバーは早くから、ゲオルゲの場合に世界からの禁欲的な逃避が預言者的使命感をもった暴君的自己崇拝へ転化して行くのに気づいていた。しかしゲオルゲのダンテ風の荘重な形式によって暗示される熱狂的な恍惚は、決して神秘的体験――それはこの上なく高尚なあの価値の隠れ家の一つという意味でだが――へ通じるものではなく、「永遠の声として現われる一つの声の忘我的陶酔のさんざめく響きにつねに至るだけであった。別言すれば、決して内容に至ることはなく、ただ激情的な竪琴の響きに至るだけであった。救済を保証する途方もない体験という一つの約束は、他のもっと大きな約束によって凌駕される。つねに新たな手形がやがて来るべきものに振り出される。現金化されないことがはっきりしていてもである。しかしこうした純粋に形式的な預言者としてのありようを超えることは結局はもはやないのだから、ゲオルゲは彼の預言の要求された内容を絶えず探し求めながらも、それを摑むことはできない」[20]。

ゲオルゲと彼を取り巻くサークルは、カリスマ的支配というマクス・ヴェーバーの概念に沿う独裁制のミニチュア・モデルである。しかしカリスマは、日常とのあらゆる関わりを拒否するものだから、特殊な形で経済とは無縁な、それどころか反‐経済的な権力である。そして「本源的に芸術的なカリスマ的門弟たち」からなる「シュテファン・ゲオルゲのサークルでは」、「本来的な意味で神から召命されたものたちを〈経済的に独立したもの〉（つまり金利生活者）に限定することによって経済闘争から解放されるのを通例のこととしている」[21]のをヴェーバーははっきり見て取っていた。つまり、ゲオルゲを取り巻くサークルは、プロテスタンティズムと資本主義が相互依存しているというヴェーバーの立証を同意をもって受け入れ、このことの中にポスト・イストワールの恐ろしい刻印、つまり「アングロ・アメリカンの平凡な働き手たち」[22]の支配が差し迫っていることを見て取っていたということである。ゲオルゲの詩はそれゆえ決して社会学的にものを見る能力に欠けるのではなく、ヴェーバーの分析を裏返しにした像として読むことができるのである。そしてヴェーバー自身、唯美主義の中にも社会学が浸透していることを知っていて、「たとえばシュテファン・ゲオルゲの書くような詩は――つまり技術によって（……）作り出されたこうした陶酔状態によっては難攻不落な、純粋に芸術的形式内実の最後の城塞をこんなにまで思索した詩は――詩人の魂を錯乱させ分裂させようとする近代の大都市の印象をそれでもなお詩人が自己の内部にすっかり浸透させることがなかったら、決して書き上げることはできなかったと、私は思う」[23]と述べている。ゲオルゲの詩に「絨毯」というのがあるが、これは二十世紀初頭におけるこうした意味での技術の陶酔状態に対する抵抗を示すものである。この上なく密な編み方や模様のこの上なく繊細な線形を可能にするオリエントの絹の絨毯は、機械による製造にも負けずに存在し続けてきた。それは、コピーがなく、ただ一つしか存在しないものとしてゲオルゲを魅惑したのである。その美しさは大量生産では不可能なものだからである。ゲオルゲの詩集の美しい装丁はこの絨毯への敬意の現われであり、人工庭園を東洋の憧れのイメージに結びつけているものでもある。

「飾り気のない線」がゲオルゲの詩を美の崇拝から守る矯正役を果たしている。美の崇拝は、きらびやかさを追い求めるがゆえに、美を犠牲にするからである。しかしレヒターの装丁では、純粋な種々の形態が絨毯の理念を覆い尽くし、細かな装飾が詩集の紙面に溢れている。だが、装飾的な形態がはびこっているところでは、形態化しないことよりも、むしろ〈無〉を形に変えようとする意志が働いている。リーグルは、彫刻をほどこされたトナカイの骨のように、純粋な装飾芸術ももっとも古い発掘資料でさえも「装飾の必要性ないしは真空嫌忌（horror vacui）[24]」という厳命に従っていることを証明している。東洋の絨毯は、客体的世界を喪失した十九世紀の内面性にとっては純粋形式の模範なのである。

詩集『生の絨毯』においてゲオルゲは商品市場に足を踏み入れる。これは出版社を通して刊行された初めてのものである。彼は商品と交換の領域に対して禁欲的であって、このことのゆえに、彼は心酔者たちから「資本主義から内的かつ究極的に独立していることを示す驚くべき倫理的模範[25]」と見なされていた。そしてゲオルゲ自身自らを「展示陳列される市場から遠く離れ、注文の殺到するところから遠く離れた[26]」司祭のような詩人と表現している。彼は自らの作品を彼のカリスマ的心酔者たちの秘教的なサークルに捧げる――「欲情に燃えた市場には手を触れさせない」形で。[27] しかし彼自身が自賛している「内気な孤独」は見せ掛けのものである。実はその孤独が「公の市場で」語ることを否定しても、それは抽象的次元での否定にすぎない。というのも、狭いサークルの類い稀なる者たちは、市場に適合した内面性の専門家、「魂の精通者[28]」であるからである。緊密に「サークルに包摂された」こうした「人間存在」は、自分たちを、市民的公共性、ハイデガーのいう「ひと《ダス・マン》」、大衆に対するアンチテーゼと理解していて、競争ではなく独裁を要求する。

ゲオルゲの権威的なポーズは商品市場を否定し、美的支配を確立し、受容者を自分の声の臣下に変えようとする。彼の形式法則は市場法則を否定する。つまり聖職者のような作品の性質が商品としての性質によって仲介されることを認めないのである――彼の作品は「多くのものたちには無縁」なのである。ゲオルゲは工芸美術のように技術と商品性を覆い隠す。こうしてこそ類い稀なるものが再生産されるようになる。衆愚を寄せつけない詩人の絨毯が魂を技術から守る。彼は世界の脱魔術化に抗する抵抗となるべきこうした祭式形式を「形象（Gebilde)」と名づける。しかしゲオルゲが生の合理主義的脱魔術化に抗して死に物狂いで提示する手段、つまり形象的な生を織り成す魔法の絨毯は、それだけにより深く商品世界に巻き込まれるだけなのである。美的な価値はその素材の物質的実体から切り離され、高価な珍品として扱われる。使用価値を約束する一切のものを断念するがゆえにこそ、ゲオルゲの詩は魅惑的なのである。それは商品なき商品美学を示し、大衆のコミュニケーションを選ばれた少数者のコミュニケーションから切り離す権威的なポーズを中心として組織されているのである。

絨毯を編む職人の考える手は、自分のしていることを知らないがゆえにこそ、すべてがうまくいくのだが、そのように、ゲオルゲの詩は意識から外れたものを技術的に支配しようとする――これが技術にできること、つまり歪めて製作することに抗しようとする彼なりの対立構想なのである。シュペングラーは、白色人種の没落が迫っているのは、彼らが「技術的な知を秘密にしておくこと」(29)を怠ったからだと非難したが、ゲオルゲは実際に、この技術的な知を改めて秘密にしようと試みる。

ゲオルゲは自らの詩作の技術を、内密なサークルへの入会儀礼のための特殊な知として秘匿し、カリスマ的に異議申し立てのできないものにしたのだが、これを典型的に示しているのが絨毯の技術の謎である。こうして現世的次元では非難される技術が芸術作品の内部では製作の秘密として舞い戻ってくる。工芸美術において技術を退行的に吸収したのがユーゲント・シュティールの特徴である。こうした技術の吸収は、世界のカオスの中に秩序を作り上げることになる。その際、ゲオルゲは、人間が自然のままの生と「異質なままに絡み合って（……）同盟を結ぶ」という恐るべき混合が起きている状況に対して、混ぜ合わすことなく、結び合わせるという絨毯の技術を対置する。

ゲオルゲは従属的なシンタクスと述語の使用をやめ、語と語を結び合わせるような統合の手法を用いることによって、こうした絨毯の技術を言語の次元において実行している。句読点は最小限にし、行の初めに「そして」が続いて、これが詩の絨毯の糸を結び合わす。詩の単調さは、祭儀的行為の東洋的単調さと連禱のキリスト教的単調さの援用である。ゲオルゲは子供時代のカトリックの体験から官能的な礼拝の意味を知っており、彼が宗教的形式を異教的生気論《ヴァイタリズム》と反宗教改革的に結びつけるのもそのためである。「リズムこそが生の表現であり、リズムを法則の制御力で押し退けるのが精神の表現なのである」[30]。こうして絨毯を織り上げることが、世界の具体性をリズミカルな動きの形式へ還元する美的抽象化を表わすものとなる。「（リズミカルな）形象としての芸術作品」[31]というゲオルゲの常套句は、こうした絨毯を織る技術が、抒情詩を構成して行く上で重要であることを示しているのである。

A・リーグルは初期サラセン時代の蔓草模様の歴史を辿って、植物のモチーフを無限反復の法則に従って思い切った幾何学的な模様にすることによって、初めてまとまった構成が出来上ったことを示している。この構成の中では、すべての模様が「実際のものよりも無限に豊かなもの」になる。[32]こうして「絡み合わされた」生から生まれた一つの装飾法則が、生きた作品の中での「その解消」へつながっていく。絡み合いとその解消の間を仲介するのが謎の形象である。絨毯の裏側を見ると無限反復の法則の秘密が分かるのだが、ゲオルゲはそれを計画的に隠す。彼は意味を伝える朗唱とは対立するものとして詩的なるもののリズムを捉えている。ちょうど俳優と生きた声とが対立するように。つまりリズムが作品を形象化し、形式が響きと韻律によって刺激を与えるのである。ここで問題なのは、カリスマ的な心酔者のサークルの結束を秘儀的に密にしておく法悦の技術である。それゆえにゲオルゲは「新しいリズミカルな形象を暗唱するための声の訓練」が必要であるという。(33)これが日常的態度となったものが、美的な即席造語である。つまり生じることとすべては、純粋に美的な奥義の伝授のリズミカルな形式を決定する興奮の契機にすぎないとされる。したがって「本質的なのは生の形を芸術的なものに変えること——どのような生かは差し当たっては問題ではない(34)」ということになる。

生の形を芸術的なものに変えるというこのプログラムを補完するのが、純粋な形式に魂を吹き込むという問題である。レオ・ポッパーは形式に魂を吹き込むことの典型的例として絨毯を解釈している。その際に問題なのは、表現対象をもたない表現、空想の届かない、信じがたいほどの「形式の意味深い混乱」、さまざまな図式と基準からなるリズム法の、謎めいて、星座のような意味である。絨毯の理念とは「同じものが同じもの同士で集まることはないが、しばしばこの上なく無縁なものがこの上なく遠くかけ離れたものと結びつくこと、つまりさまざまな感覚が意味を問うことなく、仮象を問うこと(35)」である。

ゲオルゲは絨毯を編むのだが、それは序曲としてである。いつかは具体的な出来事の形式になるはずのものが、ここではまだ抽象的に実行される。そしてこのことから問題解決として純粋な装飾が生まれる。ゲオルゲは硬直した世界に魔法をかけて、これを静的状態の中での抒情的動きに変えるのだが、このことによって、絨毯は純粋形式からできたアレゴリーとなる。純粋に形式的な抒情詩が絨毯と似ているのは、技術的結合が平面的な連関性と安定性をもっているからである。つまり内容はどうでもよくなり、純粋な記号的性格が前面に出て来るために、事物は色あせてしまう。絨毯という抒情的世界は、意味から遠く離れた「記号の連関[36]」によって生じて来る。こうした記号の均質性は純粋に形式的であるが、そのものとしてはあらゆる憧憬の完全な成就なのである。つまり絨毯はユートピアの図式なのである。そしてゲオルゲがカリスマ的な心酔者たちの小人数のサークルだけに可能なものとするのは、美的装飾の経験を「憧憬を実現する形式そのものの、さまざまな図式の純粋な享受へと[37]」変えることである。

このようにして抒情的な記号の戯れの中に響き始めるものは、謎めいてはいても、自明のものなのである。それは「すべてのもののすべてのものへの無限の結合可能性[38]」を前提としてはいるものの、それでもそれぞれの結合は唯一可能なものとして登場する。抒情的な〔記号相互の〕関連の自明性の中にある謎は、あらゆる美的実践の故郷であるような装飾を暗示している。その故郷は、非現実的ではあるにしても抽象的な次元での成就を保証してくれる故郷なのである。絨毯は、そうした純粋な成就のアレゴリーなのである。つまりすべての異質なものを吸収してしまう抽象的な図式なのである。ゲオルゲは直接性と現実とを括弧にくくって、まさに抒情的な言葉の「客観的な価値」をすべての具体的な意味から分離する。その「客観的な価値」の中には抒情的言語がもつ「主観性の事実内容[39]」が刻み込まれている。その際、彼の形式意志は修辞的効果を純化させる。つまり意味の内在ではなく、音の統一が修辞的効果を生み出すのである。

意味をもつ言葉よりも響きを優先すると、形式を暗示することが可能になる。周知のように、無意味な呪文や祈禱の文句の効力は単に「暗唱すること[40]」においてこそ現われる。こうした呪文は典拠の疑わしい民間伝承と結びついているが、同時にそれは「響きはよいが意味は分からないもの」の手本となることになる。そうした文句を唱えることが、カリスマ的サークルを「世俗の大衆」から切り離すのである。秘義への憧れと民間伝承的な呪文に潜在する力に与りたいという二重の憧れが、ゲオルゲを司祭の役柄に就かせることになる。

作品が形象（Gebilde）であるとなると、排他的態度にも美的な性質が加わることになる。ゲオルゲの抒情詩が発話ではない以上、それを印刷する場合には印刷にまつわる汚点、すなわち複製可能であるという汚点を文字から取り除かねばならない。それゆえゲオルゲの作品の印刷活字は、ゲオルゲ自身の完成された筆跡を真似たものになる。つまりタイプとしてはめったにない独特のものに、部数においても希少価値をもつものになっている。技術的に複製可能な時代を目の前にして、ゲオルゲは個人の書物という理想を実現する。「技術がアルカイックなものを装って登場する」[41]のである。

希少性のこうした礼賛は、正確に定義することができる。つまり社会学的には金利生活者の貴族主義、倫理的には別格的存在であること、美学的にはとりすました気取りが、それぞれ希少性礼賛のもとにある。ゲオルゲの抒情詩は生命ある作品という幻影を核として形成される。書物が生命をもつようにというユーゲント・シュティールの憧れは、独特の活字やレヒターの装丁という形で実現されることになる。それゆえゲオルゲは、バロックの「過剰な」記号に抗して、中世の書体の即物性を再び取り上げたのである――それは記憶から文字へ、文字から活字へという「堕落」に抗する反抗のポーズである。こうしたポーズもまた権威主義的である。秘義的な「形象」の特性に染み込んでいるのは、注意を向けよと命令を下す口調の声である。しかも何に対して注意を向けるのかは、一切言われない。この声は、ホーフマンスタールが示した特有の過剰反応的言い方で言えば、「空っぽの空気を圧迫感を感じさせるように循環させる」[42]ものなのである。ゲオルゲの芸術意欲には「ローマ的な」容貌があるとよく言われるが、そうだとすると、それはその響きがもつこうした命令的な含みから来ていると言える。それは、恐ろしい顔と蛇の髪をもつ女怪ゴルゴーンのような現実の眼差しに耐える詩的な預言者へと自らを様式化したことの表現なのである。彼は形式を〈かのように〉の救済と美的超越として打ち立てたのである。

美しい仮象への攻撃

トーマス・マンは魔の山をはるかな過去の時称で呼び出している。戦前の時代との絶対的な不連続性を際立たせるためである。というのも、人間を破壊的なエネルギーの力の場へ引きずり込んだ第一次大戦の経験は、経験そのものを一気に無価値なものにしてしまったからである。「そして大戦末期には、ドイツの兵士たちは、兵士であるためには神話的な理想化なり暗黒化など必要としないようなタイプになっていて、自分を取り巻く戦闘の場を詩的‐ロマン主義的に見るのではなく、軍事的‐技術的に見るようにと教え込まれてきた通りに、敵を即物的に見るようになっていた(43)」。マクス・ヴェーバーも第一次世界大戦は新即物主義を学ぶ場と見ていた。それはエルンスト・ユンガーが『労働者』の中で美化している新しいタイプの母型なのである。一九一七年、ヴェーバーは近代戦の戦士たちに見られる常套句化した敵対心と即物性の双方に立ち向かえる政治を要請している。「というのも、現代の戦争が提示する使命は最高度に即物的だから(44)」である。

貧しさは新しい現実の針穴をくぐり抜けさせるための擬態である。新即物主義のプログラムはそれゆえ、新しい容貌に輪郭を与えるために、大いなる貧しさのジェスチャーを徹底的に表現するものと規定できる。計画と組織は崩壊した経験に代わるものである。「技術とは倹約であり、組織とは貧困である(45)」——これは〈支配者のサディズム〉のエネルギーの消尽と〈被造物の偶像化〉に抗する新即物主義の闘争の合言葉であって、清教徒的な鋭敏な感覚はあらゆる贅沢さをみせびらかす態度の中にエネルギーの消尽や被造物の偶像化を嗅ぎつけていたのである。こうした新たな大いなる貧しさという、仮象をもたない即物的な様式においては、ある種の欠乏感が創造的に働かねばならない。「白紙《タブラ・ラサ》としての生」(46)を発見するためにである。

アードルフ・ロースは新即物主義のもっとも明白な創始者であり、美しい仮象への攻撃の先駆者である。ロースは、ヴァルター・ベンヤミンが二十世紀の開始と見る良い意味での野蛮性の諸条件を体現している。その諸条件とは、何もかも片づけてしまうこと、つねに最初から始めること、わずかなもので作り上げること、根本から新しいものに向かう傾向をもつことである。純粋な構造物においては直線と直角の稜によってあらゆる伝統的な装飾や幻想的形態が抹消される。ここでは技術の即物性が組織化という理念の輝かしいシンボルとなっていて、こうした理念に対しては、幻想をもたずに肯定するほかない。ロースは、現代人の神経にはすべての様式化は耐えがたいという新しい時代の要求から、新しい様式の要請を引き出してくる。それは、同じ形の実用品を大量に作成していく中で育まれてきた目立たないもの、無名のものを要求する。作業ズボンをはいたアメリカの労働者を、ロースは新しい時代のタイプとして讃える。アメリカの労働者は現代人の神経をもった人間であって、技術的冷静さの中にも第一級の麻酔薬を所持していて、これが古いヨーロッパの「立ったままの、あるいは座ったままの世界」をかき乱すことになるというのである。

アメリカニズムとは現代の様式と即物的に折り合うことである。しかしその際にロースが考えているのは、現実のアメリカではなく、アメリカの労働者の「叡知的性質」なのである。つまりアメリカの労働者は「鋼鉄の張り骨を深淵と瀑布の上に懸け渡し、電信ケーブルを大草原に引く。それは素晴らしいこと。

輝ける美」なのである。(47)

アメリカニズムのこうした描写は、もし即物性によって途方もなく強調された経済的思考が「政治的なもの」と激しい対立関係に置かれているという点に目を向けるとすれば、歴史哲学的な特性描写として読むことができる。即物性は、代表、シンボル、秘密、仮象の敵である。それゆえマクス・ヴェーバーはその講演「職業としての政治」において心情倫理家に反対して、政治家の情熱的即物性を壮大なパラドックスをかかえつつ語ったのである。政治的なもののもつ非即物的でアウラ的なものは、所有の特権化、つまり慣習、秘密、個人的権威、代表の力という意味で現われる。「経済的な思考は一種の形式、つまり技術的な精密さしか知らず、これは代表的なものという理念からはるか遠くに離れたもの(48)」だからである。カール・シュミットによって決定的な形で構想されたこうした見解においては、政治的なものと即物的なものとの関係は、権威と匿名性との関係、秘密と管理との関係、瞑想的沈思――これは決断の裏面であるが――と思い切った実用との関係と同じである。こうして資本主義の精神から生まれた新即物主義は、徹底した世俗化の技術的プロセスとして現われ、ボルシェヴィズムにおける私有財産の廃止において頂点に達することになる。

ガラスと鋼鉄――硬く、平面的で、冷たく、飾り気がないもの――これは仮象をもたない社会的透明性の素材である。ヤスパースはこの世界への嫌悪感を「存在とは即物的であるということである」という言葉で表わしている。(49)伝統的なイメージを剝奪された人間は、即物的に、つまりあらゆるヒューマニスティックな人間らしさを弁証法的に否定しつつ構築を行なう。こうした否定が弁証法的なのは、そこではあの新しき野蛮の大いなる貧しさと人喰い的な都会風の精神から、本当のヒューマニズムが誕生することが問題だからである。ヒューマニズムという仮象の弁証法的否定は、使用価値と合目的性に従って徹底的に計られる事物世界において行なわれる。ここでは倫理と美学は一つになる。即物性は美しい仮象に抵抗する物質の要求を代行しようとし、美しい線が無条件に要求される事態に抵抗する事物に正当性を認めようとする。こうした意味で、カール・クラウスは、人類が芸術を工芸という形で自分たちのいかがわしい日常実践の役に立つようにしてしまうことによって、無感覚に装飾の中に埋没してしまう事態に対して、こうした人類に、骨壺と室内用便器との違いをもう一度叩き込むことが自らの、そしてロースの使命だと考えていた。こうした違いを知ることによって開けてくる活動の余地を、工芸美術は美しい仮象を大量に複製することで歪めているのであり、生を工芸芸術の手段と化して隷属させているからである。「こうした精神のあり方から、生のこうしたきわめて非道徳的なあり方から、世界大戦が起こってくるのである。そのような生は、ある物に対する感情とその使用との救いようもない混同の中で潰えていく」[50]。

ロースはプロレタリアの超過労働や「支配者のサディズム的」浪費を批判し、それを装飾への憎しみにまで先鋭化した。彼が批判しているものは、新しい複製技術の中で「おのずと」定着したものである。つまり模倣的再生産によって、仮象が商品の中に沈積するという現象である。こうした商品の仮象に反抗するのが即物性である。二十世紀の「頽廃した道具」は「自らの自然のままの静かな目的」に逆らっているように見え、人間との関係が道具のあり方を混乱させてしまったと言う。つまり人間が自分の仕事と折り合わなくなって以来、蓋も容器にきちんと合わなくなっているようだ、と言うのである[51]。物の世界が非即物的であるのは、社会的疎外が直接的に表われているからである。こうした見地から、装飾的なものの最後の避難所としてのユーゲント・シュティールに対してラディカルな批判がなされる。装飾は継ぎ目を覆い隠す。ユーゲント・シュティールにあっては、装飾が生の新しい技術的な形式の破損個所を隠蔽する。やり方は違っても未来派と同様に、ユーゲント・シュティールは装飾によって技術の毒を消し去ることで、技術を自然として様式化する。純粋な様式化の力によって、鉄骨橋梁とコンクリートの新しい世界を花を使って征服するのがユーゲント・シュティールの幻想なのである。つまり「物体はどこにもなかったので、物体の代わりにサフラン色の花を探し出す（nusquam corpus erat; croceum pro corpore florem inveniunt）」（オヴィディウス）という虚構の装飾である。こうした夢から弁証法的に目覚めることが、後のTh・W・アドルノの『美の理論』の目標である。『美の理論』の概念座標においては、構成と表現を分離することには意味がない。アドルノの考えるアヴァンギャルドは、まさに表現衝動としての反装飾的なものを摂取しているからである。表現主義と即物主義の間にある「創造的無差異性」（フリートレンダー）という一つの点が構想されているのである。即物主義を反転させた表現形態は、単なる装飾と決別する。「そのような即物主義は表現主義の異形[52]」なのである。ここでは即物性としての表現主義が、規格化として現われてくる資本主義的即物性と際立ったアンチテーゼをなしている。

仮象を知らないもののもつ真剣さ、つまり歪められていない、精神的に直接的で、純粋な光こそが美しいのだという偶像破壊主義的モチーフは、新即物主義の神学的中心を示すものである。つまり装飾がないことこそが、精神と肉体とがともに現前して一つに統合されるという即物主義的ユートピアにふさわしいのであって、そこにこそ新しい活気ある魅力があるというわけである。「見よ、新しい装飾を生み出すことの不可能、これこそわれわれの時代の最大のものである。われわれは装飾を克服した。われわれは無装飾の時代に到達した。見よ、夢の実現がわれわれを待っているときは近い。やがて町々の道路は白い壁のように輝くであろう！　聖なる町シオン、天上の首都シオンのように。そのとき夢は実現する[53]」。このように機能主義的な幻想の新しいエルサレムは表現される。つまり事物そのものが、仮象を伴わずに姿を現わす。そしてまさにこのことが事物のもつ美なのである。

ロースは刺青を、比較のための第三項として持ち出して、装飾と犯罪とを同一視したのだが、このことはピューリタン的禁欲の徴候と考えることができる。事実、彼は——エロスを文化に敵対する力であると本能的に判断している点でフロイトときわめて近いのだが——装飾を好むご婦人たちやインド人たちこそが文化の発展を本来的に遅延させる要因と見ている。ロースの中に装飾に対するこうした抑制できない憎しみを呼び起こしたものは、装飾の中に巣くっている模倣能力なのであって、「装飾は模倣能力の見本である。こうした抽象作用は感情移入のため絶好の学校である[54]」と言う。いずれにせよ、この抽象作用は、ヴォリンガーが示しているように、絶対的芸術意欲の母型なのである。抽象作用の反自然的要素は表現主義に固有の魂のありようが有機的な抽象化という形を取って表現されたことに、形を変えつつも残っている。ヴォリンガーの「表現的抽象作用」、あるいはブロッホの「表現の抽象性[55]」という言葉はこうした弁証法を簡潔に捉えようとしたものである。カンディンスキーは時代の憧れを、新しい時代の終わりには新しい装飾がくっきりと浮き出るだろうという期待で表現している。

周知のように、その後に登場したのは、人間の顔をもつ超越的な装飾ではなく、大衆のファシズム的装飾であった。表現主義の憧れが歴史の中で信用を失墜するとともに、その対抗運動であった新即物主義もイデオロギーであることが明らかになる。というのも、抽象的な合理性と形式的な誠実さを自己目的として宣伝する即物主義は、それ自体、装飾の代用品になるからである。擬似・具体性（Pseudo-concreteness）（G・アンデルス）、ルティーン化された即物主義の「具体性の仮象」（E・ブロッホ）は美的享楽としての貧しさをなおも売り物にしている。つまり、世界は、たとえどのようなものであろうと、その新即物主義的な再現のもつ純正さによって理想化されるなら、美しいものになるというわけである。装飾を排した「仮象なき状態[56]」から革命的に新しく生まれてくるという即物主義のインパルスは、政治的受容という面で言えば、プログラムのままに留まった。ポスト・イストワールはこのインパルスを単なる日常の保健衛生技術に貶め、大都市建築の相貌をメドゥーサの首の魔力にかかったように硬直化させてしまった。

一九一四年、カール・エルンスト・オストハウス〔一八七四―一九二一、ドイツ表現主義建築家〕は、合目的的でふさわしい素材でできた当時の集合建築物の即物主義的な壮大さが、未来の考古学者たちの目にどのように映るのかと空想した。彼によれば、これらの建築物は博物館の展示品のように貴重なものと映るのではなく、即物主義の精神から生まれた新しい誠実さの表明と映るだろうという。誠実さは、生産条件を隠蔽する十九世紀の商品の仮象に対する解毒剤として、労働そのものを表現する専門知識が醸し出す雰囲気である。誠実な作品は、それがもっている作品としての特性とともに、その組織化の機能を目に見えるものにするという意味で模範例である。典型的なもの、セリー形式、雛形的なものへ向かうこうした歩みにとって、複製技術時代の新即物主義的建築による「アウラ的な」住まいの抹殺はその手本となった。新即物主義の建築はあらゆる直接的な主観表現に対して強い拒否を示す。それも主観への敵意からではなく、集団の力で新たに世界を創出するという名目においてである。これは生を「手段の奴隷」(カール・クラウス)としてのあり方から解放しながら、生を合目的的に単純化するものなのである。

即物主義は、主観的表現を「主体のための機能」に置き換えることを要求する。しかし経験的な主体には反対する。つまり、即物主義は主体の叡知的性格を代弁するものだという自己理解に立っている。そしてそれゆえにこそ、グローピウス、タウト、ベーネによって一九一九年に「未来の大聖堂」、それどころか「社会主義の大聖堂」と呼ばれた建築、つまり脱魔術化された世界の唯一「正当な建築」は、この現世に縛りつけられている人々にとっては「敵」と見なされることになる。[57]

即物的な建築は、様式を作り出す不毛な諸形態に代わって、構成主義的な公式を使う。それは新しい素材とそれに固有な可能性を標榜するものである。そして「木毛パッキングと板紙と薄葉紙」でできた家具の溢れるマカルト〔一八四〇―一八八四、ネオバロック様式を代表するオーストリアの画家〕的世界から解放されてほっと安堵する吐息が室内に流れる。マカルト的世界ではすべての小道具はその形態から来る機能を否定していて、「贋物に寄せる喜び」の城の中で何のためのものかが分からなくなっているのである。「用いられる素材はすべて、その本来の役割以上のものを演じようとする。それは全般的かつ原則的に素材に対する欺きの時代である」(58)。

素材の魂を、つまり素材の真正さを救い出すことは、新しい野蛮人たちの魂を力づける。彼らはコンクリートそのものに反対するのではなく、それが石の代理をすることに反対なのである。芸術そのものにではなく、世界を装飾で凌辱することに反対なのである。つまり「たとえば〔ベルリンの〕リューデスハイマー広場駅にある葡萄の房の装飾、フェルベリーナー広場駅の戦士の象徴、そして柱と藁屋根のある本物の田舎の家に作り替えられたダーレム・ドルフの半地上駅など。つまりここでは職人仕事が、まやかしの様式と工芸美術的装飾の昔ながらのくだらなさに逆戻りしてしまっている。細い鉄の支柱の代わりに、回りに重厚にレンガを積み重ねた柱や大きな石の柱が登場し、見晴らしがききにくくなっている。細部のすべてに誤った芸術の高慢さが再び幅を利かせ、即物的なものが外見の形式の背後に隠れてしまっている」(59)。ロースにとっては装飾は犯罪である。装飾は高貴な素材を――神の前ではすべての素材が等しく価値高きものなのだが――飾り立てて「改善する」のだと思い上がっているからである。それゆえロースは装飾に代えて素材の真正さという原理を立てる。つまり「素材の尊厳」(60)に対する感覚を重んじるのである。こうして美的な道は十九世紀の幻影《ファンタスマゴリー》から離れて、高貴な素材を神秘的に崇拝する方向を取ることになる。それは「自然のままの石の美しさ」(61)という秘密の教義という形を取った即物主義である。こうなると、素材の絶対性、つまり事柄そのものに形式を委ねるというユーゲント・シュティールのモチーフが、この上なく厳密な即物性のただ中に意味深長に根を下ろすことになる。すべての意味は素材の純粋な価値に宿るのである。

ここではっきりするのは、新即物主義の装飾への敵意、つまり美しい仮象へと向けられたその攻撃は、美と装飾を清算するものでは決してなく、その概念を変えるものだということである。本当の意味で飾りとなるのは、偉大な価値を現わすものではなく、「素晴らしいものの精髄」[62]、すなわちその仮象から解き放たれた美である。つまり事柄のありのままを見せつける事柄そのものの輝きなのである。即物性は、存在と仮象が同じ一つのものであるという美的な自己同一性を要求する。

美しい仮象をわれわれのためを思って事物に被せられた神の必要不可欠なベールとして救い出した神学（ベンヤミン）は、即物的な思考とはもはや相入れない。美しいものは、もはや寄生的に秘密を滋養にして生きていくのではなく、即物主義的な覚醒と透明性の結果として生まれてくる。仮象の批判的抹殺が美そのものの断念を要求しているのかという問い、つまり即物主義的芸術は結局は撞着語法《オクシモロン》なのではないかという問いに答えるのは、無表情なものという概念である。ヴァルター・ベンヤミンがグリューネヴァルト〔一四六〇頃—一五二八頃、ドイツの画家〕の描く聖人の解釈で言っているように、仮象をもたないものの中に「夜の闇の中から現われる無表情なもの」[63]が姿を見せるようにするためには、本質的に美しいものは滅びるほかはない。復活という考えに対応するのは、美的な脱魔術化なのである。

近代《モデルネ》は仮象なき芸術に課された神学的課題に決定的な弁証法的複雑性を与えている。美的な脱魔術化は、商品の物神崇拝という脱魔術化された世界を目指すからである。こうした事物の合理性に特殊美学的な合理性を対置するのが、即物主義の意図するところなのである。脱魔術化と魔術の弁証法は、模倣《ミメーシス》、つまり世俗化された魔術を、物象化によって隠蔽された目的を探し求める過程で、美的な合理性の推進力へと高める。美的な魔術はそれが仮象であるという性格を認めることによって、物神崇拝の魔術と区別される。

それゆえ、アドルノの近代《モデルネ》という概念によれば、美的な魔術は脱魔術化と一つのものである。魔術の美的な仮象は「脱魔術化された世界を脱魔術化する」。こうした世界では「芸術という事実はスキャンダル」なのである。アドルノの『美の理論』において、芸術という事実は——事物の合理性から見れば、愚かさなのだが——カントの理性という事実を代弁する役割を果たしている。そして芸術は脱魔術化された世界にとっては躓きだからこそ、芸術はスキャンダルなのである。このようにアドルノは「コリント人への第一の手紙第一章二十三節」を世俗化して次のように述べる。「というのも、真なるものは、ただこの世界に適合しないものだけだからである」[64]。パウロがキリストについて講じることを、アドルノは芸術作品について講じているのである。この近代《モデルネ》の最後の市民たるアドルノは、仮象をもたない美である「新しい音楽の哲学」において美の十字架を旗印に、彼の逆神学を明確に表現している。それは意味を喪失した世界の解明に捧げられたもので——これは「神よ、神よ、なぜに私をお見捨てになる」(Eli, Eli, lamma sabacthani) を美的に繰り返したものなのである。「この世のすべての闇と罪を、それ（芸術）は自分の身に引き受ける。そのすべての幸福は不幸を知ることにあり、そのすべての美は美の仮象に身を任せないことにある。個人であれ集団であれ、誰一人としてそれと関係したいとは思わない。それは誰に聞かれることもなく響きやみ、谺することもない」[65]。

美しい仮象への攻撃は英雄的即物主義の裏面像である。エルンスト・ユンガーは『労働者』においてこの英雄的即物主義に時代範例的な形式を与えている。第一次大戦の末期に新しいタイプの人間が、いかなる神話的装いもなしに「兵士の形式」[66]をとって、新即物主義のプログラムを軍事的 - 技術的領域に実現したものとして現われる。その意識は金属皮膜で塗装され、「爆発と精密さ」が統一したエンジンという形で時代範例的に表現されていて、この意識が取る姿勢は英雄的リアリズムと呼ばれる。「恐ろしいまでに荒れ狂う力と直観の不動の大胆さとのこうした共存ほど、われわれにとって特徴的なものはない――それがわれわれの様式、火山のような爆発力を秘めた精密さの様式である」[67]。

こうした未来主義的な展望のもとに、労働者が戦争のアーティストとして、アーティストが形式世界の労働者として現われる。「新しい芸術家は労働者である。創造者ではない」[68]。ユンガーの「労働者」は、技術革命の洗礼を受けた知覚を戦争によって美的に充足するというマリネッティのプログラムの文脈の中にある。マリネッティのプログラムでは、エンジンが、「自らを喜んで空中で爆破することができ、しかもそうした行為の中に秩序を認めるような人種の大胆な玩具」[69]として褒め称えられる。ヴァルター・ベンヤミンは、ユンガーの『労働者』を目の前にして、ファシズムによる政治の美学化への彼の批判をはっきり表明している。戦争の場に総動員された人類、そして同時に戦場で自己自身が展示物になってしまった人類については「彼らの自己疎外は、自己破壊を第一級の美的な喜びとして体験させるまで達していた」[70]と述べられる。殲滅戦の繰り広げられる地域は、高度な形式性が要求される舞台であり、自己保存とは無縁のはるか彼方にある。戦争機械で死を生産する訓練を受けて、労働者は「肉体を純粋な道具として扱う[71]」ことを学ぶ。これは意識的に非ヒューマニスティックな表現になっている。というのも、カントにしても市民を単に行為への手段として用いることができないことにこそ、市民の尊厳を結びつけていたのだからである。市民的時代の終焉を告げるものは、戦争機械が人間をあたかも物であるかのように意のままにするという事実ではなく、そうした成り行きを味わい楽しむことなのである。

「戦争そのものを工場生産同様に殺戮を行なう行為へと物象化」し、肉体を単なる道具として扱うという考えは、純粋であろうとするがゆえに、人間の事物に対する基本的関係を誤認してきた倫理学の反動である。目的そのものとしての人間から単なる道具としての肉体へ至るまでには、弁証法的な一歩が必要なだけである。「決定的なのは人間と人間の関係ではなく、人間と事物との関係である。後者の関係が前者の関係を結果としてもたらすのである。まさにこの後者の人間と事物の関係こそが病んでいる[72]」。労働者という形姿《ゲシュタルト》は物量戦争を背景にくっきりと浮かび上がってくる。戦争のイメージはここでは巨大な労働過程のイメージに移って行く。ユンガーは前線での戦いを火花の飛び散る製鉄工場のイメージに美化する。そこでは[73]戦う労働軍隊が地球の熱い継ぎ目を溶接しているのである。戦争を労働に変えることによってのみ、総動員は可能なのである。制御盤を握る手こそ、現代の生のエネルギーの流れを殲滅工場に集中化することが可能なのである。こうした自己執行の中で生の総体としての軍備が重要な位置を占めるようになる。

第一次大戦は、ユンガーの目を「労働していないものは何一つない[74]」という世界に開かせることになる。ユンガーはそうした世界に対する驚きを、自分自身と自分の肉体とを純粋に道具的関係に置くという快感でもって受け流す。「深刻な事態に直面しているという感情[75]」は恐怖の快感である。それは集団の匿名性の殻の打破を約束してくれるからである。ニーチェ以来、反市民的な情動はビーダーマイアー的牧歌を粉砕するダイナマイトであろうとしている。ユンガーの美学は、この粉砕の瞬間において脱魔術化の魔術を呼び出すことなのである。

ゲオルク・ルカーチは「歴史において初めて」個々人の実存が統一的な運動法則のもとに置かれているとして、労働者の「運命」を近代社会の生活全体にとって典型的なものと解釈している。労働者の運命が典型的であるというのは、労働者が「非人間化され、人間性をなくしていく商品連関の性格をこの上なく的確に表わしている[76]」からである。ユンガーは物象化をさらに過激なものにすると同時に、商品としての特性にはベールをかけながら、労働者を神話的な形姿に美化／変容する。商品としての特性のもっとも純粋な形式は、金属皮膜で塗装された意識にはその本来的直接性として現われる。

ユンガーの未来主義的な美の概念は、匿名性から脱した集団的労働の明解な秩序化と、殲滅劇に向けて規律化された荒々しい戦争の勃発に対応しようとする。大都市の上を爆撃機の編隊で飛ぶことが彼の美的な原経験の一つである。

ファシズムの戦争は集団労働そのものを演出し、「兵士のカテゴリーから最終的に別れを告げ、スポーツのカテゴリーを採る」ことになる[77]。勝利の代わりに記録《レコード》が、つまり殲滅の最高記録が重要になる。スポーツが時代の徴であるということは、オートメーション機構と殺戮によって最高記録が作り出されるために、超人的な効率が工場でのノルマにまでされてしまうことを意味する。「ハンマーで鍛えられた人間[78]」というユンガーの様式理想は、スポーツにおいて生と祭祀の同一性へ至る道を逆に遡って行く。これに対応するのが、労働者という形姿から内在的に生まれる新しい信仰である。それゆえにユンガーは生の全体に労働者の法則に従うよう強制する技術を、「これまで現われた中でもっとも決定的な反キリスト教的な力」[79]と名づける。それが反キリスト教的であるのは、技術が超越性を形《ゲシュタルト》姿という現世性へと引き戻し、そうすることでキリスト教の魂に対して、かつて古代の神々の姿に対してキリスト教がそうであったように、和解することのない異質性をもって立ち向かうからである。発電所は工場の立ち並ぶ風景の中にそびえる神殿であり、オートバイ競争の観衆は新しい時代の礼拝の会衆なのである。ゴシックの大聖堂は、戦いに従事している労働者には「戦場の照準点」[80]を意味するものにすぎなくなるが、このことをユンガーは、スポーツや映画の観衆のこうした新しい敬虔さの確かな証拠と見る。大聖堂は殲滅地帯での三角測量のシグナルにすぎないものになって、爆撃での破壊以上にその存在意義は徹底的に破壊される。こうした精神的な爆破からユンガーはこの上なく洗練された喜びを引き出してくる。精神と生との疑似闘争の中で非合理主義的にどちらかに味方するのではなく、ユンガーは「精神に対する精神の反逆」[81]を要請する——つまり生を裏切る市民的な精神に対しての反逆である。世界史の転変の中でアルカイックなものの再生に対処するためには、アナーキーの学校は卒業しておかねばならぬと彼は言う。シュペングラーと同様に、ユンガーは二十世紀をアラブ諸国の農民（フェラッヘ）の世紀と見る。人々はますますひどく単純化へ向かって歩み続けていて、現代の生は先史時代の様相を見せているからである。「歴史の領域は内容空疎になってしまって、この真空に非歴史的な人物たち、神話的な人物たちや野蛮な人物たちが引き寄せられてくる」[82]。原初的なものに立ち戻りつつ、脱魔術化された世界の英雄はロマン主義の空想的な領域を離れて、原史的なものへ突き進む。ポスト・イストワールは化粧を施された原史なのである。

労働者の形姿は第一次大戦の破局を基本体験としてできたものであり、例外状態に立脚している。異常事態が秩序を決定する契機になっている。労働者の形《ゲシュタルト》姿は恐怖感を撒き散らすが、それは、時間の壁がその形姿の新しい意味を隠しているために、その〔新しい意味世界に入る手前の〕壁際にいる人間は加入儀礼の不安に駆られるからなのだと、ユンガーは解する。[83] 形姿は発展することはない。人はその形姿に感情移入することはできず、その形姿の烙印を押されるだけなのである。労働者という時代固有の様式は、機械の世界に簡明に表現されていて、その特徴をなしているのは精密さと幻想性の統一である。「魔術的リアリズムの形象」の中には、この時代様式が十全に発揮される。その〔魔術的リアリズムの形象の〕「枠の中では外部世界のすべての線は、数学の公式の明確さで呪縛されている」。[84]

ユンガーの様式は、技術の美的な価値を「魔術的に」倍加することによって、技術に意味を与えている。それゆえこの様式は、技術が世界戦争の恐怖の後にその「道徳的解明」（ベンヤミン）によって社会に役立ちうる手段であることを明らかにするのではなく、技術をその手段の美学化によって新しい時代の独裁的な言葉として美化しているのである。文字通りの鋼鉄の嵐の中で言葉を奪われた黙せる自然に対する技術の絶対的命令においてこそ、ユンガーはドイツの伝統に、かつては無力な市民性とみなして決別しようとしたあのドイツの伝統に、身を捧げようとする。戦争技術の英雄主義的ファサードの背後に、ヴァルター・ベンヤミンはドイツ観念論のヒポクラテスの顔〔死者の顔〕を認めている。「技術は、砲火の帯と塹壕とで、ドイツ観念論の顔に浮かぶ英雄的容貌を写し取ろうとした。技術は間違っていた。というのも、技術が英雄的な容貌と思ったものは、ヒポクラテスの顔、つまり死者の容貌だったからである。そこで技術は、元々の極悪非道さを満身にこめて、自然の黙示録的な顔を作り上げ、自然を沈黙させた。技術は自然に言葉を与えることができたかもしれない力であったのにである」。[85]

脱魔術化された世界の英雄は、機械とモーターによってなされる壮大なる平板化のメカニズムと肩を並べる。「機械が登場して以来、すべてはブンブン唸るはずみ車によって研磨されて平面になってしまった」[86] からである。モーターの回転ですっかり研磨されるものは、自然の周期性なのである。それは機械の凶暴なリズムの犠牲になる。ユンガーは機械を無神論の世界の回転礼拝器だと解釈する。残酷かつ抗いがたく、その礼拝器は抽象作用を現実のものの中に持ち込む。第一次大戦の破局は、こうした展望から見れば、市民的文化の最終的解体が歴史記号となって表面に現われたものにすぎない。市民的文化の進歩は様相を一転させ、いまや内燃機関の世界の中で「人工的弁証法の回転運動に従って、きわめて単純な地平でその動きを続けている」のである。市民は大衆に屈し、人間的なものは機械に屈し、自然法は戦闘的表現に屈する。「多くの場所で人道的な仮面はほとんど擦り切れんばかりになってしまい、それに代わって半ばグロテスクな、半ば野蛮な機械崇拝、技術に対する素朴な礼賛が登場してくる」[87]。機械崇拝に対応しているのが、技術的完璧さという神なき世界に対する新しいオプティミズムである。ここでは金属皮膜で塗装された意識が支配的で、そうした意識にとっては、疑念もユートピアも無縁なものである。神々と人間は、死を象徴する完璧な構築物からなるこの潤滑に機能する世界においては、妨げとなる要素としてしか登場できない。生は、目立たないために、あるいは脱落しないために、「有機的な構築物」の中に入らねばならない。つまり技術の秩序に対応して自分自身を物に化さねばならない。

ユンガーは新しい機械に新しい時代の構成的形式を読み取る。この機械の設計者の公式に比べると、芸術の諸形式は古くさい時代遅れのものに思われる。二十世紀の構築物の世界に向かって開かれる決定的に新しい展望は、それを組み立てる労働者だけがもちうるものである。労働者は自らが主体なき集団的設計を構成する部分の一つだからである。この設計は、かつては経験と呼ばれたものとはまったく共通性をもたない。ボードレールのアレゴリーが「自らからも疎外された人間を言葉の二重の意味で、物として把握(ding-fest)し――認知し、物象化された世界に対して身を守った」[88]とするなら、ユンガーはそうした人間に労働者というポスト・イストワールの形姿を与えて神話へ送り戻したのである。自己物象化は人間からあらゆる価値を奪い取るが、不安に対しては人間を守る。この点に労働者の動的な世界の魅惑がある。その世界で力を発揮するのは、これまで決して大衆の権利獲得の助けとならなかった市民的法ではなく、超人間的な機能主義であり、有機的な構築物の構成部分をなす分子的均一性を作り出すために市民的自由は犠牲にされる。「技術はわれわれの制服」なのである。(89) 技術の精密な動きから解き放たれる禁欲的なエネルギーは、あらゆる礼拝儀式のエネルギーを一層増大させる。

剝き出しの機械装置には催眠作用があるが、これは、技術的秩序が有する諸形式の中に堆積している完璧性の精神が、そうした形式に捕われている人間には捉えられないことに起因する。反射的に行動する人たちは、技術的に高度に意識的な形式世界に呪縛されている。彼らは催眠術にかけられたように、大都市という自動機械の中を歩かされている。

自動性のもつ麻酔効果に対応しているのが、認知様式のラディカルな脱魔術化と大衆生活の匿名性による私的個人領域の破壊である。これをよく分からせてくれるのは、写真機の例である。大都市の無形の集団は、ここでは極度に精密で完璧な視覚を自由に使うことができる。そのレンズを前にすると個性は溶けて消える。「写真とは、類型的人間が用いる武器である。見ることはこの類型的人間にとっては攻撃行為である。それと対応するように、自分を見えなくする努力がなされるようになる」(90)。仮面は顔の表情を消す。それとともに、批判の時代は終わる。というのも、もはや仮面を剝ぐことはできないからである。類型的人間は世界のすべてに自分を代理させるものであって、その仮面の背後にはもはや真の顔などはない。脱魔術化された世界が必要とする表現法則は「一回かぎりのことではなく、疑問の余地のない一義性」(91)なのである。

ユンガーの「有機的構成」は工場の幻影《ファンタスマゴリー》である。それは技術を神話によってフェード・オーバーする。現代の技術的世界の中にあるアクチュアルな原史を労働者のタイタン的反逆心に作り変えてアルカイックなものにすることによってである。原史的なものは、技術的世界の眼には、たった今過去になったものの中にますます急速に、かつ極端な形で現われてくる。こうした技術的世界のショッキングな経験をユンガーはもてあそぶ。もはや伝統がなくなっているところでは、たった今過ぎ去ったものも先史時代ののように現われてくるからである。

しかしポスト・イストワールについてのエルンスト・ユンガーのシナリオでは、脱魔術化された世界の英雄は、美的なものへの移行を可能にするために、没落しなければならない。労働者は諸々の形式を神として敬うことによって、自己自身を超越しなければならない。こうして芸術家が技術的世界の救世主として現われることになる。彼が真の神を敬うのは形式としてであるために、彼は一神教の神を劣悪な様式の原理として非難する。ポスト・イストワールに現われるビーダーマイアー様式においては、歴史的な意味をもたずに全面的に形式化された価値に従った生が、特殊人間的な実存の最後の可能性となる。人間存在とは、そのときには、「純粋な形式としての自己自身を、何らかの〈内容〉であるような自己自身と他者とに対置すること」(92)を意味する。

歴史の終焉は、過ぎ去ったものへの捕われない眼差し、こうであってほしいという願望に曇らされていない眼差しを可能にした。歴史をもたない自由が、大きな視覚的精密さを与えてくれるからである。「歴史の空間を立ち去ったメタ歴史家」は、たった今過ぎ去ったことを扱う考古学者兼地質学者として、かつてあったものを「化石」と解釈する。というのも、過ぎ去ったものは、歴史の終焉の後には、もはや伝統価値とは理解されないからである。メタ歴史家は、かつてあったものに対して純粋形式的に価値評価をする態度を取る。歴史は皮肉な冷笑家たちの前で演じられる芝居にすぎなくなる。「歴史の神経を切断する横断麻痺というものがある。これにかかると伝統は消える。父祖たちの所業が生き続けるのは、ただ芝居の中か悲劇の中だけである。行為の中ででではない(93)」。ユンガーの言うメタ歴史家はヘロドトスのちょうど逆であって、歴史空間の開かれた時点から神話的な領域を振り返って見るのではなく、歴史が終焉した時点からポスト・イストワールの空間に向けて前方に視線を向ける。時の壁の向こう側では壮大な家父長的歴史構造は崩壊してしまっている。時の壁を克服することが、労働者の使命なのだが、彼にその使命が果たせないことは、ニーチェが〈末人〉の姿で描いているところである。

脱魔術化された世界の英雄はしかし結局は、歴史の領域を離れるというその使命を果たすことができず、ポスト・イストワールと呼ばれる新しいビーダーマイアー様式を作り上げることになる。それは〈末人〉の時代である。この〈末人〉は憧れの矢を人間の彼方へ向けて射るのではなく、麻酔性の幸福という自らの発明品とともにこの世で快適に暮らすだけなので、もっとも長生きをすることにもなる。現代の絶対主義はこの〈末人〉に総動員体制に即応できる反射的態度を要求する。と同時に、形而上学的な諸器官は萎縮して、技術的世界から生まれ出た強大な知力が敵の殲滅に役立てられるようになる。

労働者は超人だったわけではなく、〈末人〉であることがはっきりする。永続的な幸福を求めてのその俗物的労働は破局へ向かって行く。「単調と単色。灰色の偽装。どんな色もついていない。となると彼らは血を見たいと思うようになる(94)」。技術的世界は回転礼拝器のようにハンマーを打つ音とタイプを叩く音へと硬直していて、そうした舞台の背後には、殲滅の恐怖が待ち伏せている。というのも、ポスト・イストワール的硬直は、まさに弾丸の速度で進行するさまざまなプロセスの帰結だからである。ここで立ち止まるのは、命にかかわる危険なのである。「ここで初めてわれわれはニヒリズムを様式と認める(95)」ことになる。

歴史が終わった後の時代の徴は、加速による減衰である。転換の瞬間をO・シュペングラーは驚くべき弁証法的規定でもってこう明言している。「象徴性の崩壊」は——エントロピーの法則に従って——崩壊の象徴の内部で終了する。[96] シュペングラーの説に則って、ユンガーは絶対的な文明のエントロピー、つまり市民社会の凍死を「無菌性による原罪の消耗」と述べ、「文明のこうした完全な中立性、こうした全面的な色盲[97]」が大都市を自然の中に引き込み、ポスト・イストワールに文明化された野蛮の特色を与えると言う。この特色は両義的な形で現われる。

大衆をファシズム的装飾へ編成することの背後に、そして大都市のニヒリスティックな表層の下に、ユンガーは人間の終焉の後にも不感症的で鋼鉄のごとき秩序に意味を与える形姿があるのではないかと探し求めている。一九四一年末の状況についてはこう述べられている。「カール・シュミットはその状況の意義を、表層部分が人間から解離しはじめ、その結果、意志の自由の領域の下方では凝固が起こっていることに見ている——動物が人間像の剝がれた仮面であるように。人間は自らの内から新しい動物学的秩序を産出しているが——こうした成行きの真の危険は、この成行きの中に取り込まれることにある。——こうした硬化は、青銅の蛇という象徴に示されているように、旧約聖書にもすでに書かれていたものだと私はつけ加えておいた。今日の技術に当たるものは、当時は掟であった[98]」。

鋼鉄の蛇、つまり労働者の硬直した装備は、もし人間がそれに魔法をかけないでおくと、人間を絞め殺すことになる、これがユンガーの芸術家形而上学の動機になっているものである。彼は自分の叙述の理想を魔術的リアリズムと名づける。形《ゲシュタルト》姿の魔術的でリアリスティックな叙述は、骨相学のように簡明であるという点で抽象的法則や写真機のうつろなレンズとは違う。芸術家は自分の光学装置を危険の真っ只中に組み立てる。そこに道徳と嫌悪感とが介入してくると、邪魔になるだけである。そのため彼は大量殺戮の世界の恐怖を「珊瑚礁にいる魚の本質(99)」のように研究する。それによって破壊の力は、救済をもたらす美的形式となり、克服されるというわけである。「新しい様式を打ち立てることの中に、生を耐えうるものにする唯一の、崇高な可能性が潜んでいると、われわれは信じている(100)」からである。

視覚を優先することで、ユンガーの美学は二十世紀の「魂の能力の反転(101)」を証している。つまり正確に知覚するためには、今日では思索よりも大きな精神的な力が要求されるからである。新しい様式は、形《ゲシュタルト》姿の視覚的認知から救済的な形式を作り上げるものである。このことは一つの同じ出来事を肯定的にも否定的にも照らし出す立体的な光学を前提とする。こうして「偏狭な精神がただ矛盾しか見ないものの中に、新しい客観性を(102)」打ち立てるのが、この立体的な光学ということになる。

しかしポスト・イストワールの世界がますます〈末人〉の様相を示すようになると、ユンガーは「森の散策」に専念しながら、ポスト・イストワールに反抗する「禁欲的なエリート(103)」の活動余地を探って行くことになる。

仮象のオリュンポスの神

一九三三年、カール・クラウスは詩人ゴットフリート・ベンを知的な「非精神の現前」の模範的な事例として「狂乱に順応し、おそらく実際に狂乱に圧倒され、本来の道から引き離されてしまった言語の使用がなしうるもっとも極端なものを彼(ベン)は提示している(104)」と評価している。恐怖を模倣《ミメーシス》することがベンの抒情詩の形式を規定している。詩集「死体公示所」は表現主義の精神からの「医師に特有のニヒリズム」の誕生を克明に示している。「このニヒリズムは、肉体の内部がそれと付き合うものたちに与えるショックから生まれてきたものである」[105]。近代性《モデルニテート》の最先端において、医師の無菌性が人間の生き物としての無力さに対するバロック的嘆きを繰り返しているのである。ニヒリズムは、脅威を暗示する暗号であり、芸術家はその脅威を逃れようとアルカイックな世界へと退行的に逃避する。脳髄の迷いからの脱出口を探し求めて、ベンは没落（Untergang）のための表現公式を見つけ出すのだが、これを彼はニーチェ風に過渡期（Übergang）と考えている。「〈この人を見よ〉の戦慄（Ecce-Homo-Schauer）、ニヒリズムは幸福感情である。そして人間は認識の中に没落へ至る美しい手段をもっている」[106]。人間の没落が芸術家の舞台を開く。芸術はニヒリズムに抗する最後の超越を公言するものであるゆえに、ベンにとってこの芸術は「ヨーロッパという危機的概念」[107]と見なされる。ベンはニヒリズムの中に芸術が存在しうる余地を発見する。彼はいかなる犠牲も厭わないラディカルな外向、投射、表現という美的プログラムを形式の形而上学として告知する。こうした偶因論（Okkasionalismus）をルカーチはアレゴリーと決めつけて、それに対応しているのが内容空疎な超越、つまり空っぽの天空だとする。

ニヒリズムと芸術は、ポスト・イストワールの時代には補色の関係にある。芸術は最後の超越として「きわまりなきもの」に対する陶酔と規律の対立の統合を果たす。無は形式を要請する力なのである。

ベンの美学理論はきわめて図式的な歴史哲学に基づいている。初めに神とその姿があり、次にニヒリズムがやって来る。つまり現実が崩壊して醜い容貌になる。こうなると存在の自然のままの総体性は不可能になる。最後に来るのは人間とその形式であって、人間は「新しい神々、つまり形式と規律」を作り出し、「存在するのは芸術だけであって、こうして時代は終わり、命令法的芸術が」[108]抽象的空間を形成し、それは凝固して歴史の彼方で境界線を引くという純粋に内容のない身振りになる。ヨーロッパの芸術の廃墟から立ち上がるのは、「剝き出しの形式を孕んだ」新しい人間である。彼は表現の世界を打ち立て、その世界をニヒリズムの真空の「形式を要請する力」でもって「鍛え上げられ、磨き上げられた表面」をもつものに仕立て上げる。それは「無であるが、しかしその上に釉薬がかけられているのである[109]。内的な価値はすべて廃棄される。世界は外へ向かって突き出され、アルミニウムの表面で包み込まれている。

救済も免責も、ベンにとっては様式の問題である。その際、表現は表現されるべき内面に関わるのではなく、表層での仕事に関わる。その原形は悩みの表現、つまり嘆きなのではなく、指紋なのである。「そうなるとわれわれにとって芸術とは、われわれの現実の、日常的な意識状態、つまり表面の緊張、外面のいらだち、アンテナ主義の、自由かつ自制した形態化を、しかも完璧な形で、仲介するものでなければならない。芸術はこのことから逃れられはしない。まさにこうした世界観的な中立化と何の結果も生まない非束縛性とがあるからこそ、芸術には、遅れまいとする戦いで消耗している人類の状態の中へ入っていってこれを調整することができる。人類は加速していくテンポで仕事を処理することの中に結晶化の方式を見つけ出し、来るべき未来によって思考力が麻痺した状態の中に〈ポスト・イストワール〉の形式を見ているのである[110]」。美的な次元での免責のためには時間ごとに異なる自我（Stunden-Ich）というものが必要である。大都市の脳髄の救済には、脳髄の陶酔の中での時の神々が必要なのである。それゆえそうした〈瞬間〉は、ポスト・イストワールにおける美的段階を時間的行為と定義するものである。

「ゲーテ時代の光はすでに消え失せている。ニーチェによって火葬されて灰になってしまっている。（……）一つの文化圏が沈み、別の文化圏が登場する。そしてわれわれはこうした太陽系の断片の中の人形であり脇役である」。ニーチェとともに、ものみなを魅惑し、幸福感で満たし、悪魔的なものと戯れる「混血雑種的で終局の危機的様式[111]」が始まる。こうした表現の世界を背景にすると、現代の諸科学は単に世俗化されたカトリック主義として姿を見せることになる。「われわれの中において初めて、いかなる客観性をも知らない悪、支離滅裂なもの、悪魔的なものが始まった[112]」のである。

ニーチェの『この人を見よ』を、ベンは、人間の形姿がその症候によって置き換えられる自伝的形式に対する哲学的追悼文と見なす。この意味ではベンの言う現象型（Phänotyp）は自伝的主体を脱歴史的に逆転させたものである。表現の世界の基盤を作った特性のない男は、科学的な世界に対抗して魅惑と表現価値を対置する。自己を切り刻むことによって表現の世界は極端にまで達し、「破断面をキラキラ輝かせる[113]」。

それゆえ芸術はベンにとって脱実体化の技術、内面性に抗する武器、完成した世俗化の舞台なのである。「表現への意志、形式の探求のみが権威をもつ[114]」のである。なるほどベンにとって問題なのは、「何らかの行為をその限界に至るまで表現でもって満たすこと[115]」なのではあるが、それでも、表現はここでは原則的に無感動かつ静的なものであって、形式上の反復強制に従う。表現は議論と調停に対して攻撃的であるという点では決断にも似ていて、その孤立した暴力行為は爆発にも比せられる。したがって表現生活の舞台にはいかなる発展もない。出来事はすべて「非連続的で、非歴史的[116]」という突然変異‐図式に従う。歴史は色あせて、構成的精神が新しい神々を作るに際しての遊びの材料にすぎなくなる。ポスト・イストワールの観点からすれば、歴史の西洋的な理念はヴォーダン信仰と同じレベルのものである。ベンはポスト・イストワールの特徴を「かぎりなく無意味なもの、歴史の浮沈[117]」と捉える。新しい世界の時代の始まりと思えるものは単なる仮象だと言うのである。歴史と名づけられているものは、静かな巨人主義にほかならないからである。歴史を見よ（Ecce historia）――それは一連の無意味な断片である。

ベンは近代《モデルネ》の基本的出来事を漸進的脳髄化（progressive Zerebration）と定義する。それは大都市の「脳髄動物」の中で完成する。「わずか二百年前、月に寄せる詩の中で、自然感情が発見されたばかりだが、今日、自然は何か不自然な様相を呈し、風と雷雨も法外な働きをするようになっている[118]」。ガス灯がボードレールのパリを照らし、そのために星空を曇らせて以来、これまではなかった技術的な光学のプロセスが人間を襲う。ベンの脳髄動物は「古代の天文学者（contemplator caeli）とその観察の自由とは歴史的に対極に立つ[119]」ものなのである。

歴史のファサードの背後では、類型、公式、規範という形で総合的な自然が絶え間なく支配している。これがポスト・イストワールの徴であって、「規格化が精密化すればするほど、それを動かす力学は魔力的になる[120]」。絶え間なきものは、発展と鋭く対立する反対概念である。文明とか教養といった伝統的概念は、美的創造性という新しい特性に取って代わられる。ポスト・イストワールにおける独白的芸術はその結晶化作用に反抗して、奇抜で、何を代表するでもなく、非個性的で、非歴史的なものとなる。

芸術家は言葉の実験室に独り閉じこもって詩作という冷ややかな仕事に励む。「幾つかの言葉あるいは詩句が投げ出されてから、本来の芸術的な仕上げが始まる。〈それらを一種の観察器具、顕微鏡にかけ、調べ、染色し、病的な個所を探る〉――それは用心深く精密な過程であって、出来上がったものには刺激が暗号化されてぎっしり詰まっていて、物理学者なら〈波動の小包〉とでも言うであろうものである。――こうした抒情詩は抽象絵画や無調音楽と内的様式が驚くほど類似しているが、諸芸術はまた新しい学問とも相互に類似性を示している[121]」。

ポスト・イストワールのベンの美学にあっては、人間とその諸形式の反歴史的な表現の世界とは、美的自己主張としての芸術技巧（Artistik）のことである。この彼の美学は、こうした表現の世界を〔シェリングの言う〕世界時代のようなものとして、人間の歴史から、同時にまた人間の関与しないポスト・イストワールから区別して際立たせる。「ニヒリズムは一つの内的現実、つまり美的な解釈の方向へ自らを動かして行く一つの規定であって、ニヒリズムにおいて歴史の成果と可能性は終わる」[122]からである。

　技巧的芸術家（Artist）は自己の作品でもって、絶え間なく続く非人間的なものへの反抗を貫き通す。彼は、ユートピアにうつつを抜かすのではなく、彼の言葉の課題を一つ一つ片づけて行く。万華鏡のような技巧は、ポスト・イストワールの「予め定められた方向へ動き続ける無限性の（……）時間の様態」[123]の形式を提示する。そのアルカイックなイメージは、歴史のプトレマイオス的円盤であって、技巧的芸術家はこれを生の正当化のために間断なく回転させておくのである。美的自己主張は、こうした「回転させ、回転させられるというプトレマイオス的姿勢[124]」を取った瞬間には、簡潔な短いものになる。

　ニーチェのツァラトゥストラは、夜、魂の噴水が語るのに耳を傾ける。これに対応するのが、「かつて昼間に支配していたものは、夜の生活へ放逐されているように見える[125]」という新しい心理学の示す考古学的な意味である。ベンが人間の中にあるアルカイックなものの考古学の先駆者として、ニーチェとフロイトの名を挙げているのも当然である。この二人のおかげで、この上なく醜い人間が発見されたのであった。ここから出発して、ポスト・イストワールの美学はもっとも進歩した意識の始生代に全力を集中することになる。フロイトの夢判断に従いながら、ベンは、無意識が最古のものの形姿《ゲシュタルト》を取って現われる魔力的な自我変転の力を活性化する。「冥土の川アケロンが神々の住まうオリンポス山を水びたしにした[126]」というベンの言葉は、夢判断のフロイトのモットーをさらに突き詰めて考えたものである。上層の歴史的諸力を動かすことは諦めて、技巧的芸術家は冥府の力を呼び出す。抒情的自我は下へ向かって、後ろ向きに、前論理的なものを摑もうとする。

　ここではっきり現われてくるのは美的な絶対主義なのだが、それは現実の美的絶対主義ではなく、前歴史的《プレ・イストワール》なそれである。ベンは知覚される世界が疎外されるのを、分裂病質の形式圏を開拓する技巧的な力、不可視なものを見る眼差しを与える技巧的力のせいだと解釈する。こうしてベンは「脱中心化した自我と電波探知機《レーダー》」[127]の時代の先触れの役割を演じる。極度に表面に敏感なアンテナをもつ者は、安楽椅子に座ったままで世界を体験する。レーダーで思考する人間の場合には、漸進的脳髄化は冷感症的な最終段階に達している。現実崩壊の結果は純粋な機能主義になる。こうした世界にあっては、概念と幻覚が最後の座標になる。窓のない夢が繰り広げられる舞台では、抒情的自我がその奴隷として登場する。夢の幻覚の限界がその世界の限界である。つまり「内生的《エンドゲーン》イメージこそが、われわれに最後に残された幸福の経験可能性[128]」なのである。

ベンの美学の楕円形の二番目の焦点になっているのは、創造的喜びの瞬間における肉体、その「時の神」へ向かってのファロス的膨張である。勃起は肉体の超越を示すベンのモデルである。逆に、神は今はただ単に陶酔物質として現われるにすぎない。それを技術的、技巧的に取り扱うことで技巧的芸術家の自己救済が可能になる。時間に対しては、彼は彼自らの神なのである。ベンはこれを「挑発された宗教[129]」と言う。

しかし底知れぬ深淵があの超越と美的な実現との間を隔てている。というのも、ベンにとっては、エントロピーが原理的に精神の実現のすべてを妨げるからである。彼は傍観しながら悩むことができるだけである。そして精神の実現がないために、禁欲的なエリートたちは繰り返し純粋な精神の教団を形成してここに集うことになる。彼らは「印をつけているわけではなく、名乗り出るわけではないにしても歴史の不倶戴天の敵[130]」なのである。しかし精神的なものが原理的に実現しえないなら、生は色あせて「不条理の繰り返し、今日〈歴史〉として演出されている前段階の再発[131]」になるだけである。それゆえ技巧的芸術家は歴史を即物的に些細なこととして扱い、イメージの貯蔵庫としてしか見ない。

ベンの言う技巧は一九〇〇年頃に陶酔と没落と頽廃的魅惑から生まれたものである。それは、意識的に表層的な表現を求めようとする熱狂的雰囲気に支えられたニーチェのいう仮象のオリンポスに発する芸術であって、ここから純粋に技術的で軽やかな商品が言葉から作り出されることになる。[132]技巧的芸術家は自身を言葉の中に閉じ込め、その無神論的モノローグが袋小路に通じていることを肯定する。彼は言葉の実験室に帰って来る吟遊詩人、歴史的世界に反抗する「形式理性の委託人[133]」である。彼は歴史学に対して保守反動家として立ち向かう。

ポスト・イストワールの時代の僧侶タイプは、意識的に非弁証法的に立ち回る。調停などは、彼にとっては犯罪なのである。しかしベンの作品は、芸術の否定神学といったものではない。技巧的芸術は芸術至上主義《ラール・プール・ラール》ではない。というのも、死せる神の場所は空席ではないからである。つまり「形式が神[134]」なのである。

特殊個別的なもののユートピア

近代《モデルネ》の芸術技巧が誕生するのはニーチェにおいてである。ニーチェはポスト・イストワールの時代のビーダーマイアー様式に含まれる形而上学的志向に芸術という亡命地を用意しうる可能性を二十世紀の美学者たちに描いて見せている。アドルノが『美の理論』で芸術のアヴァンギャルドの最先端においてニーチェの芸術家形而上学を繰り返しているのはこの意味においてである。ここでは美学は「形而上学の避難所」であり、形而上学の批判でもある。[135]アドルノの『美の理論』は歴史哲学に可能な最後の形態であって、没落しつつある形而上学的な真理という理念を救おうとする逆説的な意図をもった反形而上学である。「反形而上学的世界考察――それもよし、しかし芸術的な世界考察を」[136]というニーチェのプログラムを、アドルノは芸術の真理要求に固執することで、同時に否定するという形で、弁証法的に実行する。

技巧的芸術家とはニーチェにとって、ノイローゼ的なものと犯罪的なものとが混じり合っている「中間種」であり、したがってまたデカダンス的モデルネの装飾的‐美的範例である。「意志の薄弱さと社会的な臆病さという点では犯罪行為とは異なり、かつまた精神病院に入るところまではいかず、その触覚で両方の領域に好奇心をもって手を突っ込みながら」[137]、技巧的芸術家は社会の発展と歩調を合わせる。そしてまさに美的に距離を取ること、つまり社会的なさまざまな可能性に単に試験的に触れることが、彼の時代との同時性の基礎になっているのである。

ニーチェの跡を辿って、アドルノは技巧的芸術家という形姿を全主体の代弁人とする構想を立てている。芸術家は「集団精神」を客観化する[138]。このことは、没落を過渡期と考えねばならないとする要請から出ている。「私的な自我をこのように事物に委譲する力は、私的な自我の中にある集団的本質である。これが作品の言語性格を構成する。芸術作品に携わる仕事は社会的に個人を貫いている。ただその際、個人は社会を意識する必要はない。ひょっとして意識することが少ないほど、それだけ社会的存在となる度合いは大きいのかもしれない」[139]。

しかし技巧的芸術家の社会に対する関係は、もっと入り組んでいて、弁証法的にもっと複雑である。全面的な社会化から逃れるためには、全面的な自己委譲のパトスは、その逆のもの、つまり距離のパトスに媒介されねばならない。ニーチェは首尾一貫して、技巧的芸術家を「特権的階級として生存競争から」引き離すよう要求している。こうすることで、芸術的創造の特権が罪と解きがたく結びつけられる。というのも、芸術を可能にする条件は、多数の大衆を奴隷として抑圧することだからである。芸術作品はすべて、「恐ろしい土台の上に憩っている」(140)のである。つまり大衆の強制された超過労働の上に。

アドルノは美的特権についてのニーチェのテーゼを、成功した芸術作品のレベルへ移し入れる。つまりパトスとしての距離と美的自律性とを組み合わせて考えるのである。こうしてアドルノは「独白的芸術」を求めるニーチェの要請(141)をモダニズムのアヴァンギャルドの規範として高く掲げることになる。「独白的芸術」は現代の孤独を表現する世界忘却の芸術、窓のない、盲目の単子《モナド》なのである。

美的な客観化は独白的芸術作品の自己疎外と切り離せない。というのも、独白的芸術作品はその本性からして歴史的な瞬間においてのみ現われるからである。「われわれは、書かさせている事物を永遠化しようとする。われわれはしかし独りで何を模写することができるのか。ああ、それはつねに今まさに枯れなんとし、匂いの失せはじめたものだけなのである。ああ、それはつねに勢い衰えて収まりはじめた嵐と黄色く色あせた末期の感情だけである(142)」。美的形象はつねに遅れてやって来るもので、その歴史的真実を消え失せる瞬間にのみ獲得する。美的真実の自己疎外とは、新しさが色あせることであると言える。真なるものの形姿は瞬間の火花として現われる。新しいものがもつこの絶対的自発性、新しいものが純粋表現の瞬間に集中すること、これこそが、それが姿を表わす瞬間における美的真実を担っている。それゆえすべての芸術作品において、新しさを真実の瞬間的形姿として永遠化する試みはパラドックスなのである。

慣習に対する技巧的芸術家の関係もこうしたパラドックスを示す。最初、ニーチェは美的なるものの慰めの中には「愛に形を変えた自然(143)」が響いているとして、これとまったく対立するものとして「慣習の病」つまり「感情が一致することなく、言葉と行動だけが一致するという病」と見ていた。しかし慣習が抽象的に否定されるところでこそ、その力はもっとも大きく不屈なものであり——それは「否定的な形をとって現われる」。そこでニーチェは当時の市民たちの個人的内面性という覆いの中で演出される自然への憧れが、他者から課せられた慣習の執拗な支配下にある政治的状況の裏面像であることに気づく。「人は自然のままのものの中へ逃げ込むのだと思うことによって、実は、成り行き任せ、楽な道、できるだけ小規模な形の自己克服を選んだのである」[144]。

ニーチェはこうした考察を革新と慣習の美的弁証法へまで進めることはしなかった。そして彼は慣習を技巧的芸術家の恣意的で単に遊び半分の取決めと解することで、そこに含まれる歴史的な指数を隠蔽する。アドルノによれば、このことは、「慣習を擁護するニーチェの偽りの姿であって、唯名論の軌道に抗する不屈の抵抗と美的素材支配の進歩に抗するルサンチマンに由来する」[145]ということになる。

アドルノの重要な証人であったベンヤミンは、ブールダハとクローチェの美的唯名論[146]を伝統的な演繹的美学に対する反形而上学的衝迫と受け取り、それを弁証法的展望の中へ持ち込んでいる。というのも、美的ジャンル概念に対する唯名論的批判は、美的に特殊なもののもとに辛抱強く留まることを推奨するものであり、この批判こそが「美的なジャンルの名の真の意味」を明らかにすることになるからである。美的に特殊なものが模範的なのは、それが極端にまで至ったときにおいてである。同じ種類のものがジャンルの概念を説明するのではなく、模範的なものがジャンルの名前を決めるべきなのである。ベンヤミンは名前に二重の性格を付与する。名前は一方では概念であって、そこでは言葉が記号に格下げされるが、他方ではまた理念であって、言葉のもつ本質的なものでもある。理念であるような名前には、極端なものを総合にもたらす力がある[147]。

表現の慣習に従って表現するのではなく、「表現されるものそれ自体を名指す」[148]表現意欲が、「秘密のモデルとしているのは、名前によってなされる啓示」であるとアドルノは考えるが、このことから、ベンヤミンの叙述のユートピア、つまり概念の彼方にあって、名前によってなされる啓示というユートピアが、アドルノの『美の理論』の中に潜在的な神学的希望として生き続けていることが分かる。概念的‐外面的なジャンル分けと同様に、芸術史上の推移のモデルは唯名論によって粉砕される。歴史的必然性の代わりに登場するのは、極端な特徴をもつものたちが織り成す位置関係（Konfiguration）によって理念を叙述する美的必然性である。美的に極端なものは、あたかも歴史の生成と没落から生まれたかのように、星座的位置関係（Konstellation）の中での同時性という形で理念を請け合っているのである。

モデルネの芸術は不可避的に美的唯名論の状況の中にある。すべての既存の形式言語的な文字や表現習慣は使用不能なものになって、完全な美的個性化の要求のもとに崩壊してしまってもいる。それゆえ美学は「極度に特殊個別なものの一般的理論」[149]という弁証法的なものになる。これでもってアヴァンギャルドの芸術実践はカントの『判断力批判』の要請を果たすことになる。美的亡命地にあって、カントの批判主義哲学のアポリアが解けるかに見える。つまり「カントの図式主義によって隠されていた抽象的で超越的な主体が、美的主体になる」[150]のである。

しかし美的唯名論で言う素材の支配とは、決して細部を自由に処理できるような主観の身構えを意味してはいない。技巧的芸術家は個々の素材の要素の内在的目的論に従うのだが、この個々の要素は自ずから寄り集まってまとまった形式になるわけのものではない。それゆえそこに理想があるといっても、それは疑わしいものである。市民的芸術にあっては、特殊個別なものが要請され、これがあらゆる普遍概念を粉砕する。市民的芸術は唯名論の軌道を立ち止まることなく歩き続けている。アドルノが原市民的なものそのものの運命的軌道と呼んだものである。それゆえ、芸術に拘束力があるとすれば、それはジャンル美学が実定的に名指す普遍概念によって保証されるのではなく、規範的な個々の作品の美的唯名論によって不定的な形をとって名指されるのである。規範というものがあるとすれば、それはもはや通用しなくなったものの規範でしかないのである。

現代の芸術作品は、こうした静的な形式規範を粉砕することによって、市民階級がその独自のプロセスの活力を確認するためのメディアになる。しかし常に同一なものを作り出す資本主義の複製機械が動いているのはうわべだけなのだから、静的な形式規範に媒介された唯名論的な芸術作品の美的活力もまた仮象にすぎない。そこで美的唯名論が基礎づけたあの美しい仮象に対する批判が、今やこの美的唯名論自身に向けられ――つまり規範的形式世界の仮象に対する批判として――美的唯名論に自己反省を強いるようになる。

アドルノは芸術的に悪しき一般的性を、つまりすべての抽象的にすでに存在している形式を、真の「個別化を通して得られる一般性と拘束性」から区別する。「特殊化のもっとも内奥」から「客観的に」形作られたものが押し出されねばならないからである。[151] ここで問題なのは、極度に特殊個別なものの一般的な美の理論という意味での、特殊個別なものと一般的なものとの弁証法である。芸術的実践の場でこれに対応するのが、特殊化への強制、つまり芸術が特殊化へ向かうという一般的傾向である。

こうなると一つの明白なアポリアが生じる。つまり芸術の真理要求を救い出すために、芸術をそのイデオロギーから、美的なるものの普遍性から解放しようとする欲求のために、唯名論はまさに真実性という超主観的審級を破壊するというアポリアである。現代芸術は客観的なジャンルやタイプを否定することによって、自らの偶然性を直視することになる。純正性の喪失と素材の支配とは、アドルノにとっては同じ方向の意味をもっているものである。

アドルノにとって「市民的芸術全体の歴史を通じて、可能であったことと言えば、唯名論の二律背反を解消するとまではいかなくとも、形式の否定から形式を得るという形で二律背反を組み替える努力だけであった。この点で近代芸術の歴史は哲学の歴史と単に類似しているばかりではなく、全く同じもの[152]」なのである。芸術と哲学とは、資本主義の交換法則に従って抽象化が進んで行くプロセスと解釈される世の成り行きに反抗するものである。芸術作品の場合も思考の場合も、その野党的反対派の使命は、特殊個別なものを具体化することなのである。

「芸術における個体化の原理(principium individuationis)、その内在的唯名論は、そうあるべきという指示であって、現に実態としてあるものではない[153]」。アドルノは、ユートピア的な具体的個物を、モデルネという時代にとって発見的能力をもつ、フィクション以上のものにしようとするのだが、芸術の単なる理念としてのこの具体物はいかなる美的経験の中にも対象をもっていないことをアドルノは白状せざるをえない。これがアドルノの弁証法的唯名論のユートピア的頂点なのである。この具体的個物と既存のものを混同するのは無反省な唯名論のなせるわざだとして、アドルノはこの混同を避けようとする。「まだ存在しなかったものこそが具体的なもの」だからである。それゆえ具体化という概念は、美的ないし認識論的に規定されるのではなく、純粋に歴史的‐神学的に規定されるもので、具体的個物の特徴は「存在するものが融和的に規定されている状態[154]」だとされる。アドルノにとって既存のものとはつねにただ悪しき一般性の事実であり、現実に起きている抽象化、つまり普遍的な商品交換が人間存在に刻みつけているあの抽象化を隠す偽装であるような疑似具象物なのである。これに反して具体的個物は、これから初めて作り出さねばならぬものなのである。

どんな概念にも媒介されずに言葉になるであろう極度に特殊なものの描く唯名論的ユートピアは、言葉の限界として言葉の一般性に逢着する。慣習的な表現においては言葉の一般性は、自らを表現する特殊なものに干渉する。特殊なものが言葉の中でのみ表現されうるという単純な事情は、あの弁証法を含んでいる。しかし芸術作品がともかくもなお語るものだということが、『美の理論』の大前提なのである。カントにあっては、美について判断を下す者は「一般の声を自らのためにもっている」[155]と思っているのだが、それと同様に、アドルノはいまだ存在していない良き一般性の声を信じなければならない。この声がなお語るときにのみ、こうした考えは特殊個別なものの描くユートピアを美しい形象の中に確認することができる。

芸術作品において真理が存在するのは、出現があってこそである。つまり姿を現わすものにおいて仮象ではないものが存在するときのみである。美的な形象の出現は経験的な事象にとっては超越的である。芸術作品の場合には、それ自体としては現象でないものはパラドックスとして現われる。「芸術作品とは描写の対象をもたない形象であり、それゆえまた形象をもたないもの、現象としての本質」[156]なのである。模写の対極にあるのは暗号である。暗号で書かれたものは、形象をもたない存在それ自体（Ansichsein）の形象である。存在それ自体とは調製加工されていないもの、開かれているもの、物象化されていないものに対してアドルノがつけた名前である——すでにヘーゲルが他者のための存在から解放された存在と定義しているものである。

「自己存在の理想」としての「美的同一性」は、非同一的なものと同盟関係にある。[157]こうした自己存在が単なる自己保存を美的に昇華するのに対して、合理的な同一性の強制にはまさに自己との同一性を実現しないという不履行が含まれている。しかもこうした不履行こそがあの（合理的同一性の）強制のあり様を示す歴史哲学的指数なのである。カオスの神話的単調さや同一性思考の合理的統一性とは関係のないところで、自己自身と等しい芸術作品の内在的統一が特殊個別なもののユートピアを実現する。ユートピアとは、美的に「同一性の強制から解放された自己自身との同一性（Sichselbstgleichheit）」として、非同一

的なものを「援助する」ことなのである。(158)

美しき異郷

カール・バルトは『否定弁証法』の手本となるような仕方で「すべての既存のものがひとたびその純粋な否定性の中で認識されると、既存ではないものの肯定性の中で輝き始めるさま」を描いている。(159)この光は芸術作品の上にもそそいでいる。美的なものはつねに世俗的なものなのだが、アドルノの場合はその中に神学的内容がさまざまに入り込んでいる。「歪みは救済にまで突き進むことによって、おのずと止揚されることになる。救済における座標軸の移動は、救済が戯れになることにはっきり現われる」(160)。救済のこうした美学化に対応しているのが、美的形象世界を徹底的に破壊することである。というのも、グノーシス的に経験されたこの世界の魔力は、芸術を具体化がゼロになる地点にまで到らしめるからである。そのゼロ地点で「形象の第二の世界」が、破壊の跡の廃墟と空無の中から生まれて来る。それは「管理された世界の陰画(161)」なのである。このように美的なユートピアは、絶対的否定性の歴史的形象を作り上げる。

こうして美学に縮小されてしまったグノーシスは、疎外が完成することによって、つまり物象化がさらに過激になることによって、救済を約束する。グノーシス的思考は商品という物神の中に、不死性の神学的約束が世俗化されていると見るからである。「絶望に直面したときに唯一なお責任を負うことのできるような哲学とは、すべての事物が救済という観点から見ればどうであろうかという見方でそれらを見る試みなのであろう(162)」。アドルノは現世的経験を彼岸への希望として解釈する。というのも、現存するものは変わりうるという可能性のみが、違った状況も起こることを保証するからである。まったく違う他の状態についての神秘的直観《グノーシス》のためには、弁証法的にこの現世界における歴史的展望がなければならない。現在の事態が変わりうるのだという視点がなければ、別様の未知の生活について知ることはない。つまり現存のものがすべてではないということである。こうして批判理論は現存しているという概念に神学的アクセントを置くことになる。この概念はこの暗い世界の造物主デミウルゴスを世俗化したものなのである。「あらゆる既存のものに抗してその外部に立つ[163]」というグノーシス的な立脚点を、アドルノは「救済の立脚点」と名づける。その救済の光は、復活の未来（Futurum resurrectionis）というありえない認識主体から射して来る。形象をもたない真理は、不可能なものの可能性をもつ。その可能性は恩寵という観点から唯一の可能性として現われるのである。つまり「あたかも〈聖化〉が人間に与えられた可能性であるかのごとく[164]」にである。あたかも認識の主体がすでに救済されているかのごとくに。

メシアの光による世界の脱魔術化が、この世界の合理主義的脱魔術化の呪縛を粉砕しなければならない。〔呪縛の粉砕という形でなされる〕裁きのこうした現実を、アドルノは歴史的に作り上げられた仮象の唯一の実現であって、仮象はその中で消えていくと考える。「真理とは実体のあるものではない。真理とは、知の原形（intellectus archetypus）であり、疎外された事物に向けられ魔法にかけられた事物を解放する神の眼差しである[165]」。啓蒙主義の光は世界の目をあまねく眩ませたのだったが、この啓蒙主義に抗して救済のメシアの光は注がれる。こうして現代のグノーシスは視点の弁証法的交替を作り出し、二重の歪みというモチーフを極端化することになる。つまり「仮象の領域では（……）真理そのものが非真理として現われるが、和解の光の中でこの転倒がもう一度ひっくり返される[166]」のである。救済の光が当たった跡は「歴史に残された啓示の痕跡[167]」である。したがって歴史的な対象物との接触においてのみ、世俗的な啓示があるのである。具体化は経験世界における救済の痕跡の跡を追う。こうして具体的個物は、観念論的意識に捕われた状態をそれ自身の中で粉砕する。

異質なる者は単なる存在者の中に歪んだ形で痕跡として潜んでいて、単なる存在者の絶対主義を打ち壊す。異質なる者は仮象をもたないもののうちから仮象という形を取って現われる。アドルノはこの仮象を美的仮象と名づける。こうして新しいものの法則が古いものから弁証法的に読み取られる。不可能なものという徴を通じて予示される可能性の中で、「新しい仮象」が暗い宇宙を照らし出し、歴史を覆す。「不可能なものの実現[168]」はただ美的にのみ可能である。それゆえ現代のグノーシスは、芸術の中にその本来の活動の場を開く。芸術作品は疎外された世界では異質物なのである。それは啓示を世俗化し、すべてがフェティッシュな性質を帯びたこの世界のただ中に啓示の痕跡を保存する。浄福への希望の美的形象は、歴史的‐弁証法的形象世界へ整然と入って行く。その形象世界は、既存のものが崩壊するときに光を放つ。こうした考察は極度に攻撃を受けやすいのだが、アドルノはこれを「グノーシスの終末論的救済[169]」と呼ぶ。それも美的な領域における救済である。美的同一性は、同一ではないもの、つまり「事実確定されないもの」（バルト）と自らを同一化し、そうすることで「第二の力をもつ存在[170]」を打ち立てる。芸術は原罪の刻印を帯びた事実性を失効させる。芸術において本質的なのは、未知なるもの、自我とは異質なものであって、これが救済された世界と通じ合いつつ、グノーシス的認識の衝撃的な突発性をもって芸術作品の中に現われるのである。芸術の理想は物象化されていないもの、開かれたもの、つまり超越的主観によって加工されていないものである。存在しているものから、いまだかつて存在したことのないものの見取図を描くことが芸術の使命なのである。こうした芸術は美的なるものを「弁証法的仮象の領域」と規定する。これが「崩壊しつつある中で、事物に注がれる希望の光[171]」なのである。

仮象の批判は、仮象に自らを意識させ、美的なるものの中で救い出される新しい仮象、超越という仮象を打ち立てる。芸術の形而上学的重要さはこの点で測られる。世俗化された超越の指数は、内容概念から、つまり既存のものを越えてアウラが別のものをさし示すことから読み取れる。美的な形姿は、自己自身を超越することによって、神学的超越を主張することなく、自らの超越を作り上げる。アドルノの逆説的な美学によれば、芸術作品は、それが現実的なものから離れるほど、一層超越的なものとして現われる。つまり芸術は、眩惑の連関の実定的で硬直した仮象に抗して、否定的な姿をとって現われるものなのである。

芸術があるという事実は、管理された世界から見ればスキャンダルである。美的仮象は、合理主義的な脱魔術化のもつ魔力を脱魔術化するからである。芸術の出現が否定的なのは、芸術が魔力を打ち破って到ろうとする彼岸そのものが今なおその魔力を受けているためである。「美は魔力に打ち勝とうとする魔力」[172]なのである。それゆえ『美の理論』においては、美の理念のために美についてのタブーが持ち出される。アドルノは芸術がもつ脱魔術化する魔力を、商品という物神崇拝に対抗するもの、合理性の絶対主義に対する批判であると理解している。すべてが他者のための存在であるような事態である眩惑連関（Verblendungszusammenhang）に直面すると、グノーシス的他者は即自的なもの（das Ansich）になり、芸術作品はそこから形象をもたない形象、つまり「現象に逆らう出現」[173]を作り出すことになる。このパラドックスから見て取れるのは、アドルノがここで芸術の現世内的完成による芸術の止揚を、ただ神学的にのみ考えられる形で目指していることである。

アドルノの批判理論にとって問題なのは、批判のカテゴリーを神学的に深めることによってマルクス主義的批判の「助けにする」ことである。そしてその帰結として出てくるのが「ここで〈美的なもの〉が、救いの神（Deus ex machina）としての階級理論より比べようもないほどに深く現実の中に革命的に介入する」[174]という要求である。芸術は既存のものの諸要素を少しばかりではあれ、メシアの到来をもたらすような新たな星座的位置関係（Konstellation）の中へ移し入れる。美的に即自的なものを〈かのように（Als ob）〉想定することが「傷ついている他者を（……）空想の上で修復[175]」してくれる。現実の中で阻止されているもの、すなわち即自的なものが、あたかもその阻止が破られるかのように、美的なものにある精神の連続性によって、仮象へと作り上げられる。とは言え、自己と他者との美的な類似性を示してくれるのはただ謎めいた「絶対的なものの比喩[176]」だけである。こうした謎のような性格のゆえに芸術は神秘とははっきりと区別される。芸術は、未知なるものを救い出すというまさにこのことによって、謎めいた人間存在における〈かのように（Als ob）〉の解決となるのである。それは中断されたもの、つまり阻止された意味の〈かのように（Als ob）〉なのである。

偽りの世界はよそ者に自分がよそ者であることを忘れさせる。それゆえ人は――人はこの世界では異郷にいるのだが――まず異質性をはっきり知らねばならない。第二の自然とは、異郷にいることを忘れたことを表現する現代のグノーシス的言い方なのである。つまり「自己の異質性を再び思い出すこと、異邦人としての異質性を認識することが、元へ戻る第一歩、望郷の念の目覚めが帰郷の始まり[177]」である。偽りの親密さが窮屈な枷となって生を締めつけているところでは、異邦人としての異質性を認識することは救済への第一歩である。救済者が絶対的に異質であるとしてその偶像化を禁じるのは、神への直接性がそれ自体としては不可能であることを否定的に表現したものである。形象をもたない神との関係の、かつて存在したことのないこうした直接性こそが、「われわれの故郷であり、これはマルシオン〔八五―一六〇、グノーシス派の宗教思想家〕によって絶対の異郷として見事に描かれているところ」である。こうした異質性についての無知の知が世俗内に存在しているものの上に「不可能性という宿命的な光[178]」を投げかけている。捕われの境遇にあるという認識は、救済の徴の解読術に移行して行く。

自分が絶対的な他律的存在であるということを自律的な視点から洞察すると、異質なものこそ、隠されたもっとも独自なものであると解読することができるようになる。その際、グノーシス的他者とは、完全に忘れられたものが歪められて表現されたものであることが分かる。つまりそれは救済の可能性としての、主体内部の自然の表現なのである。歴史の経過の中で、人間は自然の弁護士として、神による天地創造とは対立し合うものとして登場してくる。この点ではアドルノのユートピア的自然概念はそれゆえ、神的な宇宙に対するグノーシス的攻撃を排除するものではなく、それを動機づけるものなのである。

世界を統べる主が自らを破滅させたというマルシオンの考えにしてすでに、没落の論理に従っているものである。つまりキリストの危機以来、この世界は崩壊しているのである。その中でもとくに、世界の主は神であるという強固な仮象が崩壊して行く。「一体それは何なのか。世界精神とは」(179)。この世界精神がすでに内在するという考えに逆らっているのが、異郷の神の福音なのである。「神は、われわれが迷い込んでいる異郷からわれわれを故郷に呼び寄せているのではなく、われわれが属している恐ろしい故郷から浄福に溢れた異郷への誘いの声を上げているのである」(180)。グノーシス的故郷は、故郷と呼ばれている恐ろしいところからの逃亡なのである。グノーシス的故郷は根源から解放されていること、この大地から離脱していること――つまり美的な亡命地にある。

訳者あとがき

本書は、Norbert Bolz: Auszug aus der entzauberten Welt —— Philosophischer Extremismus zwischen den Weltkriegen, Wilhelm Fink Verlag, Müchen 1989. の全訳である。もともとサブタイトル「両大戦間の哲学的過激主義」を題名とした教授資格論文として提出されたものである。原題は『脱魔術化された世界からの脱出』であるが、日本語版の書名『批判理論の系譜学』は、ボルツが日本語版への序のなかで、本書の執筆の意図として述べている言葉からとった。

ノルベルト・ボルツの名は現在、ドイツのメディア論の先鋒を行く若手論客として知られているが、メディア論へと視点を転じるまでの経緯をまずは簡単に紹介しておこう。自身も日本語版への序に述べているように、彼はアドルノの美学理論から出発した。ベルリン自由大学で解釈学と宗教学(ユダヤ神学)の講座教授であったヤーコプ・タウベスの指導の下で提出された博士号取得論文『美的なものの歴史哲学——Th・W・アドルノの「文学ノート」の解釈学的再構成』("Geschichtsphilosophie des Ästhetischen —— Hermeneutische Rekonstruktion der 'Noten zur Literatur' Th. W. Adornos", Hildesheim 1979) では、アドルノのエッセイズムを批判の一形式として評価し、ベンヤミンにおける静止状態の弁証法と等価であるという観点をとる。ヘーゲルからマルクスを経てルカーチにいたる歴史哲学に凝縮されてきた精神の自己解放の夢が挫折した後に、アドルノにおいて歴史哲学は美学へと変容する。このアドルノの美学理論に表明された非・

同一的なるもの、連続性の断絶の思考に共鳴している点で、ボルツはまだフランクフルト学派の息吹のなかにいた。もっとも学生運動がフランクフルト学派を体制批判の武器として担ぎ出して以来、七〇年代半ばの西ドイツの大学で、体制批判的であろうとすればフランクフルト学派、特にアドルノに依拠するのは当然のような風潮でもあったから、ボルツひとりが特異な道を歩んでいたわけではない。こうした関わりから見れば、本書『脱魔術化された世界からの脱出』(原題)は、フランクフルト学派的思考の水脈からの決別を告げていると言えよう。

フランクフルト学派からメディア論への転換の必要性を端的に論じているのは、「コミュニケーション的行為という神話」(『グーテンベルク銀河系の終焉』一九九三年所収)である。アドルノの否定性の思考に留まっているかぎり、ユートピアを決して具体名で名指さずに、ただその周りを巡り続けるようなアポリアから抜けることができないという問題に関しては、ボルツはハーバーマスと認識をともにしている。ただしボルツはそこから、ハーバーマスのとったようなコミュニケーション論への展開の方向は辿らない。むしろフランクフルト学派第一世代(特にアドルノ)、第二世代(ハーバーマス)が作り上げてきた「批判理論」が、ありうべき近代批判の型をあまりにも頑なに守ろうとするゆえに一種の視野狭窄に陥っていることを、ボルツは見抜いている。つまり超越論的な理性の根拠づけを放棄し、コミュニケーション的理性へと組み替えを行っても、「よりよき立論という強制なき強制」が要請されているかぎり、何がよりよき(つまりより合理的な)立論であるかを定める審級が、いかに弱められていても想定されている。この点は、イェール学派の脱構築批評およびデリダに対するハーバーマスの批判(『近代の哲学的ディスクルス』第7章)にも明らかに見てとれる。

ボルツは、ハーバーマスが「よりよき立論という穏やかな強制に、超越論的な強制という位置づけを与えている」と批判する。理想的発話状況の想定のもとに達成される強制なき同意という思考は、結局のところアドルノにも見られる救済という神学的思考のヴァリエーションということになる。つまりアドルノにおける非・同一的なるものと資本主義の同一化思考との対立関係は、ハーバーマスにおいて、救済されるべきものとしての汚れなき間主観性と、それを歪めるシステムという対立関係に置き換えられてはいるが、そこに共通するのは、「貨幣と権力というメディア」に対する拒否的な視点である。「メディアというものは、批判理論にとって常に盲点であった」というボルツが目指すのは、批判理論第一、第二世代にとって共通するこの対立思考——救済されるべき間主観性と、それを浸食し歪めるシステムのメディアの対立——のアポリアからの脱却である。

フランクフルト学派からの決別には、しかしもうひとつの背景がある。戦後ドイツの思想状況のなかで、ナチスという過去と正面から向き合うことがまさに哲学であることを示したフランクフルト学派第一世代がなした功績は確かに大きかった。そしてその遺産を受け継いだハーバーマスの思想と言論も、批判的公共性の形成に大きく寄与している。彼らの仕事が、反権威主義の運動となり、教育改革に結びつき、言論のあり方も大きく変えた。ナチスの責任を自らのものとして引き受けるという、五〇年代としてはまだマイナーであった立場は、学生運動以降七〇年代において次第に浸透していった。この過程は、出版、教育、言論におけるる左派リベラルの力の拡大をもたらした。だが、ナチスについて語るというタブー破りを行うことでナチス批判を積極的に行ってきた彼らの言説は、意図に反してもうひとつのタブーを作り出してしまった。つまりナチスについては特定の批判的な語りかたをしなくてはならない、というタブーである。ハーバーマスが、近代のもたらしたポジティヴな成果として、ヴェーバーに依拠した価値領域の自律化(真理、正義、美)に頑なにこだわり、その自律化を脅かすと彼がみなすポスト構造主義に過剰な批判を加えるのも、この自律化こそが、近代が反近代の野蛮へと再び逆行しないことを保証する唯一の砦と考えるからである。フランクフルト学派のなかにある、この一種の接触恐怖による防衛反応が、七〇年代以降に隣国フランスに展開していたポスト構造主義の受容を遅らせた原因ともなった。フランクフルト学派の若手メンバーの側から、ポスト構造主義との対話の試みがシンポジウムという形でもたれたのが、ようやく一九九一年(ノルトライン・ヴェストファーレン州立文化研究所主催)のことであった。ちなみに、このシンポジウムの記録は、『漂泊の瓶入り通信とポストカード——批判理論とポスト構造主義の交信』("Flaschenpost und Postkarte — Korrespondenzen zwischen Kritischer Theorie und Poststrukturalismus", Hrsg. von S. Weigel, Köln, Weimar, Wien 1995)として出版されている。このシンポジウムの参加者のなかにボルツもいたことは偶然ではない。一九九一年に遅ればせの対話がようやく可能になったのは、批判理論が固守してきた特定の近代論にもとづく批判が、もはや効力を持ちえなくなった時代状況が生じてきたためでもあろう。特に社会主義圏の崩壊と強引に達成されたドイツ統一という現実の力のまえで、抗・事実的なもののもつユートピア性が一気に批判力を失ったこと、またそれによってフランクフルト学派が依拠していた批判の規範性の根拠が一挙に揺らぎはじめたことが、対話を促すきっかけとなった。

ボルツは、ナチスに関わった思想家を本書で取り上げている。C・シュミット、E・ユンガー、G・ベン、M・ハイデガーである。しかも彼らの政治的「汚点」には触れない形で彼らを登場させているのは、左派リベラルが作りだしたタブーへの意図的な挑戦である。近代の歩みを「理想的発話状況」であれ、「権力のメディアの歪みを知らぬ間主観性」であれ、ひとつの純化された物語として構成するかぎり、そうした近代論が反近代、反理性というレッテル貼りをして切り捨ててきた思考とのほんとうの対決はありえない。ボルツが試みているのは、戦後ドイツの「民主主義的」かつ「批判的」言説が、近代・反近代、あるいは合理性・非合理性、そして右翼・左翼、保守・革新という視点を決定してきた基準そのものを問いに付してみることである。それゆえに本書でボルツはベンヤミンの手法に依拠しながら、様々な思考の並列状況を、星座的位置関係（コンステレーション）として記述することに徹している。あらかじめ設定された基準を留保した時に、これまで対立構造で捉えられてきた思考がおのずと描き出す星座――ここからボルツはヴェーバーの言う脱魔術化としての近代が、そもそもそこからの脱出をうながす魔力であったことを示している。とすれば、近代擁護派を自認していた言説と、その言説によって反近代的とされた言説とは、共犯関係にあることになる。

近代の呪縛からの脱出を試みる思考は、現実に制度化された民主主義の枠を越え出るラディカリズムを示す。この段階で、ハーバーマス型の近代論者からは反民主主義、反合理主義という批判を被ることになるだろう。ボルツは、こうしたラディカリズムの思想には、実際の政治的立場の左右を問わず特有の共通性があることを浮かび上がらせている。それは近代のグノーシスと名付けうる隠れた神学的思考である。このような見方には、ボルツが長く助手を務めたヤーコプ・タウベスの影響が大きいと思われる。タウベスはユダヤ人でありながら、カール・シュミットと戦後までいわば愛憎入り交じった交友関係を持っていた（この点についてはJacob Taubes : Ad Carl Schmitt, Gegenstrebige Fügung, Berlin 1987. に詳しい）。タウベスは、西洋における合理性の発生に関してカール・シュミットがマクス・ヴェーバーと同じ捉え方をしていたことをすでに指摘し、それゆえに「シュミットはヴェーバーの正統なる息子」であるという見方をしている。ユダヤ神学の立場からタウベスは、シュミットに対して「方向はちがうが、ともに黙示録主義者」であるとして大きな関心を抱いていた。本書で浮き彫りにされているヴェーバー、シュミット、ベンヤミン、ハイデガーの連関に関して、ボルツはタウベスの思考の遺産をひきついでいることになる。

さて、近代批判の言説に関してもはや規範の設定が不可能であるとすれば、そしてかつて規範性の担い手とされてきた主体・主観を想定できないとすれば、言説の記述にあたっては、一方ではポスト構造主義が、他方ではシステム論が有効な手がかりとなる。ボルツはこの二つの基盤の上に彼のメディア論を構築している。確かにメディア論への展開によって、人間主義の残滓をまだ残している近代解釈のセマンティックスから決別することができる。またフランクフルト学派が共通に背負い込んだ理論的隘路——自己言及性、反省能力——をも乗り越えることができる。もし「真理とは、人間が人間によって発明されたコミュニケーション技術を使って、それを通して自ら交わす会話の産物である」(N・ポストマン)とするなら、いまや印刷技術時代に生み出された会話の所産に別れをつげて、コンピューター・ネットワークに着目すべき時代なのであろう。新しいセマンティックスの可能性があることは確かであるし、ボルツ自身も、超越論の影をひきづっている哲学への批判としてニューメディアのセマンティックスを駆使してもいる。

ただし、ベンヤミンが映画というメディアに見た二重の可能性——新しい批判のメディアであるとともに操作のメディアであるという二重性——にボルツが充分答えきれているのかどうかという点に関しては、今後の著作に期待をつなぎたいものである。ボルツは日本のＮＴＴに相当するドイツ・テレコムのコマーシャルに登場し、ニューメディアを言祝ぐというパーフォーマンスをやってのけた。かつてのフランクフルト学派の文化産業批判からすれば、考えもおよばない新世代「哲学者」の登場ということになろう。つい最近の新聞で、ＮＴＴの新通信技術の全面広告に浅田彰の大きな写真が載っていた。ニューメディアのセマンティックスと資本との親和性をここに見るのは、彼らからすればもう古いということになるのだろうか。

＊　＊　＊

本書の翻訳にあたっては、大貫が第一章、第三章を、山本氏が第二章、第四章を基本的に担当したが、それぞれの訳を相互にチェックしあうという形で進めた。訳語の選択、文体の好みなどの相違はできるだけ調整したが、訳者の不案内による誤謬も多々あるかも知れない。ご指摘いただければ幸いである。なお、読みやすさを優先し、訳注は最小限にとどめることにした。訳注および訳者による補いは〔　〕で示した。ただし、ボルツはかなり凝った文体を駆使している上に、ある思想家の特定の言葉を前後関係なしに引用しているような場合もあり、訳出にあたっては、特に訳者補として明示せずに言葉を補いつつ訳していることもある。

本書の翻訳計画の開始からすでに五年が過ぎてしまった。本書に関心を持っておられた山本氏が、法政大学出版局の稲義人氏を通じて翻訳権を確保していただいた頃、ベンヤミン・シンポジウムに参加するためにボルツが一九九三年一二月に来日することが決まり、それに合わせて本書を出版できればと、山本氏がすぐに稲氏に相談したところ「時間的に余裕はないが、無理して間にあわせましょう」とご快諾の言葉をいただいた。山本氏は、いつもの超スピードで約束通り担当分を一九九三年九月には終わらせてしまっていた。それから出版まで四年あまりの月日が経過してしまったのは、ひとえに大貫の責任である。山本氏の、スピードと忍耐を兼ね備えた希なる人柄のおかげで、ようやく出版にまでこぎつけたことに、深くお詫びとお礼を申しあげたい。また法政大学出版局の藤田信行氏には、訳者の多々の我儘を辛抱強く、また寛大に受けとめていただいたことに、ここに改めて心からのお礼を申し述べさせていただきたい。

出版が遅れた責任を棚上げするようではあるが、統一後のドイツで強まったカール・シュミットのブームは、ますます強まっているようである。また一九九五年にはユンガーが百歳を迎え、新たな脚光を浴びた。戦後ドイツ思想が対決を回避してきた思想と今こそ新たな思考軸をもって対決すべき状況に直面している。そのために本書が手引きとなれば、幸いである。

（大貫　敦子）

一九九七年三月

著　者

ノルベルト・ボルツ（Norbert Bolz）
1953年生まれ。マンハイム、ハイデルベルク、ベルリンの各大学で哲学、ドイツ文学、英文学、宗教学を学ぶ。77年、ベルリン自由大学で博士号を取得し、88年には教授資格を得た。現在はベルリン工科大学教授。邦訳された著書に『仮象小史』、『グーテンベルク銀河系の終焉』、『カオスとシミュレーション』（以上、法政大学出版局）、『意味に飢える社会』、『世界コミュニケーション』（以上、東京大学出版会）などがある。

訳　者

山本　尤（やまもと ゆう）
1930年生まれ。京都府立医科大学名誉教授、大阪電気通信大学教授。2015年死去。専攻はドイツ文学・思想史。著書に『ナチズムと大学』（中央公論社）、訳書にノルベルト・ボルツ『仮象小史』、『カオスとシミュレーション』、リュディガー・ザフランスキー『ショーペンハウアー』、『ニーチェ』、『人間はどこまでグローバル化に耐えられるか』、ラファエル・グロス『カール・シュミットとユダヤ人』（以上、法政大学出版局）、ルー・アンドレーアス・ザロメ『ルー・ザロメ回想録』（ミネルヴァ書房）、エルンスト・ユンガー『パリ日記』（月曜社）などがある。

大貫敦子（おおぬき あつこ）
1954年生まれ。早稲田大学文学研究科修士課程修了。専攻はドイツ思想史・文化論。学習院大学教授。共編著に『ニーチェ事典』（弘文堂）、共訳書にユルゲン・ハーバーマス『近代の哲学的ディスクルス』（全2巻、岩波書店）、『引き裂かれた西洋』（法政大学出版局）、『ああ、ヨーロッパ』（岩波書店）、ヴァルター・ベンヤミン『パサージュ論』（全5巻、岩波書店）、リー・スピンクス『フリードリヒ・ニーチェ』（青土社）、ローレンツ・イェーガー『アドルノ』（岩波書店）などがある。

《叢書・ウニベルシタス　572》
批判理論の系譜学　両大戦間の哲学的過激主義

1997年6月30日　初　版第1刷発行
2018年2月10日　新装版第1刷発行

ノルベルト・ボルツ
山本　尤・大貫敦子 訳

発行所　一般財団法人 法政大学出版局
〒102-0071 東京都千代田区富士見2-17-1
電話 03（5214）5540　振替 00160-6-95814

印刷 三和印刷　製本 積信堂

ISBN978-4-588-14047-1　　Printed in Japan

原　注

はじめに

1. Benjamin, GS VI, S. 100.「資本主義の宗教的構造」を規定する上でベンヤミンは以下の3つの特徴を挙げている．第一に資本主義が純粋なる祭儀宗教であること，第二にこの祭儀は永遠に続くこと，第三に資本主義はそれに属するものに罪を負わせること，である．資本主義は罪を普遍化するというテーゼは運命を生あるものの罪の連関であるとするベンヤミンの定義に社会的な意味を与える．マルクスの社会主義も「もはや逆転しない資本主義」であるとして，この罪連関に入ることになる．ちなみにマルクス自身，すでに「社会関係の物象化」を「日常生活の宗教」と表現している（MEW 25, S. 838）．
2. Freud, Stud IX, S. 481.
3. Schlegel, KA XVIII, S. 363, Fr. 508.
4. Rosenkranz, Hegels Leben, S. 16.
5. Feuerbach, Werke, Bd. 3, S. 28.
6. Sedlmeyr, Verlust der Mitte, S. 8f.
7. Hegel, Werke Bd. 3, S. 534.
8. Hegel, Werke Bd. 6, S. 391 ; vgl. Adorno, GS 5, S. 257 und Horkheimer, Gesammelte Schriften, Bd. 12, S. 297.
9. Heidegger, Holzwege, S. 207 ; vgl. Benjamin, GS IV, S. 507f. ヘーゲルの宥和的弁証法が，彼に本来あった極端という「苦難の」論理を抑圧することによってはじめて出来上がっていることを，バタイユは次のように指摘している．「私が想像するに，ヘーゲルは極端というものに触れたことがあった．そのころ彼はまだ若く，気が狂うかと思うほどだった．さらに私の考えでは，ヘーゲルは極端から逃れるために体系を作り出した．（……）そして最終的には，ヘーゲルは極端に背を向けることで，満足したのであった」．（『内的経験』）
10. Nietzsche, SW Bd. 12, S. 510. Vgl. R. Schneiders Notiz in ‚Winter in Wien‘, Gesammelte Werke Bd. 10, S. 287.「金属のような人物たち．真実性を極端にまで追いつめていった唯一の人物，あるいはまさに悲劇性そのもの，芸術，信仰，愛を極端にまで追いつめていった人物，一言でいえば，極端な人間たちが必要なのである．（……）われわれの本質的な貧困は，ラディカルなものに乏しいこと，化学的に純粋な元素であるような人間に乏しいことである」．
11. Benjamin, GS I, S. 227. アドルノはこのベンヤミンの方法を美的認識の図

式へと作り上げた．たとえば文節化（Artikulation）とは，「特殊な形態理念を極端にまで」押し進めることであるといわれる（GS 7, S. 284）．これはアドルノにとって，不可能となった総合に代わるものであった．この点ではヴェーバーの考察が下敷きにある．Vgl. Mommsen, Max Weber und die deutsche Politik, S. 51.

12. Habermas, Philosophisch-politische Profile, S. 15.
13. Plessner, Diesseits der Utopie, S. 88 ; vgl. Marquard, Apologie des Zufälligen, S. 28 und Sontheimer, Antidemokratisches Denken, S. 327.
14. Nietzsche, SW Bd. 10, S. 606.

第一章

1. Koselleck, Kritik und Krise, S. 9.
2. Bonaventura, vgl. Blumenberg, „Das Licht als Metapher der Wahrheit".
3. Lukács, Werke Bd. 17, S. 132 ; Vgl. Benjamin, GS VI, S.196 :「ルツィファーは美しい．（……）宗教の立場から見れば，本質的に美しいものは悪である．美は，美には欠けている最高の全体性が悪であることを表現している」．
4. Kierkegaard, Abschließende Unwissenschaftliche Nachschrift II, S. 60.
5. Rang, „Vom Weltbuch der Person", S. 287f.
6. Kassner, Zahl und Gesicht, S. 231.
7. Rosenzweig, Der Stern der Erlösung, S. 86.
8. Ernst, Erdachte Gespräche, S. 169.
9. Lukács, Entwicklungsgeschichte des modernen Dramas, S. 358f.
10. Lukács, „Zwei Wege und keine Synthese".
11. Ernst, Der Weg zur Form, S. 97.
12. Lukács, Werke Bd. 2, S. 81.
13. Mann, Der Zauberberg, S. 485.
14. Lukács, Geschichte und Klassenbewußtsein, S. 44f.
15. Lukács, Seele und Formen, S. 33.
16. Lukács, Werke Bd. 2, S. 60.
17. Lukács, Geschichte und Klassenbewußtsein, S. 227.
18. Mann, Der Zauberberg, S. 558.
19. Mann, Betrachtungen eines Unpolitischen, S. 596 ; vgl. Lepenies, Die drei Kulturen, S. 357.
20. Lukács, Seele und Formen, S. 21.
21. Lukács, Theorie des Romans, S. 68.
22. A. a. O., S. 91 ; vgl. Lukács, "Dostojewski-Notizen", Nr. R/b.

23. A. a. O., S. 81.
24. A. a. O., S. 87.
25. Lukács, „Von der Armut am Geiste“, S. 74.
26. A. a. O., S. 72; vgl. Lukács, „Ethische Fragmente“, S. 125.
27. A. a. O., S. 78.
28. Mann, Der Zauberberg, S. 532.
29. Lukács, „Dostojewski-Notizen“, Nr. 19, 31, 64.
30. Lukács, „Ethische Fragmente“, S. 125.
31. Lukács, Tagebucheintragung vom 23. Okt. 1911.
32. Lukács, Werke Bd. 2, S. 52.
33. Lukács, Briefwechsel 1902-1917, S. 352 ; vgl. Mommsen, Max Weber und die deutsche Politik, S. 50.
34. Mann, Der Zauberberg, S. 483 ; vgl. Lepenies, Die drei Kulturen, S. 253.
35. Benjamin, GS II, S. 202 ; vgl. Schmitt, Lage, S. 76f.
36. Lukács, Geschichte und Klassenbewußtsein, S. 258.
37. Mann, Zauberberg, S. 487.
38. Lukács, „Von der Armut am Geiste“, S. 90.
39. Mann, Der Zauberberg, S. 624 ; vgl. Schmitt, PuB, S. 138.
40. A. a. O., S. 712.
41. Benjamin, GS II, S. 509.
42. Barth, Römerbrief II, S. 468 ; vgl. Benjamin, GS VI, S. 99 :「カトリック主義の問題は，（誤った，現世的な）神権政治の問題である．この基本原則は，神の真の暴力は，破壊的であるのとは別の形で，（成就が実現される）来るべき世界においてのみ，顕現するということである」．F. Chr. ラングは，ドイツの帝国思想が，神の国を信じない態度から生まれたことを非難している．彼によれば「神権政治という不自然な形式は，いかなる形態であれ」国家権力の偽善態であり，神についての思考を政治的に偶像化するものである．(Rang, „Das Reich“, S. 119.)．こうした批判はニーチェに始まる．彼は，キリスト教的政治が形容矛盾であり，欺瞞であるとして告発した．なぜなら非政治的なプライベート性こそが，キリスト者の生活形式であり，これに対して政治的な神権主義は「〈軍隊の神〉を総司令官として扱う」(Nietzsche, SW Bd. 12, S. 532.)．ラングと同じようにフーゴー・バルも，帝国に対する彼の論争でニーチェのこの考えを踏襲し，ルターからヘーゲルを経てビスマルクに至るまでを反キリスト教的な発展の筋として捉えている．これはバルによれば，神の国を軍隊の力によって実現できるという不遜な考え方に帰着するという．その意味で，「神によって用いられる暴力を思考する神権主義は，冒瀆の中でももっともひどい冒瀆である」と述べている(Ball, Kritik der deutschen Intelligenz, S. 240.)．

43. Bloch, Ges., Bd. 2, S. 229.
44. A. a. O., Bd. 16, S. 335.
45. A. a. O., Bd. 2, S. 14f.
46. A. a. O., Bd. 16, S. 341, 230.
47. Bloch, Durch die Wüste, S. 35.
48. Bloch., Ges., Bd. 3, S. 201.
49. A. a. O., Bd. 5, S. 598.
50. A. a. O., Bd. 16, S. 410.
51. A. a. O., Bd. 3, S. 306.
52. A. a. O., S. 307.
53. A. a. O., Bd. 16, S. 411.
54. A. a. O., Bd. 3, S. 346.
55. Bloch, Durch die Wüste, S. 109.
56. Bloch, Ges., Bd. 11, S. 26.
57. A. a. O., Bd. 2, S. 169.
58. A. a. O., Bd. 6, S. 310 ; vgl. Barth, Römerbrief I, S. 444. そこでは歴史の満たされた時において「今消えようとするマルクス主義のドグマの残り火が，新たに世界の真理となって明るく照らし出し」そして「社会主義の教会が，社会主義的となった世界に復活する」とされている．
59. A. a. O., Bd. 3, S. 198.
60. A. a. O., S. 88.
61. A. a. O., S. 224.
62. A. a. O., Bd. 11, S. 82.
63. Weber, Religionssoziologie III, S. 342.
64. Bloch, Ges., Bd. 8, S. 318.
65. A. a. O., Bd. 2, S. 203.
66. A. a. O., Bd. 10, S. 207.
67. A. a. O., Bd. 2, S. 98.
68. A. a. O., S. 175.
69. A. a. O., Bd. 16, S. 405f.
70. A. a. O., Bd. 3, S. 287.
71. A. a. O., S. 222.
72. Bloch, Tendenz-Latenz-Utopie, S. 116f. S. クラカウアーのL. レーヴェンタール宛の書簡（1921年12月 4 日）も参照．「シェーラーはブロッホについて，彼の哲学は神に向かっての精神錯乱的暴走である，と言ったことがあるそうです．（……）全世界を飛び越えようとするブロッホのメシアニズムのなかには闘争が含まれていますが，それは私にはまったく縁遠いものであり，あなたがおっしゃった「冒瀆的な敬虔さ」という言葉が使いたくなりま

す．神自身は，このように神に向かって疾走するような激情をお望みになったことはないでしょう」．

73. Bloch, Ges., Bd. 16, S. 381.

74. Simmel, Der Krieg und die geistige Entscheidungen, S. 25. なおジンメルの「ベルリン博覧会」の次の記述も参照のこと．「きわめて多種多様である産業生産品が，肩を寄せ合うように隣合わせに所狭しと並べられているさまは，知覚能力の麻痺を引き起こす．それは真の催眠状態のようである」．

75. Bloch, Ges., Bd. 3, S. 216.

76. A. a. O., S. 211.

77. A. a. O., S. 306 ; vgl. Schmitt, Lage, S. 64f.

78. A. a. O., S. 213.—— Vgl. Ebner, Schriften I, S. 41;また装飾としての故郷という問題に関しては，Lukács, Werke Bd. 16, S. 100f.

79. A. a. O., S. 23.

80. A. a. O., S. 25.—— Vgl. Schmitt, RK, S. 39. ブロッホにおける弁証法とまったく同じ意味で，ベンヤミンはブルトンと，ル・コルビュジェとの間にある緊張関係を計っている．Benjamin, GS V, S. 573.

81. A. a. O., S. 39.「ギリシア的」というテーゼについては，ルカーチも参照．Lukács, ThR, S. 11f, 13f. また「ゴシック的ジンテーゼ」については，リルケのアンドレアス・サロメ宛の書簡（1903年8月15日付）を参照．

82. A. a. O., S. 252.

83. A. a. O., S. 257.

84. A. a. O., S. 235.

85. A. a. O., S. 296.

86. A. a. O., S. 40.

87. A. a. O., S. 29. またヴォリンガーの「表出的抽象」という概念も参照．Worringer : Abstraktion und Einfühlung, S. 160.

88. A. a. O., S. 19.

89. A. a. O., S. 58f.

90. A. a. O., S. 66.

91. A. a. O., S. 88.

92. Weber, Wissenschaftslehre, S. 613.

93. Bloch, Ges., Bd. 3, S. 151.

94. A. a. O., S. 201.

95. A. a. O., S. 155.

96. Lukács, SuF, S. 159f.

97. A. a. O., S. 36ff.

98. A. a. O., S. 87.

99. A. a. O., S. 329.

100. A. a. O., S. 334.
101. A. a. O., S. 35f.
102. A. a. O., S. 34f.
103. A. a. O., S. 144.
104. A. a. O., S. 331.
105. A. a. O., S. 353.
106. A. a. O., S. 249f.
107. Lukács, ThR, S. 33.
108. A. a. O., S. 120.
109. A. a. O., S. 167f.
110. A. a. O., S. 123.
111. A. a. O., S. 46.
112. A. a. O., S. 91.
113. A. a. O., S. 15f.
114. A. a. O., S. 38.
115. A. a. O., S. 64.
116. A. a. O., S. 63.
117. Michel, Marxistische Ästhetik - Ästhetischer Marxismus II, S. 11, 25.
118. Lukács, ThR, S. 85f, 96.
119. Weber, Wirtschaft und Gesellschaft, S. 332 ; vgl. Religionssoziologie I, S. 101 und Lepenies, Die drei Kulturen,, S. 358.
120. Lukács, ThR, S. 114.
121. A. a. O., S. 117.
122. A. a. O., S. 56.
123. Weber, Religionssoziologie I, S. 37.
124. Lukács, ThR, S. 52-55；当時の歴史哲学がドストエフスキーに依拠していたことについてはヴェーバーの次の文献を参照．Weber, Soziologie, S. 467, 470.
125. Lukács, Entwicklungsgeschichte des modernen Dramas, S. 344.
126. Lukács, ThR, S. 158.
127. Weber, Religionssoziologie I, S. 94.
128. Bloch, Ges., Bd. 16, S. 61; vgl. Schmitt, PR, S. 207.
129. Lukács, ThR, S. 104.
130. Lukács, Entwicklungsgeschichte des modernen Dramas, S. 671.
131. Lukács, ThR. S. 19.
132. Lukács, A. a. O., S. 103, 112.
133. A. a. O., S. 23f.
134. Lukács, „Ethische Fragmente“, S. 128.

135. Lukács, ThR, S. 17.
136. A. a. O., S. 19.
137. A. a. O., S. 21.
138. Weber, Wissenschaftslehre, S. 600.
139. Weber, Religionssoziologie I, S. 555.
140. Simmel, Das individuelle Gesetz, S. 72; vgl. Bloch, Briefe, S. 163 und Benjamin, GS VI, S. 196.
141. Lukács, SuF, S. 94.
142. A. a. O., S. 109.
143. A. a. O., S. 108.
144. A. a. O., S. 69.
145. Lukács, Ästhetische Kultur, S. 13.
146. Lukács, SuF. S. 132.
147. Weber, Religionssoziologie I, S. 560f.
148. Lukács,, SuF. S. 200.
149. A. a. O., S. 210.
150. Weber, Gesammelte politische Schriften, S. 332; vgl. Schmitt, Nordlicht, S. 63f.
151. A. a. O., S. 63.
152. Weber, Wissenschaftslehre, S. 610.
153. Bloch, Ges. Bd. 3, S. 216.
154. A. a. O., Bd. 9, S. 69. またザイデルについてはレペニースを参照. Lepenies, Die drei Kulturen, S. 252f.
155. A. a. O., Bd.3, S. 25.
156. A. a. O., S. 316f.
157. A. a. O., S. 208; vgl. Schmitt, PT II, S. 37.
158. A. a. O., S. 224.
159. A. a. O., Bd. 16, S. 230.
160. A. a. O., Bd. 3, S. 236.
161. Lukács, GuK, S. 211.
162. A. a. O., S. 178f.
163. A. a. O., S. 227.
164. A. a. O., S. 104, 28. Vgl. Marx, MEW 25, S. 838, 887; Lask, Gesammelte Schriften I, S. 318f.
165. A. a. O., S. 50.
166. A. a. O., S. 40; vgl. Theunissen, Selbstverwirklichung und Allgemeinheit, S. 45f. クラカウアーはブロッホ宛の書簡（1926年5月27日）で，ルカーチが神学を放棄したことによって払った代償を指摘している．「彼の独自

の形式性のゆえに絶望的である全体性の概念は，マルクスとよりもラスクと類似性がある」．

167. A. a. O., S. 44f.

168. A. a. O., S. 82.

169. A. a. O., S. 198.

170. A. a. O., S. 36.

171. A. a. O., S. 89. ヴェーバーは市民階級の歴史的使命について諦念的に規定しているが，これはルカーチと厳密に対立するテーゼである．Vgl. Marcuse, Kultur und Gesellschaft II, S. 114f.

172. A. a. O., S. 92.

173. A. a. O., S. 267.

第二章

1. Marquard, Skeptische Methode, S. 81.
2. Bloch, Ges. Bd. 16, S. 368.
3. Kierkegaard, Literarische Anzeige, S. 93.
4. A. a. O., S. 97, 100.── Vgl. Rang, Deutsche Bauhütte, S. 46 ; Lask, Gesammelte Schriften I, S. 303 :「しかしジンメルは，近代の脱個人化過程が生の外側だけしか捕えておらず，それゆえ個性はその本質のある種の小部分ではますます非個性的組織に属しているものの，それだけに物象化されえない個性の核心は，削ぎ落しうるその切れ端のすべてから区別され，攻撃されないままに維持される，と考えている」．
5. Heidegger, SuZ, S. 126f ;「あらゆる存在可能性の均等化」については195ページの「可能性盲目」(möglichkeitsblind) と「可能なるものの遮蔽」(Abblendung des Möglichen) 参照．「ひと(das Man)」の公共性にとって特徴的な「饒舌 (Gerede)」という概念においても，ハイデガーはキルケゴールの神学的語彙「おしゃべり (Geschwätz)」を受け継いでいる．公共性の光によって曇らされることについては，Dempf, Sacrum Imperium, S. 33.「近代と現代では，公共性は出版と印刷術によってほとんど完全に埋められてしまっている．印刷物と新聞と広告の連続集中砲火が公共の生を麻痺させている．粉引きの耳には水車の音が聞こえないように，今はもう出版物の声が人の耳には入らない」．
6. Schmitt, Lage, S. 48.──Vgl. Habermas, Strukturwandel der Öffentlichkeit, S. 70 ; Luhmann, Soziale Systeme, S. 465.
7. Schmitt, RK, S. 58. 権力と秘密の規律との関連については，C. J. Friedrich の「すべての権力は秘匿する」という文章を引用している以下の箇所を参照，„Nomos-Nahme-Name“, S. 92ff.
8. Kierkegaard, Entwer/Oder I, S. 159.

9. Kierkegaard, Pap XI 1 A 512；反マルクス主義者キルケゴールにとっては，数とは民衆にとって反宗教的な阿片である．Entwer/Oder I, S. 151，およびTagebücherⅢ, S. 3f.——「ひと」の社会学的具体化についてはLuhmann, Gesellschaftsstruktur und Semantik I, S. 238f : das Sozialapriori des ‚jedermann'.
10. Heidegger, SuZ, S. 129, 127f. ベンヤミンの「破壊的性格」もこれと違ったものではない．GS IV, S. 396f.
11. A. a. O., S. 323, 328 ; Kierkegaard, Literarische Anzeige, S. 97.
12. Heidegger, Kant und das Problem der Metaphysik, S. 262 ; 近代における神からの乖離に対するアンチテーゼとしての「もう一つ別の歴史」についてはGesamtausgabe Bd. 39, S. 1, Holzwege, S. 70.
13. Heidegger, SuZ, S. 329 ; vgl. S. 423, 425.
14. Barth, Kirchliche Dogmatik I, 1, S. 36. バルトのテーゼはその逆ではないのかと思わせる．つまり存在論が歴史的に教示されるのではなく，歴史が存在論化されるということが，ハイデガーの歴史性という概念から読み取れるのではないかということである．——アドルノの批判の趣旨もそのようである．マルクヴァルトも「歴史哲学の消失段階」としての歴史性を暴露していて，死への存在はハイデガーにおいては終末論の代用品であるとも言う．Schwierigkeiten mit der Geschichtsphilosophie, S. 25.
15. Heidegger, SuZ, S. 21f.
16. A. a. O., S. 397, 391.
17. A. a. O., S. 52 ; vgl. S. 26.
18. A. a. O., S. 376.
19. A. a. O., S. 383.
20. A. a. O., S. 385f.
21. Kierkegaard, Philosophische Brocken, S. 82 ; vgl. Michel, Marxistische Ästhetik —Ästhetischer Marxismus I, S. 73ff.
22. Heidegger, SuZ, S. 395.
23. Blumenberg, Lebenszeit und Weltzeit, S. 18.
24. Heidegger, SuZ, S. 46, 437 ; vgl. Goldmann, Lukács und Heidegger, S. 113ff.——事物性の唯物論的演繹については，Sohn-Rethel, Warenform und Denkform, S. 40f.参照．
25. A. a. O., S. 391.
26. A. a. O., S. 424.
27. Heidegger, Einführung in die Metaphysik, S. 28f；アメリカの参戦とともに，歴史をもたないものの非精神が最終的な形態を取る．つまりアメリカニズムは「西洋的なもの」を壊滅させると言う．第二次世界大戦は今や「歴史の不在性か歴史性か」の「決定」の場ということになる．「形而上学的民族」

は「破局的な」非歴史性の力と戦うものなのである．Gesamtausgabe Bd. 53, S. 68, 86, 179, 191 ; Gesamtausgabe Bd.54, S. 127.
28. Schmitt, Hugo Preuss, S. 16 ; Schmitt, Donoso Cortés, S. 19.
29. Weber, Wirtschaft und Gesellschaft, S. 19.――合法性を認める根拠が理性という神の革命的メッセージからギャングのスローガンへと衰退し，ついには「合法的世界革命」にまで至る歴史については，Schmitt, LuL, S. 14 ; Schmitt, PT II, S. 113 ; Schmitt, „Die legale Weltrevolution".
30. Schmitt, Verfassungslehre, S. 335.――自由な宣伝に基づく政党というマクス・ヴェーバーの概念とその歴史的限界については，Schmitt, Hugo Preuss, S. 33 ; Schmitt, Der Hüter der Verfassung, S. 84. 参照．
31. Weber, Wissenschaftslehre, S. 506.
32. A. a. O., S. 246.
33. Schmitt, „Die Tyrannei der Werte", S. 54.
34. Schmitt, LuL, S. 30 Anm.
35. A. a. O., S. 33.
36. Schmitt, Staatsgefüge, S. 49.
37. Schmitt, LuL, S. 50.
38. Schmitt, Leviathan, S. 64.
39. Schmitt, BdP, S. 90.
40. A. a. O., S. 89.
41. Schmitt, BdP, S. 114.――「全体主義国家」についてエルンスト・フォルストホフはジャン・ピエール・ファイエ宛の1963年 8 月31日の書簡でこう書いている．「カール・シュミットの1931年ないし1932年の決まり文句には，エルンスト・ユンガーの『総動員』を読んだ印象とその表現への意識的な依拠が歴然としていました．それは私の見るところ，本質的にはヘーゲルまで遡る思想財でもって当時の状況を分析した成果なのです」．これに対して批判的なのは，Habermas, Der philosophische Diskurs der Moderne, S. 89.
42. A. a. O., S. 186.
43. Benn, GW I, S. 290.
44. Schmitt, Leviathan, S. 73.
45. Schmitt, PuB, S. 51.
46. A. a. O., S. 138 ; vgl. S. 145 ; Schmitt, Staatsgefüge, S. 20.
47. Schmitt, Leviathan, S. 71.
48. Schmitt, Die Diktatur, S. 23.
49. A. a. O., S. 193.
50. Schmitt, „Der Staat als Mechanismus bei Hobbes und Descartes", S. 623.
51. Schmitt, NdE, S. 120.

52. Schmitt, SdP, S. 20.
53. Schmitt, PuB, S. 198 ; vgl. Hugo Preuss, S. 5 ; NdE, S. 56 ; Der Hüter der Verfassung, S. 74 Anm.
54. Schmitt, PR, S. 224.
55. Schmitt, RK, S. 42.
56. Heidegger, Gesamtausgabe Bd. 54, S. 63 ; vgl. Heidegger, Gesamtausgabe Bd. 53, S. 117f.――ランダウアーは純粋な形式の「反ローマ的感情」を表明している．Landauer, Die Revolution, S. 60f.
57. Schmitt, Staatsgefüge, S. 23.
58. Schmitt, PT I, S. 82.
59. Schmitt, BdP, S. 62.
60. Schmitt, Der Hüter der Verfassung, S. 111.
61. Schmitt, RK, S. 25.
62. A. a. O., S. 23.
63. Weber, Wirtschaft und Gesellschaft, S. 481.
64. Schmitt; Die Diktatur, S. 118f.
65. Schmitt, BdP, S. 10.
66. A. a. O., S. 32.
67. Schmitt, Die Diktatur, S. 48.
68. Schmitt, RK, S. 36 ; vgl. Kierkegaard, Buch des Richters, S. 120.「こうした言葉の使い方は注目に価する，つまり人格とは，意味を侮辱するような言葉である」．カトリックの代表とプロテスタントの脱魔術化を分離することついては，エルンスト・ニーキッシュがハンス・ブーフハイム宛の1954年12月14日の手紙で批判的にこう述べている．「カルヴィニズムは徹頭徹尾市民的精神に切り替えられているキリスト教でした．私はジュネーブが古代のローマ精神を市民的-アングロサクソン的要求に合うように適切に切り替える場所と思っていました」．
69. Forsthoff, „Einleitung“, S. 34.
70. Schmitt, RK, S. 14.
71. Schmitt, PR, S. 19 ; vgl. Niekisch, Das Reich der niederen Dämonen, S. 201.
72. Schmitt, PT I, S. 46.
73. A. a. O., S. 37.――法がとにかく形式に依拠していて，それゆえに法においては仮象がさまざまに重みをもつ，これはシュミットが幾度も強調している．Schmitt, Hamlet oder Hekuba, S. 59 ; vgl. Blumenberg, „Das Recht des Scheins in den menschlichen Ordnungen bei Pascal“.
74. Schmitt, LuL, S. 13.
75. Schmitt, PuB, S. 17.

76. Schmitt, PT II, S. 79 ; vgl. Niekisch, Widerstand, S. 80. シュミットはその闘争文書「国家，運動，民族」5ページ，31ページ以下で具体的にこう述べている．「国家と民族の敵である共産党を殲滅するためにも，自己の弱さと中立性ゆえにドイツの不倶戴天の敵を区別できなかったような体制の権限などには期待することはできなかった」．
77. Schmitt, Der Hüter der Verfassung, S. 25 Anm.
78. Schmitt, BdP, S. 119.
79. Schmitt, Theorie des Partisanen, S. 87f.――このことをシュミットは激しい敵対関係を例に挙げて説明している．ゲーテはフィヒテの教義の中にナポレオンの行為の反映が見られるとしている．このことが本来的な敵対関係の構造について決定的な示唆を与える．つまりドイツの哲学者フィヒテはフランスの主権者ナポレオンを「イデオロギー上の自己疎外の反対像として，彼の自我から作り出された非自我」としている．――Schmitt, “Clausewitz als politischer Denker”, S. 495. ナポレオンは，フィヒテの自己自身への問いなのであるが，フィヒテ自身にはそれが識別できなくなっている．
80. Schmitt, ECS, S. 90.
81. A. a. O., S. 89.
82. Schmitt, „Die geschichtliche Struktur des heutigen Welt-Gegensatzes von Ost und West“, S. 151.
83. Schmitt, PuB, S. 191.
84. A. a. O., S. 71.
85. Schmitt, BdP, S. 33.
86. A. a. O., S. 27.
87. Schmitt, ECS, S. 90.――シュミットが真の人間性の牙城として大事に扱った概念が常に非人間的，ファシズム的思考という汚名で彼に突き付けられたのは，シュミットの影響史の皮肉と言えるものである．コジェーヴの「威信のための戦い」もシュミットの「敵」と同じものであった．一般に非難されるのとは違って，この２つの概念は承認関係を主題化しているものである．
88. Schmitt, NdE, S. 95 ; vgl. Koselleck, „Zur historisch-politischen Semantik asymmetrischer Gegenbegriffe“, S. 104.
89. A. a. O., S. 114.
90. Schmitt, ECS, S. 58. これはシュミットにとって人道主義者の非人間性の到着点（terminus ad quem）である．西洋が没落へ傾いているその度合いに従って，人道主義理念の影，つまり「人でなし」という致命的差別用語の影が濃くなっていくと言う．「人類という概念は敵という概念を排除する．なぜなら，敵もまた人間であることをやめず，そうなると特殊な区別がなくなるからである」．―― PuB, S. 73.

90a. Schmitt, „Clausewitz als politischer Denker“, S. 502.
91. Schmitt, PT I, S. 59.
92. Schmitt, PR, S. 40.
93. Schmitt, Die Kernfrage des Völkerbundes, S. 75.
94. Kelsen, Das Problem der Souveränität und die Theorie des Völkerrechts, S. 320. これに対して批判的なものとして Schmitt の Staat, Bewegung, Volk, S. 16 ; Heller の Europa und der Faschismus, S. 17および Neumann, Die Herrschaft des Gesetzes, S. 30. 参照.
95. Schmitt, PT I, S. 44.
96. Schmitt, RK, S. 51f.
97. Schmitt, Die Diktatur, S. 105.
98. Schmitt, PT I, S. 20.
99. Schmitt, Die Diktatur, S. 27 ; vgl. Schmitt, Der Wert des Staates, S. 95.
100. A. a. O., S. 194.
101. Schmitt, PuB, S. 179.
102. Schmitt, PT I, S. 29f.
103. Schmitt, Gesetz und Urteil, S. 48.
104. Schmitt, PT I, S. 71 ; vgl. Jünger, AH I, S. 130.
105. Schmitt, Der Hüter der Verfassung, S. 46.── Vgl. Niekisch, Das Reich der niederen Dämonen, S. 67 ; Rang, Deutsche Bauhütte, S. 53.「というのも，理念が存在するのは，意志を萎えさせ，非意志を隠蔽し，生を理念に逆らって確保するためである．理念は創造するために過度に緊張している．ドイツ人は生きて行く決断のために自らを押し潰している」．マクス・ヴェーバーが脱魔術化された世界の価値の多神教の中で決然たる態度そのものを必死に作り上げようと試みていることについては，Henrich, Die Einheit der Wissenschaftslehre Max Webers, S. 129 ; Apel, Die Erklären-Verstehen-Kontroverse, S. 39f.
106. Kierkegaard, Entweder/Oder II, S. 188.
107. Schmitt, PT I, S. 83.
108. Schmitt, Lage, S. 68.
109. Kierkegaard, Entweder/Oder II, S. 180.
110. Schmitt, PT I, S. 19 ; vgl. Luhmann, Ausdifferenzierung des Rechts, S. 38.
111. A. a. O., S. 42 ; vgl. den 148 Psalm und Römer 4, 17.
112. Schmitt, LuL, S. 58 ; vgl. Lage, S. 57 ; „Einheit der Dezision“.
113. Schmitt, Gesetz und Urteil, S. 97.
114. Schmitt, PT I, S. 60.──1933年には決断主義そのものはすでに歴史的なものになってしまっていた．つい最近の過去と現代についてのシュペングラ

一の論争の書は『決断の歳月』と題されていた．この書の主要な問題も誰が決定するのか（Quis ju-dicabit ?），「決定を下す主」は誰かである．Spengler, Jahre der Entscheidung, S. 55.

115. Schmitt, PuB, S. 82.

116. Schmitt, PT I, S. 79.

117. A. a. O., S. 73.

118. A. a. O., S. 75 ; vgl. Lage, S. 81ff.

119. Kierkegaard, Tagebücher II, S. 105.――理解のための時間を終了させるという問題については，Lacan, "Le temps logique et l'assertion de certitude anticipée", S. 197ff. 参照．

120. Kierkegaard, Christliche Reden 1848, S. 93.

121. Schmitt, PuB, S. 85.

122. Schmitt, PR, S. 104.

123. Schmitt, Die Diktatur, S. 139.

124. Schmitt, PT I, S. 49.

125. Schmitt, PuB, S. 47.

126. Lehrbuch des Staatsrechts von Meyer-Anschütz, S. 906 ; vgl. Schmitt, Staatsgefüge, S. 11.

127. Kierkegaard, Die Wiederholung, S. 92-95 ; vgl. Rang, Deutsche Bauhütte, S. 85, 88, 91.

128. Schmitt, PT I, S. 22.――実際上の措置による憲法規範の侵犯の具体例については，1931年のシュミットの論文 „Die staatsrechtliche Bedeutung der Notverordnung" を，侵犯という概念については，Verfassungslehre, S. 107参照．

129. Schmitt, BdP, S. 35.

130. Schmitt, Staatsgefüge, S. 10.――シュミットは精神分析のモデルに完全に従って「症状の現れ出る瞬間の症候」を，政治的に排除され「純粋のタブー」になってしまったものの再来と捉えている．Schmitt, VA, S. 260.

131. Schmitt, Die Diktatur, S. 233, 258f ; PuB, S. 97f ; Der Hüter der Verfassung, S. 127 ; Staatsgefüge, S. 47 ; これに反対して「プロイセン・クーデタ」を評価するものとして Fest, Hitler, S. 471ff. 参照．

132. Schmitt, Der Hüter der Verfassung, S. 131 ; vgl. VA, S. 259 ; Blumenberg, „Wirklichkeitsbegriff und Staatstheorie", S. 122.

133. Schmitt, Die Diktatur, S. 179.

134. Schmitt, PT I, S. 19.

135. Schmitt, Die Diktatur, S. 226; vgl. Preuss, Die Internalisierung des Subjekts, S. 165.

136. Schmitt, PT I, S. 19.

137. Schmitt, Die Diktatur, S. 175 ; vgl. Staat, Bewegung, Volk, S. 44; Mommsen, Max Weber und die deutsche Politik, S. 380.
138. Schmitt, Verfassungslehre, S.107.
139. Die Kernfrage des Völkerbundes, S. 11.
140. A. a. O., S. 22.――第二次大戦後，シュミットは決断主義を掟（ノモス）と秩序（オルド）という思考に変形する．取得による法（ノモス）が今や「最初の秩序」を打ち立てる．秩序化の秩序（ordo ordinans）として取得とその場所が，決断とその時を排除する．―― vgl. NdE, S. 19, 47 ; „Nomos-Nahme-Name", S. 101. 秩序の力に魅せられてシュミットは第二次大戦の殲滅戦さえも場所の秩序を作り出すための第一級の事象という形に解釈し直す．―― vgl. „Beschleuniger wider Willen". 想定された戦争を最高の秩序形式と定義することに関してはNdE, S. 158f ; PuB, S. 285.
141. Schmitt, Lage, S. 74.
142. Schmitt, Die Diktatur, S. XX.
143. Schmitt, Lage, S. 64. 1929年，「知られざるドノソ・コルテス」についてのある論文でシュミットは「彼の独裁者的態度の偉大な断定性」を賛えている．PuB, S. 116.
144. Bakunin, Staatlichkeit und Anarchie, S. 362 ; vgl. Landauer, Erkenntnis und Befreiung, S. 34.
145. Schmitt, RK, S. 60f ; vgl. S. 64; PT I, S. 64 ; Lage, S. 79.
146. Bakunin, Staatlichkeit und Anarchie, S. 73 ; vgl. Voegelin, „Gnostische Politik", S. 306.
147. Schmitt, PT I, S. 82 ; vgl. RK, S. 45f.
148. A. a. O., S. 84.
149. Kierkegaard, Pap. X 6 B 40f.―― Vgl. Michail Bakunins Beichte, S. 38.
150. Bakunin, Staatlichkeit und Anarchie, S. 770.
151. Schmitt, RK, S. 63 ; vgl ; Lage, S. 79 ; Nietzsche, SW Bd. 7, S. 580 ; Ball, Die Flucht aus der Zeit, S. 180.
152. Schmitt, Lage, S. 83 Anm.
153. Schmitt, RK, S. 64 ; vgl. Niekisch, Widerstand, S. 51.
154. Schmitt, BdP, S. 79f.
155. Schmitt, PT I, S. 63f.――シュミットは近代の歴史全体を政治的神学のモデルを核として構成する．つまり一元論的‐教権政治的教義が世俗の権力を，教会が体現する神の真理に服従させることによって克服し，さらにヨアヒムの歴史神学が三位一体説を政治的‐神学的に解釈するようになった．そして，宗教改革は基本的にキリスト論的‐政治的葛藤を含むものとなる．この宗教改革は，ホッブズがローマ教会の決定独占に対抗する国家主権論を構築したことによって完成されたとシュミットはみなす．17世紀はシュミット

にとって特殊なあり方の神学的‐政治的世紀であり，そこでは君主制がバロック哲学の神とちょうど対応している．しかし19世紀の国家論における中立主義さえもこの展望においてはまだ政治神学の一章でしかなく，哲学的多元論は近代の無数の民族国家に呼応したものである．「神学者たちにとっても非神学者たちにとっても，最近の政治的神学の最も目立つ例は，マクス・ヴェーバーの〈カリスマ的合法性〉である」―― PT II, S. 62――これはシュミットの政治的神学にとってほんとうの意味で同時代的な挑発である．1978年に昔を振り返ってシュミットは懐疑的にこう述べている．「このように徹底した政治的‐神学的反省の秘義は厳しいもので，今日の人類にはもはや要求することはできない」――„Die legale Weltrevolution“, S. 337.

156. Schmitt, PT I, S. 49.――これも回顧してだが，『政治的神学』からほとんど50年も後に（『政治的神学』はこの回顧の中で初めて第一部と名づけられている）こう述べられている．「私が〈政治的神学〉というテーマについて述べたすべては，神学上の概念と法学上の概念の，いやが応でも気づく体系的な構造上の類似性について法理論的かつ法実践的に問題になることを法律学者として発言したものである（……）神学と法学という二つの学問分野における学問的概念形成は，双方の間で異名同音的な混同も許され意味をもつような，比較可能かつ置換可能な概念と共通の体系的概念領域を作り出したのである．これは，楽器を正しく調律できるかどうか程度の問題にすぎない」． ―― PT II, S. 101.

157. Schmitt, PT I, S. 7.――彼の歴史理論のこのキー概念は，第二，第三インターナショナルの普遍主義がローマ・カトリック教会の普遍主義を世俗化したものであるというテーゼの中でとくに強力に使用されている．PuB, S. 138. これはナフタの名でトーマス・マンの中に出て来るゲオルク・フォン・ルカーチによって確認されている．

158. Schmitt, PR, S. 23 ; vgl. Blumenberg, Säkularisierung und Selbstbehauptung, S. 113.

159. Schmitt, BdP, S. 79.――カール・シュミットが歴史的認識の論理の枠組について意見を述べたのは第二次大戦後になって初めてである．「具体的‐歴史的なイメージ」にはある状況が唯一無二であることを規定する，具体的な問いと答えのおりなすコンステレーションの「弁証法的緊張」が含まれている．シュミットは歴史の弁証法的イメージについての彼の理論において常々繰り返して，歴史の「核心となる一回性」，歴史のアクチュアリティの核の「無限の一回性」，「一回かぎりの歴史的出来事の抗いがたい力」を強調している．「覆すことのできない現実は黙せる岩」であり，「一回かぎりの歴史的真実の花崗岩」であって，これにぶち当たると仮象や戯れ，空想や心理学は粉々に砕けるとしている．―„Die geschichtliche Struktur des heutigen Welt-Gegensatzes von Ost und West“, S. 147, 153; Hamlet oder Hekuba,

S. 47; „Vorwort“, S. 14f; „Hinweis für den deutschen Leser“, S. 170.
160. Schmitt, Donoso Cortés, S. 93; vgl. NdE, S. 32.
161. Schmitt, Nordlicht, S. 68.
162. Vgl. Schmitt, Donoso Cortés, S. 13, 15, 105; NdE, S. 33, 55. リベラリズムに対する戦いについては，Marcuse, Kultur und Gesellschaft I, S. 17ff. 参照．
163. Schmitt, PuB, S. 203.――1934年7月13日のアードルフ・ヒトラーの国会演説に対するシュミットの解説の核心部分になっているのは，「総統が」ドイツにその「正当な権利を保持するよう」促すことによって，「法を守っている」ということである――リベラルな法治国家によって活力を失うことを肯んじない，自分自身を裁く審判者として，つまりは彼の「軍人服務規定」に基づいてである．
164. Schmitt, PR, S. 115.
165. Schmitt, PT I, S. 82.
166. Schmitt, Nordlicht, S. 63f.
167. Schmitt, PR, S. 95.
168. Schmitt, Donoso Cortés, S. 86.
169. Schmitt, Lage, S. 71.
170. Lukács, GuK, S. 268.
171. Schmitt, VA, S. 425f.
172. Steding, Das Reich und die Krankheit der europäischen Kultur, S. 108 f.
173. A. a. O., S. 471.
174. Benjamin, GS I, S. 406, 408.
175. Weber, Religionssoziologie I, S. 560.
176. Benjamin, GS II, S. 190.
177. Steding, Politik und Wissenschaft bei Max Weber, S. 88.
178. Marianne Weber, Max Weber, S. 665.
179. Benjamin, GS I, S. 491f Anm.
180. Benjamin, GS II, S. 495.
181. A. a. O., I, S. 308.
182. 新約聖書「ローマ人への手紙」十一章五節，二九節参照．―― Schmitt, PT II, S, 52.「使徒パウロが新約聖書に対して持っているカリスマ的合法性は，マクス・ヴェーバーが社会学的にカリスマというテーマについて言ったことすべての神学的起源である」．1927年にすでにシュミットはマクス・ヴェーバーのカリスマ的合法性と国民投票による民主主義理論に対してもつエーリク・ペーターソンの「唯一の神」の意味を指摘している．Volksentscheid und Volksbegehren, S. 34.――外からの革命としての合理化の過程に対抗し

て登場するのが，カリスマの形をとった内からの変革の力（metanoia）である．官僚政治の目的合理性がただ伝統的な規範を代用しているのに対し，「カリスマの最高の現象形態は法規と伝統一般を粉砕し，あらゆる神聖な概念をひっくり返してしまう．古来慣例化しているもの，それゆえに神聖視されているものに対する畏敬の念に代わって，それは今までなかったもの，まったく比類なきもの，それゆえに神々しいものへの服従を強要する．もっともそれはこの純粋に経験的で，かつ価値自由という意味においては，歴史の特殊〈創造的な〉革命的力である」．—Weber, Wirtschaft und Gesellschaft, S. 658.

183. Steding, Politik und Wissenschaft bei Max Weber, S. 67.

184. Weber, Wirtschaft und Gesellschaft, S. 545.——これに対応するのが，カリスマとアウラ，脱魔術化と脱アウラ化の概念間にある親縁性である．もし脱魔術化をカリスマのアンチテーゼと考えて，これが資本主義の合理性に魔力を及ぼして運命に変えるとするならば，ヴェーバーのカリスマは，技術的即物性の視点からは，資本主義がアウラの崩壊に答えるために個性の行う作為的な魔術ということになる．

185. Steding, Das Reich und die Krankheit der europäischen Kultur, S. 231.

186. Benjamin, GS I, S. 237.

187. A. a. O., II, S. 75.

188. Steding, Das Reich und die Krankheit der europäischen Kultur, S. 459.

189. A. a. O., S. 637.

190. Benjamin, GS I, S. 496.

191. Hefele, Das Gesetz der Form, S. 94.

192. Benjamin, GS VI, S. 60.

193. A. a. O., I, S. 215.——シュミットは1934年8月1日のドイツ法曹新聞で，極端な思考からのファシズム的帰結を導き出し「最高の危機状態においては最高の法が真価を発揮し，この法の司法上の報復的実現が最高度に行われる」と言う．——また「総統が危機の瞬間に，最高の裁判権所有者としての彼の総統としての使命に基づいて直接に法を作るとき，総統は最悪の権利の悪用から法を守っているのである」とも言う．PuB, S. 201. ここでは暴力が法の実体としてありのままに告白されているのだが，それはちょうど野蛮が政治的なるものの根源の印であるのと同様である．カール・シュミットにとって問題なのは，「古いと同時に極めて近代的なものである支配原理と指導原理」を概念として解明することなのである．—Das Reichsstatthaltergesetz, S. 10.

194. Schmitt, Die Diktatur, S. 18.

195. Benjamin, GS I, S. 354.

196. A. a. O., S. 405.

197. A. a. O., S. 245f.
198. Hefele, Das Gesetz der Form, S. 96.
199. Benjamin, GS I, S. 250.
200. A. a. O., S. 260.
201. A. a. O., S. 275.
202. A. a. O., S. 233.
203. Heidegger, Was ist Metaphysik ?, S. 25 ; vgl. SuZ, S. 38.「存在は超越そのものである」. これについてのハイデガーの欄外注には「存在は存在者を〈熟慮して〉きた」とある. A. a. O., S. 440.
204. Benjamin, GS II, S. 188.
205. Sohm, Kirchenrecht II, S. 179.
206. Benjamin, GS II, S. 202.
207. A. a. O., S. 194.—— Vgl. Heller, Europa und der Faschismus, S. 28f.

第三章

1. Scholem, Judaica I, S. 20.
2. Benjamin, GS II, S. 159.
3. A. a. O., S. 902.
4. A. a. O., S. 640.
5. A. a. O., II, S. 1105.
6. A. a. O., V, S. 968.
7. A. a. O., I, S. 234.—— Vgl. Rang, „Das Reich", S. 115 :「心の惰性という罪，これがわれわれを思想家たちの民族にしたのである」.
8. A. a. O., V, S. 964.
9. A. a. O., I, S. 1197. Vgl. Heidegger, Holzwege, S. 301.
10. A. a. O., V, S. 513.
11. A. a. O., S. 493.
12. A. a. O., S. 998.
13. A. a. O., II, S. 1064.
14. A. a. O., III, S. 535.
15. Spengler, UdA. S. 35.
16. Spengler, zit. nach : Koktanek, Oswald Spengler in seiner Zeit, S. XXV.
17. A. a. O., S. 248. ヴォリンガーは『芸術的な時代の問題』(28ページ以下)において，シュペングラーの著作を「新たなる思考の感受性」の典型として賞賛している. それはヴォリンガーによれば「没落においてのみ可能である」ような「幻想的な，鋭い洞察力をもつ歴史主義」である.
18. Spengler, UdA. S. 1155.
19. A. a. O., S. 663, 673.

20. A. a. O., S. 721.
21. A. a. O., S. 452.
22. A. a. O., S. 1004.
23. Jünger, Strahlungen II, S. 330.
24. A. a. O., I, S. 46.
25. A. a. O., S. 370.
26. Jünger, AH I, S. 148.
27. Jünger, Auf den Marmorklippen, S. 126. ユンガーは後にこの著書が，第二次世界大戦の戦慄を，体験の中で現実になったよりももっと詳しく，夢の中であらかじめ規定していたと述べている．この自己評価の正しさは，東部戦線で『大理石の断崖の上で』に捧げられた読者の崇拝的な態度からも認められる．ある中尉から受け取った手紙からユンガーは1943年 7 月13日に次のような箇所を書き留めている「戦闘と恐ろしい体験の緊張が緩んだ夜に，私たちはテントの中で『大理石の断崖の上で』を読みました．それは私たちが本当に経験したことだったのです」．ここでは夢のイメージが経験の可能性の条件となっている．
28. Benjamin, GS I, S. 437.
29. A. a. O., III, S. 522.
30. A. a. O., V. S. 819.
31. A. a. O., II,, S. 286.
32. A. a. O., IV, S. 317.
33. Jünger, Essays II, S. 258.
34. Benjamin, GS III, S. 250 ; vgl. Rang, Deutsche Bauhütte, S. 135.
35. A. a. O., I, S. 661.
36. A. a. O., V, S. 1236.
37. A. a. O., II, S. 284.
38. A. a. O., V, S. 428.
39. A. a. O., IV, S. 95.
40. Schmitt, PT I, S. 11, 19.—— Vgl. Lukács, SuF, S. 329f.
41. Benjamin, GS II, S. 195.
42. A. a. O., I, S. 697.
43. Rang, Historische Psychologie des Karnevals, S. 13.
44. A. a. O., S. 20.
45. Benjamin, GS I, S. 407.
46. A. a. O., S. 408.
47. A. a. O., V, S. 825.
48. Heidegger, SuZ, S. 178.
49. A. a. O., S. 391.

50. Freud, Stud. Bd.II, S. 450 ; vgl. Benjamin, GS IV, S. 408.「というのも，夢の中でわれわれに起こることは，新しい，今まで知らなかった注意の仕方である．それは習慣という懐の中で外に出ようとあがいている」．そして「以前には気がつかなかったことが——ずらされ，きわめて明瞭に——素材を夢に変える」のである．
51. Heidegger, SuZ, S. 334.
52. Benjamin, Briefe, S. 407.
53. Benjamin, GS V, S. 676.
54. Riegl, Spätrömische Kunstindustrie, S. 11.
55. Benjamin, GS V, S. 1015.
56. A. a. O., III, S. 290.
57. Benjamin/Scholem, Briefwechsel, S. 202.
58. Benjamin, Briefe, S. 368.
59. A. a. O., S. 530.
60. A. a. O., S. 426.
61. Benjamin, GS III, S. 68.
62. A. a. O., V, S. 487.
63. A. a. O., S. 409.—— Vgl. Spengler, UdA, S. 271.
64. A. a. O., I, S. 396.
65. A. a. O., II, S. 1434f.
66. A. a. O., S. 626.
67. A. a. O., III, S. 277.
68. A. a. O., V, S. 413.
69. Vgl. Rang, Shakespeare als Christ, S. 15.「メシアニズム的な芸術批評は，メシアニズム的な世界批評，つまり最後の審判の特別な事例にほかならない．その審判は，いかなる像をも存続させない．芸術形式も芸術作品も，芸術に関するそれまでの概念とともに再び破壊されねばならない」．
70. Benjamin, GS II, S. 298.
71. A. a. O., III, S. 82.
72. Heidegger, SuZ, S. 380.
73. Benjamin, GS V, S. 622.
74. A. a. O., S. 289.
75. A. a. O., III, S. 145.
76. A. a. O., II, S. 300.
77. A. a. O., V, S. 569.
78. Rüffer, „Organisierung des Pessimismus“, S. 230 ; vgl. hierzu auch Rüffer, „Taktilität und Nähe“, S. 181ff.
79. Benjamin, GS V, S. 670.

80. A. a. O., S. 513.
81. A. a. O., S. 522.
82. A. a. O., S. 134.
83. A. a. O., S. 218.
84. A. a. O., S. 282.
85. A. a. O., S. 490
86. A. a. O., S. 966.
87. A. a. O., S. 282.
88. A. a. O., S. 236.
89. A. a. O., S. 161f.
90. A. a. O., S. 1216.
91. A. a. O., S. 1002.
92. A. a. O., S. 1031.
93. A. a. O., S. 574.
94. A. a. O., S. 993.
95. Marx, MEW 25, S. 405.
96. Adorno, GS Bd. 14, S. 31. マクス・ヴェーバーの「鋼鉄の檻」という表現は，完全な物象化の原像である．ベンヤミンはそれをなぞっている（GS II, S. 495）．「物象化によって人間同士の関係が不透明になったばかりではない．それ以上に諸関係性の本当の主体さえもが霧に隠されてしまったのである．経済生活における権力者と被搾取者との間に，法と行政の管理機構が入り込み，その機構の担い手たちはもはや完全に責任を負う倫理的主体の役割を果たすことはない．彼らの〈責任意識〉は，こうした片輪状態の無意識の表現にほかならない」．
97. Benjamin, GS V, S. 448.
98. Lukács, GuK, S. 44f.
99. Benjamin, GS V, S. 1115.
100. A. a. O., S. 417.
101. A. a. O., S. 435.
102. A. a. O., I, S. 559.
103. Adorno, GS Bd.1, S. 355.
104. Lukács, ThR. S. 53ff. なお，自然とは「現実を所有するための老人的な仕方である」というシュペングラーの表現をも参照．Spengler, UdA. S. 132.
105. Benjamin, GS II, S. 1048.
106. A. a. O., V, S. 427.
107. A. a. O.,S. 637.
108. A. a. O., S. 396.
109. Simmel, Philosophische Kultur, S. 82f.

110. Benjamin, GS V, S. 1049f.
111. A. a. O., II, S. 277.
112. A. a. O., I, S. 391.
113. A. a. O., S. 359.
114. A. a. O., V, S. 409.
115. A. a. O., S. 420.
116. A. a. O., S. 413.
117. Marx, MEW 23, S. 108.
118. Benjamin, GS I, S. 684.
119. A. a. O., V, S. 466.
120. A. a. O., S. 436.
121. A. a. O., S. 274.
122. A. a. O., III, S. 360.
123. A. a. O., I, S. 671.
124. Lukács, GuK, S. 185ff.
125. Benjamin, GS V, S. 424.
126. 1935年８月２日付けのベンヤミン宛のアドルノの書簡．すでに『ドイツ哀悼劇の起源』では，このされこうべが最後の審判の日には「天使の顔」になると約束されている．Benjamin, GS I, S. 406.
127. Benjamin, GS I, S. 1151.
128. A. a. O., S. 1074.
129. Benjamin, Briefe, S. 67.
130. A. a. O.
131. Simmel, Philosophie des Geldes, S. 413.
132. Benjamin, GS II, S. 613.
133. A. a. O., III, S. 446.
134. A. a. O., IV, S. 349.
135. A. a. O., S. 528.
136. Lukács, GuK, S. 309.
137. Jaspers, Die geistige Situation der Zeit, S. 35.
138. Spengler, UdA, S. 1004.
139. Benjamin, GS V, S. 437.
140. A. a. O., S. 557.
141. Jaspers, Die geistige Situation der Zeit, S. 30.
142. Poe, “The Man of the Crowd”, S. 97.
143. Benjamin, GS I, S. 551.
144. A. a. O., V, S. 436.
145. Heidegger, SuZ, S. 126f. ハイデガーの「ひと」(das Man) の分析の原点

となっているのは，キルケゴールの公衆批判である．Literarische Anzeige, S. 97 ff. 参照．公衆とは啓蒙がもたらした童話であり，近代の幻影であり，アトム化した個人の平等性を抽象化したものであるがゆえに，身体をもった具体的な集団とはまったく逆のものである．公衆は，個人が本来的存在ではない瞬間に個人を捕らえてしまうので，「公衆は何か得体の知れないものであり，抽象的な荒涼と空無であり，すべてであって何ものでもない」．ここでは公衆とは反省が生み出す幻影には違いないが，かといって単なる無ではなく，具体的なものや責任を抹消し，平準化をもたらす「捉えようのない無」であるとされている．キルケゴールが唯一提示できる近代のファンタスマゴリー的な群衆と逆のイメージは，「行為を行う状態において，民衆そのものがひとまとまりとなって身体となる」という古代から引用されたイメージである．身体という形での集団の具体化が個人を支える場合にのみ，個人は「瞬間という戒厳令」に服さねばならない．

146. Benjamin, GS II, S. 382.
147. A. a. O., I, S. 478.
148. A. a. O., III, S. 196.
149. Jaspers, Die geistige Situation der Zeit, S. 43.
150. Benjamin, GS I, S. 1043f.
151. A. a. O., S. 1041. また次の文献も参照．Kracauer, Das Ornament der Masse, S. 50ff. Theweleit, Männerphantasien I, S. 549.
152. Heidegger, SuZ, S. 122.
153. A. a. O., S. 175.
154. Benjamin, GS III, S. 489.
155. A. a. O., IV, S. 567.
156. A. a. O., S. 435.
157. A. a. O., II, S. 801.
158. Freud, Stud, Bd. IX, S. 88.
159. Benjamin, GS V, S. 496. なお次の箇所も参照．VI, S. 162.「しかし身体を古い集団連関から解き放ち，新たな連関へと置き換えるという試みは，すべての儀式的な表象複合体が突然危険なものになる過程の基盤となっており，それを精神錯乱の現象形態にしてしまう原因は，それが集団的な行為に関係を持っていないという理由による．これは確実なこととみなしてもよいだろう」．
160. A. a. O., S. 853.
161. A. a. O., II, S. 765.
162. A. a. O., S. 1040.
163. A. a. O., S. 1023.
164. A. a. O., S. 309.

165. A. a. O., S. 378f.
166. A. a. O., V, S. 462. vgl. Heidegger, Gesamtausgabe Bd. 20, S. 312.
167. A. a. O., S. 396.
168. A. a. O., S. 833.
169. A. a. O., S. 417.
170. A. a. O., II, S. 1140.
171. A. a. O., V, S. 281.
172. Kracauer, Die Angestellten, S. 109.
173. Nietzsche, SW Bd. 2, S. 542.
174. Benjamin, GS I, S. 1176. ルートヴィヒ・クラーゲスは，本来的な行為というものをすべて表現運動としてフェティッシュに崇め，これに対して自動化した日常の行為を対置させた．つまり人間の運動は，習慣によって表現を失ってしまうというわけである．反射的なものという概念は，ベンヤミンが散漫な受容の中で作用しているとみなしている訓練や習慣を，吸収なり併合と規定する．不随意的な動きは，不随意にではなく無意識になされる．訓練された人間は，自分の実践から表現の特性を奪う．このことをベンヤミンは，近代の特徴であると解釈した．しぐさの表現的特性に代わって，経験秩序を破砕して取り出される出来事のショック的特性が登場してくる．社会的生産の領域でこれに対応するのは，自動化された労働作業の反射的メカニズムであるが，すでにマルクスはこれを機械による調教と呼んでいる．この場合には，ショックの受容に慣れることが，ショックからトラウマ的なものを奪う．近代における実践が表現のないもの，機械的なものへ疎外されることの理由をクラーゲスは「行為と魂の表現」を区別することによって説明した (Ausdrucksbewegung und Gestaltungskraft, S. 156)．このようにすべての社会的実践から切り離された表現が，美的な催し物――つまりナチスの政治におけるそれ――の対象になりうるということに気づいたのはベンヤミンが初めてである (Benjamin, GS I, S. 506).
175. A. a. O., S. 500.
176. A. a. O., III, S. 152.
177. Endell, “Vom Sehen”, S. 47.
178. Benjamin, GS I, S. 498.
179. A. a. O., II, S. 752.
180. Schmitt, RK, S. 36.
181. Benjamin, GS I, S. 450f.
182. A. a. O., II, S. 750.
183. A. a. O., I, S. 467.
184. A. a. O., S. 459.
185. A. a. O., II, S. 1193f.

186. A. a. O., S. 752.
187. A. a. O., V, S. 576.
188. Benjamin, GS III, S. 471.
189. Benjamin, Briefe, S. 688 ; vgl. Friedlaender, Schöpferische Indifferenz, S. XXV und Lacan, Encore, S. 52f.
190. Benjamin, GS V, S. 1057.
191. Kant, Kritik der reinen Vernunft, B XXI Anm.
192. Benjamin, GS V, S. 1057.
193. A. a. O.,S. 59.
194. A. a. O., IV, S. 142── Vgl. Unger, Politik und Metaphysik, S. 15 ; Barth, Römerbrief I, S. 316 ; Jünger, Siebzig verweht II, S. 216.
195. Jünger, AH I, S. 81.
196. Benjamin, GS V, S. 272f.
197. A. a. O., II, S. 331.
198. A. a. O., IV, S. 352.
199. A. a. O., II, S. 841.
200. A. a. O., V, S. 600.
201. Benjamin, Briefe, S. 311.
202. Benjamin, GS III, S. 44.
203. Rosenzweig, Der Stern der Erlösung, S. 254.
204. Benjamin, GS II, S. 446.
205. A. a. O., V, S. 164.
206. Freud, „Weitere Bemerkungen über die Abwehr-Neuropsychosen", S. 384 Anm.
207. Benjamin, GS V, S. 495.
208. Sorel, Üer die Gewalt, S. 155.
209. A. a. O., S. 173.── Vgl. Schmitt, Lage, S. 80, 83f.; Schmitt, Leviathan, S. 10, 123; Schmitt, PuB, S. 11, 13 ; Blumenberg, „Wirklichkeitsbegriff und Staatstheorie", S. 130 ; Blumenberg, Arbeit am Mythos, S. 248.
210. Vgl. Schmitt, PuB, S. 304.「言葉と名前は決して些末ではない．特に国法を担うべく定められた，政治的・歴史的な偉大な人物たちの場合にはなおさらである．(……) 勝利者たちは単に歴史を書き記したばかりではなく，語彙や術語までも決定したのである」．この点についてはさらに次の文献を参照．Schmitt, ECS, S. 25 ; Weber, Gesammelte politische Schriften, S. 17 f.
211. Heidegger, SuZ, S. 394.
212. Benjamin, GS V, S. 1034f.
213. A. a. O., VI, S. 46.

214. A. a. O., V, S. 577.
215. A. a. O., IV, S. 776.
216. Schmitt, Donoso Cortés, S. 84.
217. Kierkegaard, Der Begriff Angst, S. 103.
218. Benjamin, GS V, S. 586f.
219. A. a. O., VI, S. 207; vgl. a. a. O., S. 75.
220. A. a. O., S. 190.
221. A. a. O., IV, S. 141.
222. A. a. O., V, S. 592. カール・シュミットの後期の著作の一つには，歴史のこうした弁証法的イメージについての注目すべき定義が見られる．「具体的・歴史的なイメージは（……）弁証法的な緊張を含んでいる．すなわち具体的な問いに同じように具体的な答えが続くということである．歴史的・具体的なもののこのような弁証法は，一度限りの歴史的状況の構造を規定している」（『現代の世界における東西対立の歴史的構造』147ページ）．シュミットの記述は表向きは，チャレンジ・レスポンス・モデルであるが，その背後にはベンヤミンの思考傾向が見られる．
223. A. a. O., S. 596.
224. A. a. O., IV, S. 1000f. ; vgl. a. a. O., V, S. 595.「創造的無差異性」という表現は，ザロモ・フリートレンダーの哲学の基本概念である．
225. A. a. O., V, S. 1013f.
226. A. a. O., II, S. 1035.
227. A. a. O., I, S. 946.
228. A. a. O., II, S. 1103 ; a. a. O., V, S. 401.
229. A. a. O., II, S. 1333 ; vgl. Unger, Politik und Metaphysik, S. 42.
230. Cohen, Religion der Vernunft, S. 286.
231. Benjamin, GS I, S. 1174.
232. A. a. O., V, S. 459.
233. A. a. O., II, S. 287f.
234. A. a. O., V, S. 572.
235. A. a. O., II, S. 363.
236. A. a. O., I, S. 184.
237. A. a. O., V, S. 591 ; vgl. a. a. O., II, S. 1112.
238. A. a. O., S. 537.—— Vgl. Barth, Römerbrief I, S. 441. バルトは，別の箇所で（Barth, Die Auferstehung der Toten, S. 125f.）「すべての時代のすべての人間に関わる危機である復活」は，「生ける者たちと死せる者たちの同時性」を作り出すとしている．「(……）われわれの目には無限に引き延ばされているように見える時間の帯は，神の前では片手の握り拳の中に丸められていて，千年が一日のごとくである．(……）復活は人間の生と死を横断す

る形で起きる．復活は，別の歴史を通ってそれ自身の道を行くような救済史なのである」．

239. A. a. O., S. 593.

240. A. a. O., S. 1023.——ここではちょうどバロックの思考におけるように，「夢は神学的なパラダイムとして」(a. a. O., III, S. 98.) 強力になる．しかしそれはもはや現世内在的な仮象の世界としてではなく，覚醒へと踏み出す敷居上にある．「神の世界において，アレゴリカーは覚醒する」(a. a. O., I, S. 406)．なぜなら信仰の自由と神の恩寵を強調する倫理の神秘主義的な定めによれば，完璧な邪悪性が聖なるものへと転化するように，バロック世界における絶対悪から生まれたイメージも弁証法的に復活のアレゴリーへと転化する．このアレゴリーが，覚醒した意識という光を放つのである．この光の中では死は「深き眠り」にほかならず，「未来におけるわれわれの身体の復活は，ちょうどこうした深い眠りに陥っていた者が急に目を醒ますのと同じようなものとなろう」(ルター)．

241. A. a. O., S. 600.

242. A. a. O., III, S. 537f.

243. A. a. O., S. 409 ; a. a. O., V, S. 1083 ; a. a. O., I, S. 936.

244. A. a. O., I, S. 358.

245. Rosenzweig, Der Stern der Erlösung, S. 365 ; vgl. Benjamin, GS II, S. 244.

246. Benjamin, GS V, S. 589.

247. A. a. O., IV, S. 10.

248. A. a. O., II, S. 1021.

249. A. a. O., V, S. 588ff.

250. A. a. O., II, S. 550.

251. A. a. O., IV, S. 964.

252. A. a. O., II, S. 468.

253. A. a. O., VI, S. 443.—— Heidegger, Gesamtausgabe Bd.20, S. 386. Simmel, Fragmente und Aufsätze, S. 182 :「出来事の現実の形態に対する歴史の形態の自立性について」．

254. A. a. O., V, S. 577.

255. A. a. O., S. 573f.

256. A. a. O., II, S. 168ff. なお逆転した神学という概念については次を参照．Luhmann, Funktion der Religion, S. 44f.

257. Rosenzweig, Der Stern der Erlöung, S. 393.—— Vgl. Kaiser, Antithesen, S. 212f.

258. Benjamin, GS V, S. 575.

259. Vgl. Dilthey, Der Aufbau der geschichtlichen Welt in den Geisteswis-

senschaften, S. 246, und Cohen, Kants Theorie der Erfahrung, S. 150.

260. Benjamin, GS I, S. 1235.—— Vgl. Michel, Marxistische Ästhetik - Ästhetischer Marxismus I, S. 73. ここにはベンヤミンの引用の下敷きになっているノヴァーリスとキルケゴールについての示唆がある.

第四章

1. Blumenberg, Lebenszeit und Weltzeit, S. 246.
2. Weber, Wirtschaft und Gesellschaft, S. 249.
3. Benjamin, GS I, S. 442.
4. Weber, Wissenschaftslehre, S. 592.
5. A. a. O., S. 523.
6. A. a. O., S. 521.
7. Weber, Wirtschaft und Gesellschaft, S. 367.
8. Weber, Religionssoziologie I, S. 555.——レペニースはヴェーバーの反ロマン主義の功績を数え上げる試みをしている. Lepenies, Die drei Kulturen, S. 298. これに反対の意見としては Hennis, Max Webers Fragestellung, S. 188. 参照.
9. Weber, Wissenschaftslehre, S. 600.——シュテーディングが言うような, こうした設問とトーマス・マンの作品の中心的モチーフとの親縁性を近年に再び指摘しているのがレペニースの『三つの文化』である. Lepenies, Die drei Kulturen, S. 367.
10. Weber, Religionssoziologie I, S. 555.
11. Weber, Wirtschaft und Gesellschaft, S. 365.
12. A. a. O., S. 366.—— Vgl. Taubes, Abendländische Eschatologie, S. 8. 「楽園の素晴らしい光景は罪の永劫の中に示されていて, 戸口で見張っている智天使（ケルビム）たちは軽蔑されている」. 同書130ページも参照.
13. Weber, Religionssoziologie III, S. 168.
14. Weber, Wirtschaft und Gesellschaft, S. 373.
15. Weber, Religionssoziologie I, S. 187.
16. A. a. O., S. 556.
17. Weber, Soziologie, S. 466f.
18. Weber, Politische Schriften, S. 144f.
19. Weber, Wissenschaftslehre, S. 612.
20. Marianne Weber, Max Weber, S. 466f.
21. Weber, Wirtschaft und Gesellschaft, S. 142.
22. George, zit. nach : Lepenies, Die Drei Kulturen, S. 349.
23. Weber, Soziologie, S. 453; vgl. a. a. O., S. 414 ; Mommsen, Max Weber und die deutsche Politik, S. 138, 183.

24. Riegl, Stilfragen, S. 23.
25. Scheler, Vom Umsturz der Werte, S. 393.
26. George, Tage und Taten, S. 64.
27. George, „Der Dichter in Zeiten der Wirren“, S. 39.
28. George, Tage und Taten, S. 87.
29. Spengler, Der Mensch und die Technik, S. 59.
30. Klages, Ausdrucksbewegung und Gestaltungskraft, S. 139.
31. George, „Blätter für die Kunst“ IV. Folge 1.2. Band, S. 35.
32. Riegl, Stilfragen, S. 308.
33. George, „Blätter für die Kunst“ IV. Folge 5. Band, S. 58.
34. George, „Blätter für die Kunst“ III. Folge 1. Band, S. 21.
35. Popper, „Volkskunst und Formbeseelung“, S. 39.——歴史との関連における生きられた生の形姿としての絨毯については，Simmel, Fragmente und Aufsätze, S. 160参照.
36. Lukács, Werke Bd. 16, S. 94.
37. A. a. O., S. 95.——ここで問題なのが同時代の形式の歴史哲学的な場所規定であることは，ルカーチがさまざまに示している.「新しい戯曲の図式の抽象性こそが，幾千にも分解している新しい生を装飾の統一へはめ込む唯一の可能性である」. „Entwicklungsgeschichte des modernen Dramas“, S. 701.
38. Lukács, Werke Bd. 16, S. 99.
39. Simmel, „Stefan George“, S. 210f.
40. George, Tage und Taten, S. 53.
41. Kittler, Aufschreibesysteme 1800/1900, S. 265.
42. Hofmannsthal, Tagebuch-Eintragung vom 19. 12. 1891 ; vgl. Troeltsch, Die Revolution in der Wissenschaft“, S. 659.
43. Petras, Post Christum, S. 58.
44. Weber, Politische Schriften, S. 269.—— Vgl. Lukács, „Die deutschen Intellektuellen und der Krieg“, S. 67 ; Fischer, „Der deutsche Infanterist von 1917“, S. 6 ff.「世界大戦は悲壮さを散々に打ちつけてくる悪魔であった.戦争には初めもなければ終わりもなかった.髪の白くなった初老の歩兵は，どこか見渡す限り泥沼のただ中の汚い穴の中で突撃命令を待っている.彼は灰色の，希望のない単調さの中の〈無〉である.これまでもいつもそうであったし，これからもそうであろう.——そして彼は同時に新しい統治権の中心点でもある.(……) 彼の視線はガスバーナーの炎のようにじっと事物を刺し通している.(……)(いわゆる) 内面は外へ向けて折り返され，外面がすべてになる」.
45. Benjamin, GS II, S. 1105.

46. Kraus, „Das Haus auf dem Michaelerplatz", S. 5.
47. Scheu, „Adolf Loos", S. 32.
48. Schmitt, RK, S. 34f.
49. Jaspers, Die geistige Situation der Zeit, S. 43.
50. Kraus, „Die Schönheit im Dienste des Kaufmanns", S. 105.
51. Rilke, Die Aufzeichnungen des Malte Laurids Brigge, S. 876ff ; vgl. Barth, Römerbrief I, S. 556, 488f.
52. Adorno, GS Bd. 12, S. 53.
53. Loos, Trotzdem, S. 80.── Vgl. Jünger, Siebzig verweht I, S. 419.
54. Benjamin, GS II, S. 958.
55. Worringer, Abstraktion und Einfühlung, S. 160; Bloch, Ges. Bd. 3, S. 29. ── Vgl. Lepenies, Die drei Kulturen, S. 258.
56. Bloch, Ges. Bd. 4, S. 220.
57. Adorno, GS Bd. 10, S. 389f.
58. Friedell, Kulturgeschichte der Neuzeit, S. 1301f.
59. Scheffler, „Gute und schlechte Arbeiten im Schnellbahngewerbe", S. 45.
60. Scheu, „Adolf Loos", S. 33.
61. Loos, Trotzdem, S. 93.
62. Loos, Ins Leere gesprochen, S. 39.
63. Benjamin, GS II, S. 130.
64. Adorno, GS Bd. 7, S. 93.
65. A. a. O., Bd. 12, S. 126.
66. Petras, Post Christum, S. 58, 84.── Vgl. Jünger, In Stahlgewittern, S. 155 ; Heidegger, Gesamtausgabe Bd.51, S. 36ff.
67. Jünger, AH II, S. 110.
68. Spengler, UdA, S. 371.
69. Jünger, Essays II, S. 42.
70. Benjamin, GS I, S. 508.
71. Jünger, Essays II, S. 118.── Vgl. Henrich, „Tod in Flandern und in Stein", S. 652.
72. Rang, „Betrachtung der Zeit", S. 92.
73. シュミットは20世紀になってなされたリベラリズムの中立的国家から全体主義国家への転回を「潜在的軍備」という概念との類比で考えている．そこではすべての領域が包括される．「ドイツの前線兵士の傑出した代表者であるエルンスト・ユンガーは，この驚くべき出来事のために総動員という極めて簡潔な表現を作り出した」(Der Hüter der Verfassung, S. 79.)．老年になってからもユンガーは，この神秘的な響きをもつ表現が世界中に認められたと，誇らしげに述べている．革命的国家においてさえも，総動員への能力が

自賛された.「私はこの表現を考案したのではなく，取り上げただけである.エンゲルスでもおそらくこれは気に入るだろう」(Siebzig verweht II, S. 314.). この表現は，シュミットの評価によれば，敵と戦争と国家という新しい全体主義的権力行使に対する意識を初めて呼び覚ましたものであった.「一般的意識は現実の恐ろしさからむしろ目を背けているが，この表現は(……) そうした現実を直視することを強要する」(PuB, S. 235.). この総動員は，労働者という計画が実現する形式として，ニヒリズムを完成するもののように見える. すでにハイデガーも，これを「力への意志からの，また力への意志のための無条件的な無意味さの組織」と見ている (Nietzsche II, S. 21.).

74. Jünger, Essays I, S. 132 ; vgl. Rang, „Betrachtung der Zeit", S. 92f.
75. Jünger, AH II, S. 65.
76. Lukács, GuK, S. 103f.
77. Benjamin, GS III, S. 239.
78. Jünger, Essays I, S. 260.
79. Jünger, Essays II, S. 170.——ハイデガーは「労働者の形姿の超越性から下降性への転回」について簡潔に述べている (Zur Seinsfrage, S. 19).
80. Jünger, Essays II, S. 170.
81. A. a. O., S. 48.
82. Jünger, Siebzig verweht II, S. 250 ; vgl. Strahlungen I, S. 464.
83. 労働者の形姿との関連でユンガーの変遷を説明しようとするなら，こう言うことができよう. 彼は当初はその形姿自体が意味を打ち立てるものと捉えていたが，後には救済についての解釈を待ち望んでいる夢と捉えるようになる，と.「労働者は彼岸を素朴に捉えようとする. ちょうどゴシックの画家が聖なる国の人物に中世の衣装を着せて描くように，自分なりのやり方でである. 彼は救済をファウスト的な場所に求める. 彼のやり方が死の象徴であることは彼には隠されているのだが，まさにこのことが境界を超えた彼方へ彼を駆り立てる. 彼は今，透明な水が流れる三途の川を渡っている. にもかかわらず，彼の救済は果たされる. 彼は大きな夢の一つを最後まで夢見たのだからである. これが彼の使命であった」(Strahlungen II, S. 640f.). このように労働者の頭上高くに超越を作り出したことが第二次大戦のためユンガーがなした貢献である. 改めて今，技術に意味を与えようとする使命が立てられる. それゆえユンガーは労働者の形姿を技術者の秩序と区別し，技術を芸術のテーマに高める.「工場現場の骨組み」の背後での新しい芸術の幕開けが予言される (Typus Name Gestalt, S. 95.). 技術の巨大な回転と休みなく働く蒸気機関の火夫のようなスタイルをとった歴史なき者たちの背後に，いつの日にか労働者の静かな形姿が姿を現わすにちがいないと言う. それはポストモダンの原因ではなく，それを鋳造する力である.

84. Jünger, „Nationalismus und modernes Leben".
85. Benjamin, GS III, S. 247, 238.
86. Jünger, Sturm, S. 71.――晩年のユンガーにおいては，かつて労働者の象徴であったモーターないしエンジンは，芸術的人間の仇敵，「単調で平板化するエネルギー」の権化としてしか現われない．―― Siebzig verweht II, S. 84 ; vgl. a. a. O., S. 397.
87. Jünger, Essays I, S. 145 ; vgl. Jünger, Heliopolis, S. 280.――ユンガーは労働者を賛美するあまりに，新しい機械への視線は硬直していて，生産関係の洞察を歪めている．こうした幻影的なともいえる隠蔽が客観的にもはっきり現われているのは，プロレタリアートが自己疎外さえも楽しみとするよう教え込まれる顧客のレベルで娯楽産業に惑わされているという点である．商品の世界から逃げようとする試みは，労働者と技巧を賛美するという極端に対立する形になる．マックス・ベンゼは，「ベンが彼の散文において自覚した技術を駆使して，常に文学の〈商品性格〉と〈物神性格〉を破壊しようとしたのに対し，ユンガーは彼独特の社会学的な素朴さと装飾的な神話によって，またその文体の暗号のような内容によって，まさにそうした特性を倦むことなく強めている．(……) ユンガーは，〈物神〉を限りなく利用し尽くそうとして，いわば〈商品〉以前に後戻りする」と極めて鋭い見方をしている (Ptolemäer und Mauretanier, S. 88.)．
88. Benjamin, GS V, S. 405.
89. Jünger, Essays I, S. 180 ; vgl. Heidegger, Vorträge und Aufsätze, S. 93.――ユンガーは，ユーゲント・シュティールや未来派に現われているような間違った技術受容の相続者である．ユーゲント・シュティールは技術的モチーフを装飾で殺菌することによって世界を不感症にする．「神経と電線」が撚り合わさって「典型的なユーゲント・シュティールの線」になる．「技術に条件づけられた形式をその機能的関連から解き放ち，それを自然の定数にする」(Benjamin, GS V, S. 693.) ことを試みる未来派においては，飾り気の一切ない様式が修道士の托鉢さながらに歩き回っている．
90. A. a. O., S. 189.―― Vgl. Heidegger, Gesamtausgabe Bd 54, S. 159.
91. Jünger, Essays II, S. 142.―― Vgl. Heidegger, Gesamtausgabe Bd 52, S. 35.――カメラのレンズは技術に対する問いにとって範例的な意味をもっている．写真に写った像は「機械と人間の出会い」である．しかしレンズは「人間の顔」を感受することができるだろうか．機械と人間が出会うところでは，技術的なものの受容の問題が起こる．ユンガーの没落の喜びは，この受容が失敗したことの徴候なのである．第二次大戦後，ユンガーは金属皮膜で塗装された意識の未来主義的態度を放棄し，アウラの喪失，世界の脱魔術化に抗して，かつては工場の立ち並ぶ風景の中での希望のない市民的苦悩体験の表現として嘲笑していたあの「センチメンタルなサクソフォンのソロ」

を奏で始める．
92. Kojève, Introduction à la lecture de Hegel, S. 289.
93. Jünger, Eumeswil, S. 57, 161.
94. Jünger, Essays II, S. 341.
95. Jünger, Essays I, S. 268.
96. Spengler, UdA, S. 542.——シュペングラーにとってエントロピーとはいまだ「真の歴史的な，内面で体験された時代の表現」なのである．—— A. a. O., S. 545.
97. Jünger, AH, S. 78.
98. Jünger, Strahlungen I, S. 263f.
99. Jünger, Strahlungen II, S. 296.
100. Jünger, Strahlungen I, S. 19.
101. Gehlen, Zeit-Bilder, S. 225.
102. Jünger, Strahlungen II, S. 235.
103. Jünger, Siebzig verweht II, S. 541 ; Gehlen, Einblicke, S. 19.—— Vgl. Schroers, Meine deutsche Frage, S. 165f.
104. Kraus, Die dritte Walpurgisnacht, S. 66.
105. Benjamin, GS V, S. 590.——ベンヤミンは表現主義の即物主義への転換を正確に弁証法的に規定することに成功している．表現主義が罪を形而上学において引き受けたのに対し，即物主義はその「罪の債務整理を行なう」と彼は解釈する．「〈新即物主義〉はその利子によって行われるもの」なのである．A. a. O., S. 166 ; vgl. a. a. O., S. 175ff.
106. Benn, GW I, S. 416.
107. A. a. O., S. 548.—— vgl. Gehlen, Zeitbilder, S. 205「ニヒリズムが，その最終形態を取るとすれば，地震のように勝ち誇ったものになるだろうし，強烈な色彩で騒々しく襲いかかってくるだろうが，これは誰一人予感してはいなかった．ニーチェの心酔者の第二世代ではとくにそれを予感するものはいなかった．ただ一人ベンがこのニヒリズムを認め，これを抱き抱えようと試み，これを直線的な純粋さでもって高めようとした．(……) その際，決定的なことは，まさに爆発しようとする情熱，十分に発酵するための強靭な力，ガイドラインと総合的展望の構築，つまりは理念のバイタリズムと価値の微妙な差異に対するアンテナ主義が，結局のところこのニヒリズムの正確な定義になっていることである．——それなのにこの言葉はこれまでいかに間違って理解されていたことか」．
108. A. a. O., S. 477.
109. A. a. O., IV, S. 42.—— Vgl. Gehlen, Zeit-Bilder, S. 199.「これらの袋は今裏返しになっていて，そのために自然のままの素直さが無秩序に混乱して外の世界へ転移している．(……) 人々は外の世界に対して，機械によって極

度な緊張を，また電算機によって図式化可能な精神的労働を負わせているように，無秩序なものから発する興奮させ常軌を逸させる刺激をもはや自分で使いこなすのではなく，外部から受け取ることを学んだのである」.

110. Gehlen, Zeit-Bilder, S. 165.――ゲーレンは，自己の手持ち現在高を比較考量するというベンの格率をポスト・イストワールの簡潔な公式と受け取っている．理念史は終わって，社会的生活と同様に「万華鏡的な静力学」に結晶化していると言う（Einblicke, S. 267)．しかしベンヤミンはこの万華鏡の中にモデルネそのものの印，つまり出口のない近代性の仮象を認めている(Vgl. GS V, S. 677).

111. Benn, Brief an Wellershoff vom 22. 11. 1950.

112. Benn, GW I, S. 490.

113. A. a. O., S. 489.

114. A. a. O., S. 310 ; vgl. a. a. O., II, S. 397 :「外に向かっては不動かつ寡黙，一挙手一投足，身振りの特徴のすべてを曖昧にぼかし，内にあっては特殊なコンプレッサーで圧縮し，分類し，切断し，脱穀を営々と営む．表現が生まれて来るまで」.

115. Klages, Ausdrucksbewegung und Gestaltungskraft, S. 161.――ベンは1951年2月25日付けのエルツェ宛の手紙で「表現の生活の無意味な巡礼行」について語っている.

116. Benn, GW IV, S. 282.

117. Benn, Brief an Hindemith vom 29. 7. 1930.

118. Benn, GW I, S. 124.

119. Blumenberg, „Licht als Metapher der Wahrheit“, S. 447.

120. Benn, GW I, S. 126.

121. Gehlen, Die Seele im technischen Zeitalter, S. 25ff.

122. Benn, GW I, S. 388 ; vgl. a. a. O., S. 391 :「表現の世界とは，歴史的世界とニヒリズムの世界の間に，その両者に抗して精神的に戦い取られた人間的上位世界である」.

123. Gehlen, Einblicke, S. 410.

124. Bense, Ptolemäer und Mauretanier, S. 19.

125. Freud, Stud. Bd. II, S. 540.

126. Benn, GW I, S. 78.

127. Benn, Brief an Oelze vom 21. 11. 1946.

128. Benn, GW I, S. 343.

129. A. a. O., S. 340.

130. A. a. O., IV, S. 261.

131. Benn, Brief an Pfeiffer-Belli vom 30. 4. 1936.

132. Vgl. Benn, GW I, S. 132, 137 :「誰一人として感じなかったもの，つまり

初めて虚構さるべき洗練されたものを感じるための，高度な精神的堕落としての芸術」，「純粋にプリズムで分解して構成された動詞のない文章，（……）すべては高められ，すべては戦い取られたもの」，「空想的ではあるが確実，すぐそばにあるが非現実的，容姿は整っているが非心理学的」.
133. A. a. O., S. 367 ; vgl. a. a. O., IV, S. 55f.「秩序を保持し，ヨーロッパの没落に抗して形式を戦い取ること」.
134. A. a. O., IV, S. 165.—— Vgl. Jünger, Siebzig verweht II, S. 520.
135. Adorno, GS Bd. 7, S. 510f.
136. Nietzsche, SW Bd. 12, S. 160.
137. A. a. O., Bd. 13, S. 366f.
138. A. a. O., Bd. 2, S. 162.
139. Adorno, GS Bd. 7, S. 250.
140. Nietzsche, SW Bd. 1, S. 767.
141. A. a. O., Bd. 3, S. 616.
142. A. a. O., Bd. 5, S. 239.
143. A. a. O., Bd. 1, S. 456.
144. A. a. O., S. 275.
145. Adorno, GS Bd. 7, S. 303.
146. ブルダッハはスコラ的リアリズムの神話的残滓としての芸術哲学上の一般普遍的な事物による概念を嫌って，これから距離を取り，様式区分と時代区分の「抽象的補助概念」の価値を「符号」ないしは分類上の虚構にまで引き下げている（Reformation, Renaissance, Humanismus, S. 100f.）．——これと対応した形で，クローチェも，美的なジャンル概念に対しては厳しい唯名論的批判を行っている．「哲学的考察にあっては，普遍的なものと特殊なものとの間にどのような中間要素も，一連のジャンルや種や〈通則〉も，割り込むことはない」(Gesammelte philosophische Schriften II/2, S. 43). クローチェによれば，諸芸術の分類は独創性にまで個性化された芸術作品には手が届かない．溢れるばかりの直観や個々の作品の多様性はジャンルの「空疎な幻想」を嘲笑する．ジャンル論は「主知主義的錯誤の実際上の勝利」だと言う．しかし個々の芸術作品が「論理的には表現できない個」——つまり「個的に表出された事実」——であるとすると，「普遍的なるものの思考」の抽象化されているがゆえに破壊的なディスクルスを排除する「個的なるものの思考」のみが，芸術作品にとっては正しいということになる．「学問的に思考し始める者は，美的瞑想に耽ることをすでにやめてしまっていて」，すべての芸術作品をそれが属するジャンルの「スキャンダル」と考えることになる（Croce, a. a. O., I/1, S. 38-41.）.
147. Benjamin, GS I, S. 221, 223.
148. Adorno, GS Bd. 16, S. 460.

149. A. a. O., S. 648.
150. A. a. O., Bd.7, S. 91.
151. A. a. O., Bd. 16, S. 496f.
152. A. a. O., Bd. 7, S. 330.
153. A. a. O., S. 299.
154. A. a. O., S. 203.
155. Kant, Kritik der Urteilskraft, B 25.
156. Adorno, GS Bd. 7, S. 427.
157. A. a. O., S. 14.
158. A. a. O., S. 190.
159. Barth, Römerbrief II, S. 472.
160. Benjamin, GS II, S. 1201.
161. Adorno, GS Bd. 7, S. 54.
162. A. a. O., Bd. 4, S. 281 ; vgl. a. a. O., Bd. 2, S. 122f :「しかし経験の世界においては，この（―最後の審判の―）光の痕跡がつねに何の上に落ちているかは具体的である」. Vgl. a. a. O., Bd. 13, S. 157（「救済の立場」について）.
163. Jonas, Gnosis und spätantiker Geist I, S. 248.――Vgl. Bultmann, Exegetica, S. 43 :「ローマ人への手紙七章七節以下には，救済されないものの客観的存在が，救済されたものの立場からそれがどのように見えてくるのかが記述されている」.
164. Barth, Römerbrief II, S. 204 ; vgl. Barth, Römerbrief I, S. 97.――限界概念としての人間の救済，かのように（als ob）の救済――これは「否定弁証法の気づかれていない新カント主義」だとされている. Marquard, Schwierigkeiten mit der Geschichtsphilosophie, S. 19 ; vgl. a. a. O., S. 140f.
165. Adorno, GS Bd. 2, S. 60.
166. A. a. O., Bd. 11, S. 137.
167. Barth, Römerbrief II, S. 52.
168. Adorno, GS Bd. 7, S. 162.
169. A. a. O., Bd. 2, S. 180.
170. A. a. O., Bd. 7, S. 14.
171. A. a. O., Bd. 2, S. 186.
172. A. a. O., Bd. 7, S. 77.
173. A. a. O., S. 384.
174. Adorno, Brief an Benjamin vom 6. 11. 1934.
175. Adorno, GS Bd. 7, S. 429.
176. A. a. O., Bd. 11, S. 200.
177. Jonas, Gnosis und spätantiker Geist I, S. 97.
178. Barth, Römerbrief II, S. 232.

179. Harnack, Marcion, S. 141.
180. A. a. O., S. 225.

参考文献

Adorno, Theodor W., Gesammelte Schriften, Frankfurt 1970 ff. (= GS).
Anschütz, Gerhard, Lehrbuch des Staatsrechts von Meyer-Anschütz, [5]1919.
Apel, Karl-Otto, Die Erklären: Verstehen-Kontroverse in transzendentalpragmatischer Sicht, Frankfurt 1979.
Bakunin, Michail, Staatlichkeit und Anarchie, Frankfurt/Berlin/Wien 1972.
—, Michail Bakunins Beichte, Berlin 1926.
Ball, Hugo, Die Flucht aus der Zeit, Luzern 1946.
—, Zur Kritik der deutschen Intelligenz, Frankfurt 1980.
Barth, Karl, Der Römerbrief. Erste Fassung 1919, Gesamtausgabe, Zürich 1985 (= Römerbrief I).
—, Der Römerbrief. 12. unveränderter Abdruck der neuen Bearbeitung von 1922, Zürich 1978 (= Römerbrief II).
—, Die Auferstehung der Toten, München [2]1926.
—, Kirchliche Dogmatik I, 1, München 1932.
Bataille, Georges, L'Expérience intérieure, Paris 1943.
Benjamin, Walter, Gesammelte Schriften, Frankfurt 1972 ff. (= GS).
—, Briefe, Frankfurt 1966.
—, Briefwechsel mit Gersholm Scholem, Frankfurt 1980.
Benn, Gottfried, Gesammelte Werke, Stuttgart 4. Auflage (= GW).
Bense, Max, Ptolemäer und Mauretanier, Zürich 1984.
Bloch, Ernst, Gesamtausgabe, Frankfurt (= Ges.).
—, Briefe, Frankfurt 1985.
—, Durch die Wüste, Frankfurt [2]1977.
—, Tendenz Latenz Utopie, Frankfurt 1978.
Blumenberg, Hans, Säkularisierung und Selbstbehauptung, Frankfurt 1974.
—, Arbeit am Mythos, Frankfurt 1979.
—, Lebenszeit und Weltzeit, Frankfurt 1986.
—, „Wirklichkeitsbegriff und Staatstheorie", in: Schweizer Monatshefte, 48. Jhgg.
—, „Das Recht des Scheins in den menschlichen Ordnungen bei Pascal", in: Philosophisches Jahrbuch 56/57 (1946/47).
—, „Licht als Metapher der Wahrheit", in: Studium generale 1957.
Bultmann, Rudolf, Exegetica, Tübingen 1967.
Burdach, Konrad, Reformation Renaissance Humanismus, Berlin 1918.
Cohen, Hermann, Kants Theorie der Erfahrung, Berlin [3]1918.
—, Religion der Vernunft aus den Quellen des Judentums, Wiesbaden/Darmstadt 1966.
Croce, Benedetto, Gesammelte philosophische Schriften I. Reihe 1. Bd. und II. Reihe 2. Bd., Tübingen 1929 f.
Dempf, Alois, Sacrum Imperium, Darmstadt [4]1973.
Dilthey, Wilhelm, Der Aufbau der geschichtlichen Welt in den Geisteswissenschaften, Frankfurt 1970.

Ebner, Ferdinand, Schriften. Erster Band, München 1963.
Endell, August, „Vom Sehen", in: Die neue Gesellschaft Bd. 1 (1905).
Ernst, Paul, Der Weg zur Form, München [3]1928.
—, Erdachte Gespräche, Gesammelte Werke 3. Abt. 6. Bd.
Fest, Joachim C., Hitier, Frankfurt/Berlin/Wien 1973.
Feuerbach, Ludwig, Werke, Frankfurt 1975.
Fischer, Hugo, „Der deutsche Infanterist 1917", in: Widerstand, hrsg. v. E. Niekisch, Januar 1934.
Forsthoff, Ernst, „Einleitung", in: Montesquieu, Vom Geist der Gesetze, München (GGT 2327).
Freud, Sigmund, Studienausgabe, Frankfurt 1969 ff. (= Stud.).
—, „Weitere Bemerkungen über Abwehr-Neuropsychosen", in: Gesammelte Werke, London 1940 ff.
Friedell, Egon, Kulturgeschichte der Neuzeit, München 1974.
Friedlaender, Salomon, Schöpferische Indifferenz, München 1918.
Gehlen, Arnold, Einblicke, Gesamtausgabe Bd. 7, Frankfurt.
—, Die Seele im technischen Zeitalter, Hamburg 1957.
—, Zeit-Bilder, Frankfurt [2]1965.
George, Stefan, Das Neue Reich, Düsseldorf 1964.
—, Tage und Taten, Düsseldorf 1967.
—, „Der Dichter in Zeiten der Wirren", in: Das Neue Reich.
—, „Blätter für die Kunst" III. Folge 1. Bd., IV. Folge 1. 2. Bd., IV. Folge 5. Bd., in: Der George-Kreis, hrsg. v. G. P. Landmann, Stuttgart 1980.
Goldmann, Lucien, Lukács und Heidegger, Darmstadt/Neuwied 1975.
Habermas, Jürgen, Strukturwandel der Öffentlichkeit, Neuwied/Berlin [5]1971.
—, Philosophisch-politische Profile, Frankfurt 1971.
—, Der philosophische Diskurs der Moderne, Frankfurt 1985.
Harnack, Adolf von, Marcion, Leipzig [2]1924.
Hefele, Herman, Das Gesetz der Form, Jena 1928.
Hegel, G. W. F., Werke, Frankfurt 1970 ff.
Heidegger, Martin, Gesamtausgabe, Frankfurt.
—, daraus: Bd. 20: Prolegomena zur Geschichte des Zeitbegriffs.
—, Bd. 39: Hölderlins Hymnen ‚Germanien' und ‚Der Rhein'.
—, Bd. 51: Grundbegriffe.
—, Bd. 52: Hölderlins Hymne ‚Andenken'.
—, Bd. 53: Hölderlins Hymne ‚Der Ister'.
—, Bd. 54: Parmenides.
—, Einführung in die Metaphysik, Tübingen [4]1976.
—, Kant und das Problem der Metaphysik, Frankfurt [4]1973.
—, Holzwege, Frankfurt [5]1972.
—, Nietzsche II, Pfullingen [4]1961.
—, Sein und Zeit, Tübingen [15]1979 (= SuZ).
—, Vorträge und Aufsätze, Pfullingen [4]1978.
—, Was ist Metaphysik?, Frankfurt [10]1969.
—, Zur Seinsfrage, Frankfurt [4]1977.
Heller, Hermann, Europa und der Faschismus, Berlin/Leipzig 1929.
Hennis, Wilhelm, Max Webers Fragestellung, Tübingen 1986.
Henrich, Dieter, Die Einheit der Wissenschaftslehre Max Webers, Tübingen 1952.
—, „Tod in Flandern und in Stein", in: Identität. Poetik und Hermeneutik VIII, München 1979.

Jaspers, Karl, Die geistige Situation der Zeit, Berlin/New York [5]1979.
Jonas, Hans, Gnosis und spätantiker Geist I, Göttingen [3]1964.
Jünger, Ernst, Auf den Marmorklippen, Stuttgart 1960.
—, Das abenteuerliche Herz. Erste Fassung, Sämtliche Werke, II. Abt., Stuttgart (= AH I).
—, Das abenteuerliche Herz, Stuttgart [14]1979 (= AH II).
—, Essays I und II, Werke Bd. 5 und 6, Stuttgart.
—, Eumeswil, Stuttgart 1977.
—, Heliopolis, Sämtliche Werke, Dritte Abt., Bd. 16, Stuttgart 1980.
—, In Stahlgewittern, Stuttgart [26]1961.
—, Siebzig verweht I und II, Stuttgart 1980 f.
—, Strahlungen I und II, Sämtliche Werke, Erste Abt., Bd. 2 und 3, Stuttgart [8]1980.
—, Sturm, Stuttgart 1979.
—, Typus Name Gestalt, Stuttgart 1963.
—, „Nationalismus und modernes Leben", in: Arminius VIII (1927).
Kaiser, Gerhard, Antithesen, Frankfurt 1973.
Kant, Immanuel, Kritik der reinen Vernunft.
—, Kritik der Urteilskraft.
Kassner, Rudolf, Zahl und Gesicht, Frankfurt 1979.
Kelsen, Hans, Das Problem der Souveränität und die Theorie des Völkerrechts, Tübingen 1920.
Kierkegaard, Sören, Gesammelte Werke, Düsseldorf.
—, daraus: 1. Abt.: Entweder/Oder I
—, 2. Abt.: Entweder/Oder II.
—, 5. Abt.: Die Wiederholung.
—, 10. Abt.: Philosophische Brocken.
—, 11. Abt.: Der Begriff Angst.
—, 16. Abt.: Abschließende unwissenschaftliche Nachschrift II.
—, 17. Abt.: Eine literarische Anzeige.
—, 20. Abt.: Christliche Reden 1848.
—, Tagebücher Bd. II und III, Düsseldorf/Köln 1963 ff.
—, Buch des Richters, Jena/Leipzig 1905.
Kittler, Friedrich A., Aufschreibesysteme 1800/1900, München 1985.
Klages, Ludwig, Ausdrucksbewegung und Gestaltungskraft, Leipzig [3]1923.
Kojève, Alexandre, Introduction à la lecture de Hegel, zit. nach: Fugen, hrsg. v. Frank/Kittler/Weber, Olten 1980.
Koktanek, Anton Mirko, Oswald Spengler in seiner Zeit, München 1968.
Koselleck, Reinhart, Kritik und Krise, Frankfurt 1973.
—, „Zur historisch-politischen Semantik asymmetrischer Gegenbegriffe", in: Positionen der Negativität. Poetik und Hermeneutik VI, München 1975.
Kracauer, Siegfried, Die Angestellten, Frankfurt 1971.
—, Das Ornament der Masse, Frankfurt 1977.
Kraus, Karl, Die dritte Walpurgisnacht, Werkausgabe Bd. 1, München 1974.
—, „Das Haus auf dem Michaelerplatz", in: Die Fackel, Nr. 313, 31. 12. 1910.
—, „Die Schönheit im Dienste des Kaufmanns", in: Die Fackel, Nr. 413, 10. 12. 1915.
Lacan, Jacques, Encore, Paris 1975.
—, „Le temps logique et l'assertion de certitude anticipée", in: Ecrits, Paris 1966.

Landauer, Gustav, Erkenntnis und Befreiung, Frankfurt 1976.
—, Die Revolution, Frankfurt 1919.
Lask, Emil, Gesammelte Schriften, Tübingen 1923 f.
Lepenies, Wolf, Die drei Kulturen, München 1985.
Loos, Adolf, Ins Leere gesprochen, Wien 1921.
—, Trotzdem, Wien 1931.
Luhmann, Niklas, Ausdifferenzierung des Rechts, Frankfurt 1981.
—, Funktion der Religion, Frankfurt 1982.
—, Gesellschaftsstruktur und Semantik I und II, Frankfurt 1981.
—, Soziale Systeme, Frankfurt 1984.
Lukács, Georg, Werke, Darmstadt/Neuwied 1968 ff.
—, daraus: Bd. 2: Geschichte und Klassenbewußtsein.
—, Bd. 16: Heidelberger Philosophie der Kunst.
—, Bd. 17: Heidelberger Ästhetik.
—, Ästhetische Kultur, Budapest 1913.
—, Briefwechsel 1902—1917, Stuttgart 1982.
—, Geschichte und Klassenbewußtsein, Berlin 1923 (= GuK).
—, Die Seele und die Formen, Berlin 1911 (= SuF).
—, Die Theorie des Romans, Berlin 1920 (= ThR).
—, „Von der Armut am Geiste", in: Neue Blätter, 2. Folge, 5. und 6. Heft, Hellerau 1912.
—, „Die deutschen Intellektuellen und der Krieg", in: Text und Kritik, Heft 39/40 (1973).
—, „Entwicklungsgeschichte des modernen Dramas", in: Archiv für Sozialwissenschaft und Sozialpolitik XXXVIII (1914).
—, „Ethische Fragmente", in: Der Sonntagskreis, hrsg. v. Karádi/Vezér, Budapest 1980.
—, „Notizen zum geplanten Dostojewski-Buch", in: Georg Lukács, Karl Mannheim und der Sonntagskreis, hrsg. v. Karádi/Vezér, Frankfurt 1985; und in: Die Seele und das Leben, hrsg. v. Heller/Fehér/Márkus/Radnóti, Frankfurt 1977.
—, „Zwei Wege und keine Synthese", in: Ernst Keller, Der junge Lukács, Frankfurt 1984.
Mann, Thomas, Betrachtungen eines Unpolitischen, Berlin 1919.
—, Der Zauberberg, Frankfurt 1952.
Marcuse, Herbert, Kultur und Gesellschaft I, Frankfurt ^{10}1971.
—, Kultur und Gesellschaft II, Frankfurt ^{8}1970.
Marquard, Odo, Apologie des Zufälligen, Stuttgart 1986.
—, Schwierigkeiten mit der Geschichtsphilosophie, Frankfurt 1982.
—, Skeptische Methode im Blick auf Kant, Freiburg ^{3}1982.
Marx, Karl / *Engels*, Friedrich, Werke, Berlin (= MEW).
Michel, Willy, Marxistische Ästhetik — Ästhetischer Marxismus, Frankfurt 1972.
Mommsen, Wolfgang, Max Weber und die deutsche Politik, Tübingen 1959.
Neumann, Franz, Die Herrschaft des Gesetzes, Frankfurt 1980.
Niekisch, Ernst, Das Reich der niederen Dämonen, Berlin 1980.
—, Widerstand, Krefeld 1982.
Nietzsche, Friedrich, Sämtliche Werke. Kritische Studienausgabe, München 1980 (= SW).
Petras, Otto, Post Christum, Berlin o. J.
Plessner, Helmuth, Diesseits der Utopie, Frankfurt 1974.

Poe, Edgar Allan, „The Man of the Crowd", in: Selected Prose, Poetry and Eureka (Holt, Rinehart and Winston).
Popper, Leo, „Volkskunst und Formbeseelung", in: Die Fackel, Nr. 324/325, 2. 6. 1911.
Preuss, Ulrich K., Die Internalisierung des Subjekts, Frankfurt 1979.
Rang, Florens Christian, Deutsche Bauhütte, Sannerz/Leipzig 1924.
—, Historische Psychologie des Karneval, Berlin 1983.
—, Shakespeare als Christ, Heidelberg 1954.
—, „Betrachtung der Zeit", in: Die Kreatur III. Jhgg., Berlin 1929/30.
—, „Das Reich" und
—, „Vom Weltbuch der Person", in: Die Kreatur I. Jhgg., Berlin 1926/27.
Riegl, Alois, Spätrömische Kunstindustrie, Wien ^{2}1927.
—, Stilfragen, Berlin ^{2}1923.
Rilke, Rainer Maria, Die Aufzeichnungen des Malte Laurids Brigge, Sämtliche Werke Bd. 11, Frankfurt 1976.
Rosenkranz, Karl, G. W. F. Hegels Leben, Berlin 1844.
Rosenzweig, Franz, Der Stern der Erlösung, Haag 1976.
Rüffer, Ulrich, „Organisierung des Pessimismus", in: Walter Benjamin. Profane Erleuchtung und rettende Kritik, hrsg. v. Bolz/Faber, Würzburg ^{2}1985.
—, „Taktilität und Nähe", in: Antike und Moderne, hrsg. v. Bolz/Faber, Würzburg 1986.
Sedlmayr, Hans, Verlust der Mitte, Salzburg 1948.
Simmel, Georg, Fragmente und Aufsätze, München 1923.
—, Der Krieg und die geistigen Entscheidungen, München/Leipzig 1917.
—, Das individuelle Gesetz, Frankfurt 1968.
—, Philosophie des Geldes, Berlin ^{6}1958.
—, Philosophische Kultur, Berlin 1983.
—, „Berliner Gewerbeausstellung", in: Die Zeit, 25. 7. 1896.
—, „Stefan George", in: Neue deutsche Rundschau, 1901.
Sohm, Rudolf, Kirchenrecht II, München/Leipzig 1923.
Sohn-Rethel, Alfred, Warenform und Denkform, Frankfurt 1971.
Sontheimer, Kurt, Antidemokratisches Denken in der Weimarer Republik, München 1968.
Sorel, Georges, Über die Gewalt, Frankfurt 1969.
Spengler, Oswald, Jahre der Entscheidung, München 1961.
—, Der Mensch und die Technik, München 1971.
—, Der Untergang des Abendlandes, München 1969 (= UdA).
Steding, Christoph, Politik und Wissenschaft bei Max Weber, Breslau 1932.
—, Das Reich und die Krankheit der europäischen Kultur, Hamburg 2. Aufl.
Scheffler, Karl, „Gute und schlechte Arbeiten im Schnellbahngewerbe", in: Der Verkehr. Jahrbuch des deutschen Werkbundes 1914, Jena.
Scheler, Max, Vom Umsturz der Werte, Bern ^{5}1972.
Scheu, Robert, „Adolf Loos", in: Die Fackel, Nr. 283, 26. 6. 1909.
Schlegel, Friedrich, Kritische Friedrich Schlegel Ausgabe, München/Paderborn/Wien 1963 ff. (= KA).
Schmitt, Carl, Der Begriff des Politischen, Berlin 1963 (= BdP).
—, Die Diktatur, Berlin ^{4}1978.
—, Donoso Cortés in gesamteuropäischer Interpretation, Köln 1950 (= Donoso Cortés).
—, Ex Captivitate Salus, Köln 1950 (= ECS).

—, Die geistesgeschichtliche Lage des heutigen Parlamentarismus, Berlin [5]1979 (= Lage).
—, Gesetz und Urteil, München [2]1969.
—, Hamlet oder Hekuba, Stuttgart 1985.
—, Der Hüter der Verfassung, Berlin [2]1969.
—, Hugo Preuss, Tübingen 1930.
—, Die Kernfrage des Völkerbundes, Berlin 1926.
—, Legalität und Legitimität, Berlin [2]1968 (= LuL).
—, Der Leviathan in der Staatslehre des Thomas Hobbes, Köln 1982 (= Leviathan).
—, Der Nomos der Erde, Berlin [2]1974 (= NdE).
—, Politische Romantik, Berlin [3]1968 (= PR).
—, Politische Theologie, Berlin [3]1979 (= PT I).
—, Politische Theologie II, Berlin 1970 (= PT II).
—, Positionen und Begriffe im Kampf mit Weimar/Genf/Versailles, Hamburg 1940 (= PuB).
—, Das Reichsstatthaltergesetz, Berlin 1934.
—, Römischer Katholizismus und politische Form, Stuttgart 1984 (= RK).
—, Staat Bewegung Volk, Hamburg 1933.
—, Staatsgefüge und Zusammenbruch des zweiten Reiches, Hamburg 1934 (= Staatsgefüge).
—, Theodor Däublers ‚Nordlicht', München 1916 (= Nordlicht).
—, Theorie des Partisanen, Berlin [2]1975.
—, Verfassungslehre, Berlin [5]1970.
—, Verfassungsrechtliche Aufsätze, Berlin [2]1973 (= VA).
—, Volksentscheid und Volksbegehren, Berlin 1927.
—, Der Wert des Staates und die Bedeutung des Einzelnen, Hellerau 1917.
—, „Beschleuniger wider Willen", in: Das Reich, 19. April 1942.
—, „Clausewitz als politischer Denker", in: Der Staat 6. Bd., 1967.
—, „Die geschichtliche Struktur des heutigen Welt-Gegensatzes von Ost und West", in: Freundschaftliche Begegnung, Frankfurt o. J.
—, „Die legale Weltrevolution", in: Der Staat, 17. Bd., 1978.
—, „Nomos Nahme Name", in: Der beständige Aufbruch. Erich Przywara — Festschrift, Nürnberg 1959.
—, „Die Tyrannei der Werte", in: Säkularisation und Utopie, Ernst Forsthoff zum 65. Geb., Stuttgart/Berlin/Köln/Mainz 1967.
—, „Der Staat als Mechanismus bei Hobbes und Descartes", in: Archiv für Rechtsphilosophie, Bd. XXX.
—, „Vorwort" und „Hinweis für den deutschen Leser", in: Lilian Winstanley, Hamlet — Sohn der Maria Stuart, Pfullingen 1952.
Schneider, Reinhold, Gesammelte Werke Bd. 10, Frankfurt 1978.
Scholem, Gershom, Judaica, Frankfurt 1963 ff.
Schroers, Rolf, Meine deutsche Frage, Stuttgart 1979.
Taubes, Jacob, Abendländische Eschatologie, Bern 1947.
Theunissen, Michael, Selbstverwirklichung und Allgemeinheit, Berlin 1982.
Theweleit, Klaus, Männerphantasien I, Frankfurt 1977.
Troeltsch, Ernst, „Die Revolution in der Wissenschaft", in: Gesammelte Schriften Bd. 4.
Unger, Erich, Politik und Metaphysik, Berlin 1921.
Voegelin, Eric, „Gnostische Politik", in: Merkur VI. Jhgg., 4. Heft, 1952.

Weber, Marianne, Max Weber. Ein Lebensbild, Heidelberg [2]1950.
Weber, Max, Gesammelte Aufsätze zur Religionssoziologie, Tübingen [5]1963 ff. (= Religionssoziologie).
—, Gesammelte Aufsätze zur Soziologie und Sozialpolitik, Tübingen 1924 (= Soziologie).
—, Gesammelte Aufsätze zur Wissenschaftslehre, Tübingen [4]1973 (= Wissenschaftslehre).
—, Gesammelte politische Schriften, Tübingen [3]1971.
—, Wirtschaft und Gesellschaft, Tübingen [5]1972.
Worringer, Wilhelm, Abstraktion und Einfühlung, München 1976.
—, Künstlerische Zeitfragen, München 1921.